AF253084

# LES
# OCIIÉTÉS COMMERCIALES
## PAR ACTIONS

MANUEL THÉORIQUE ET PRATIQUE

DES

CIÉTÉS EN COMMANDITE PAR ACTIONS

ET DES SOCIÉTÉS ANONYMES

[EXCLUSIVEMENT]

PAR

## Paul MARIÀ

Notaire à Marseille

PARIS

IBRAIRIE NOUVELLE DE DROIT ET DE JURISPRUDENCE

## ARTHUR ROUSSEAU

ÉDITEUR

14, RUE SOUFFLOT ET RUE TOULLIER, 13

1906

# LES SOCIÉTÉS COMMERCIALES PAR ACTIONS

# LES SOCIÉTÉS COMMERCIALES PAR ACTIONS

MANUEL THÉORIQUE ET PRATIQUE

DES

SOCIÉTÉS EN COMMANDITE PAR ACTIONS

ET DES SOCIÉTÉS ANONYMES

[EXCLUSIVEMENT]

PAR

Paul MARIA

Notaire à Marseille

PARIS

LIBRAIRIE NOUVELLE DE DROIT ET DE JURISPRUDENCE

ARTHUR ROUSSEAU

ÉDITEUR

14, RUE SOUFFLOT ET RUE TOULLIER, 13

1906

# PRÉFACE

Cédant au désir souvent exprimé par bien des amis, administrateurs, directeurs, ou simples actionnaires de sociétés par actions, j'ai voulu, en écrivant ce livre, mettre à la portée du public, un manuel essentiellement pratique, sorte de *vade mecum*, susceptible de le guider dans tous les actes de la vie sociale.

Pour atteindre ce but, j'ai pris le fondateur par la main, depuis le moment où il a conçu le projet de constituer une société par actions et je l'ai conduit à travers le dédale de toutes les opérations de constitution, lui expliquant, à chaque pas, le mécanisme de chaque acte, lui signalant, au passage, les écueils qu'il doit éviter et lui prodiguant, à tout instant, les conseils que m'ont suggérés l'étude de la loi et des auteurs, l'examen de la jurisprudence et l'expérience des affaires.

La société une fois constituée, je l'ai suivie dans tous les actes obligatoires ou simplement éventuels de la vie sociale, fixant à chacun des éléments dirigeants, l'étendue de ses droits, de ses devoirs et de ses responsabilités.

Il arrive malheureusement trop souvent que des personnes, ne connaissant qu'imparfaitement, ou n'entrevoyant même pas, les dangers qui les attendent, acceptent d'un cœur léger des fonctions administratives ou de contrôle dans les sociétés par actions et s'exposent, par cela même, à de bien lourdes responsabilités.

Comme j'aurai l'occasion de le dire au cours de cet ouvrage, plus les administrateurs seront éclairés sur l'étendue des devoirs de leur mission, mieux la société sera dirigée, et le souci de la responsabilité personnelle agira salutairement sur l'organisme social.

Mieux armé pour la lutte, on résistera plus vigoureusement aux influences dangereuses et l'on saura plus aisément percer à jour les actes irréguliers, sinon frauduleux, de ceux qui rêvent d'édifier leur fortune personnelle sur les ruines qu'ils sèment autour d'eux.

C'est à ce titre que mon œuvre pourra, je l'espère, être appelée à rendre quelques services au public.

Au cours de mes explications et ainsi que je le dois à ma situation de modeste praticien aussi bien qu'au programme que j'ai adopté, j'éviterai d'entrer dans le cœur des controverses ; mais, lorsque je n'aurai pu dégager la solution définitive des problèmes posés, je ne manquerai pas, cependant, d'indiquer où vont mes préférences et même de livrer parfois, aux réflexions et aux appréciations du lecteur, les idées personnelles que j'ai cru devoir adopter.

D'autre part, j'ai jugé inutile de proposer de nouvelles formules de statuts, délibérations et autres actes concernant les sociétés par actions, bien qu'un formulaire ait sa place marquée dans une œuvre de pure pratique.

Rédiger des formules, en effet, c'eût été répéter, à peu de chose près, ce que d'autres auteurs ont écrit avant moi avec plus d'autorité et encombrer ainsi mon livre d'éléments qui, assurément, sont loin de faire défaut.

Je suis convaincu du reste, quelques soins que l'on apporte à la rédaction d'un formulaire, qu'il est impossible à un auteur de prévoir tous les cas spéciaux qui peuvent se présenter dans la pratique des sociétés. Il suffira donc au lecteur de faire état, s'il le juge à propos, des observations qui se développent au cours de cette œuvre, pour perfectionner les actes qu'il pourra être appelé à établir.

Mon intention, en publiant ce livre, ainsi qu'en témoignent les limites que je me suis tracées, n'est pas de mettre aux mains du lecteur un nouveau traité complet des sociétés par actions. D'ailleurs, en présence des ouvrages de tout premier ordre dont nous ont dotés les plus éminents auteurs que j'aurai l'honneur de citer à tout instant au cours de mes explications, j'avoue qu'il eût été téméraire à moi d'entreprendre une œuvre aussi complexe.

Mais si ces auteurs doivent tenir la première place dans la bibliothèque des spécialistes et de toute société, je me sentirai profondément honoré si une modeste place m'est faite au second rang.

Paul Maria,
Notaire à Marseille.

*Mai 1906*

# LES
# SOCIÉTÉS COMMERCIALES
## PAR ACTIONS

---

## INTRODUCTION

**1. Généralités.** — L'article 1832 du Code civil a défini le contrat de société : *Un contrat par lequel deux ou plusieurs personnes conviennent de mettre quelque chose en commun, dans la vue de partager le bénéfice qui pourra en résulter.* Pour être complète cette définition eût dû ajouter l'éventualité de la contribution aux pertes.

Suivant la nature de leur *objet*, les sociétés sont civiles ou commerciales, sans que la forme extérieure employée pour leur constitution puisse faire dévier leur caractère réel tiré uniquement du but de l'entreprise.

Ainsi, une société constituée sous la forme d'un contrat civil, est commerciale si l'objet lui-même et la nature des opérations à entreprendre sont commerciaux.

Inversement, une société à forme commerciale est réputée civile si le but qu'elle poursuit est purement civil.

Toutefois, l'article 6 de la loi du 1er août 1893, en ajoutant l'article 68 à la loi du 24 juillet 1867, déclare commerciales, quel que soit leur objet, les sociétés en commandite ou anonymes

constituées dans les formes du Code de commerce ou de la loi de
1867.

Les sociétés civiles sont régies par les articles 1832 et suivants
du Code civil.

Quant aux sociétés commerciales, elles sont régies : 1° par les
dispositions générales du Code civil que l'article 1873 de ce Code
leur rend applicables sur les points qui n'ont rien de contraire
aux lois et usages du commerce ; 2° par les dispositions spéciales
du Code de commerce ; 3° en ce qui concerne les sociétés par
actions, par les lois des 24 juillet 1867, 1er août 1893, 9 juillet
1902 et 16 novembre 1903.

Les sociétés commerciales se subdivisent, en outre, en deux
grandes classes :

1° Les sociétés de personnes ou sociétés par intérêts comprenant
la société en nom collectif et la société en commandite simple ;

2° Les sociétés de capitaux dont le type par excellence est la
société anonyme, mais parmi lesquelles on range encore la société
en commandite par actions bien que celle-ci, par la gérance,
tienne aussi de la société de personnes.

Conformément au programme que nous nous sommes tracé,
nous laisserons complètement de côté l'étude des sociétés civiles
et des sociétés commerciales de personnes, pour nous en tenir
uniquement aux sociétés par actions, c'est-à-dire, aux *sociétés en
commandite par actions* et aux *sociétés anonymes* pour lesquelles nous écrivons spécialement cet ouvrage.


**2. Aperçu historique**. — Sans remonter aux premiers exemples des sociétés par actions donnés par la Banque de Saint-Geor-
ges à Gênes au xv° siècle et par les compagnies de colonisation
au xvii° siècle, ni même au droit intermédiaire qui décrète tour
à tour la liberté et l'interdiction des sociétés par actions, nous
trouvons dans l'article 37 du Code de 1807 la consécration d'une
demi-mesure. Cet article déclare libre la société en commandite,

mais il soumet la société anonyme à l'autorisation du gouvernement.

A la faveur de la liberté dont jouirent alors les sociétés en commandite, le public usa et abusa de cette forme qui amena bien des catastrophes dont l'épargne publique fit tous les frais. Et c'est pour mettre un frein à ces abus, qu'en 1856, une loi du 17 juillet vint enfin réglementer les commandites par actions tout en laissant subsister, pour les sociétés anonymes, la nécessité de l'autorisation gouvernementale, autorisation, d'ailleurs, que la loi du 23 mai 1863 supprima pour les sociétés dites « à responsabilité limitée », véritables sociétés anonymes, sans le nom, dont le capital ne pouvait excéder 20 millions de francs.

Mais les sociétés à responsabilité limitée ne vécurent que peu de temps ; elles furent bientôt supprimées par la loi du 24 juillet 1867, véritable monument de législation, qui a définitivement placé les sociétés en commandite par actions et les sociétés anonymes sous un régime unifié de liberté relative.

Sans parler des grandes compagnies de chemins de fer créées sous l'empire d'une loi spéciale du 15 juillet 1845, la loi de 1867 a vu naître, sous sa protection, les plus belles entreprises. De grandes compagnies financières se sont fondées qui sont les puissants facteurs de la richesse de notre pays. Et l'essor sans cesse croissant des sociétés par actions est en raison directe des progrès constants de l'industrie française.

La mise en valeur des grandes découvertes de la science moderne, le perfectionnement de l'outillage, la nécessité de lutter contre la concurrence étrangère, le besoin de produire beaucoup pour vendre bon marché, voilà autant de causes qui, en exigeant le groupement d'importants capitaux, ont amené le développement considérable des sociétés par actions pendant ces quarante dernières années.

Malheureusement, à la faveur de la loi de 1867, la fortune publique a été souvent attirée, par des promesses trompeuses ou par un agiotage effréné, vers des entreprises néfastes dont l'affaire de l'Union Générale est un des plus tristes exemples.

Sans doute les causes de ces catastrophes sont d'ordres divers ; le public lui-même, par sa soif de gros revenus, n'est pas exempt de reproches et il serait souverainement injuste de faire peser sur les seules imperfections de la loi de 1867, la responsabilité des désastres que nous avons eu à déplorer. Cependant, c'est à cette loi que l'on s'en prit et, de toutes parts, on réclama sa revision. Une refonte de la loi fut faite et un projet de loi nouveau fut adopté par le Sénat le 29 novembre 1884 ; mais ce projet ne vint jamais en discussion à la Chambre des députés et aboutit seulement, 9 ans plus tard, à la loi du 1er août 1893 qui modifie en partie celle de 1867. Cette dernière loi est du reste complétée elle-même sur deux points particuliers, par la loi du 9 juillet 1902 qui a créé les actions de priorité et a apporté un tempérament, pour un cas spécial, à l'indisponibilité temporaire dont sont frappées les actions d'apports. Mais bientôt cette loi de 1902 dont la rédaction avait paru défectueuse fut à son tour modifiée (mieux vaudrait dire remplacée) par celle du 16 novembre 1903.

3. **Législation en vigueur.** — C'est donc sous l'empire des lois des 24 juillet 1867, 1er août 1893, 9 juillet 1902 et 16 novembre 1903 que sont placées actuellement les sociétés par actions, et c'est de l'application de ces lois que nous aurons à nous occuper au cours de cet ouvrage.

Enfin disons, en terminant cet aperçu rapide, qu'une commission extraparlementaire a été instituée par le gouvernement à la date du 24 juin 1902 pour l'étude de la réforme de la loi sur les sociétés. Cette commission présidée par M. Lyon-Caen, membre de l'Institut, professeur à la Faculté de Droit de Paris, a élaboré un projet de loi qui a été déposé le 3 avril 1903 à la Chambre des députés.

Ce projet contient d'excellentes réformes qu'il faut souhaiter de voir adopter par le Parlement ; mais, à en juger par les critiques qu'il a déjà soulevées sur plusieurs de ses points, il faut bien reconnaître que, s'il constitue par lui-même un sérieux progrès, il n'a pas encore atteint la perfection désirée (V. à ce sujet le rapport présenté à la Société industrielle de l'Est par M. Bourcart, professeur de droit commercial à la Faculté de Nancy ; le rapport présenté à la Chambre de commerce de Marseille par M. Couve ; le rapport présenté à la Société pour la défense du commerce de Marseille par M. Guilland, son président ; le rapport présenté par M. Lemarchand à la Chambre de commerce de Rouen ; le rapport présenté par M. Gustave Dubar à la Chambre de commerce de Lille, etc.).

4. **Division de l'ouvrage.** — Pour l'intelligence du travail que nous présentons au lecteur, nous avons divisé cet ouvrage en quatre parties :

Dans *la première partie*, nous étudierons les différentes natures de titres qui fonctionnent dans le mécanisme des sociétés par actions ;

Dans *la deuxième partie*, nous suivrons la société dans toutes les opérations successives de constitution en procédant par ordre chronologique ;

Dans *la troisième partie*, nous examinerons les différentes opérations de la société, au cours de son existence et de son fonctionnement, et nous réserverons un titre spécial à l'étude si importante des actions judiciaires et de la responsabilité ;

Enfin *la quatrième partie* sera consacrée aux questions fiscales.

# DOCUMENTS LÉGISLATIFS

## I

## CODE CIVIL

### TITRE IX

### DU CONTRAT DE SOCIÉTÉ
*(Extrait).*

### CHAPITRE PREMIER. — Dispositions générales.

Article 1832. — La société est un contrat par lequel deux ou plusieurs personnes conviennent de mettre quelque chose en commun, dans la vue de partager le bénéfice qui pourra en résulter.

Article 1833. — Toute société doit avoir un objet licite, et être contractée pour l'intérêt commun des parties.

Chaque associé doit y apporter ou de l'argent, ou d'autres biens, ou son industrie.

Article 1834. — Toutes sociétés doivent être rédigées par écrit, lorsque leur objet est d'une valeur de plus de 150 francs.

La preuve testimoniale n'est point admise contre et outre le contenu en l'acte de société, ni sur ce qui serait allégué avoir été dit avant, lors ou depuis cet acte, encore qu'il s'agisse d'une somme ou valeur moindre de 150 francs

### CHAPITRE II. — Des diverses espèces de sociétés.

Article 1835. — Les sociétés sont universelles ou particulières.

### SECTION II. — *De la société particulière.*

Article 1841. — La société particulière est celle qui ne s'applique qu'à certaines choses déterminées, ou à leur usage, ou aux fruits à en percevoir.

Article 1842. — Le contrat par lequel plusieurs personnes s'associent, soit pour une entreprise désignée, soit pour l'exercice de quelque métier ou profession, est aussi une société particulière.

## CHAPITRE III. — Des engagements des associés entre eux et à l'égard des tiers.

### SECTION I. — *Des engagements des associés entre eux.*

Article 1843. — La société commence à l'instant même du contrat s'il ne désigne une autre époque.

Article 1845. — Chaque associé est débiteur envers la société, de tout ce qu'il a promis d'y apporter.

Lorsque cet apport consiste en un corps certain, et que la société en est évincée, l'associé en est garant envers la société, de la même manière qu'un vendeur l'est envers son acheteur.

Article 1846. — L'associé qui devait apporter une somme dans la société, et qui ne l'a point fait, devient, de plein droit et sans demande, débiteur des intérêts de cette somme, à compter du jour où elle devait être payée.

Il en est de même à l'égard des sommes qu'il a prises dans la caisse sociale, à compter du jour où il les en a tirées pour son profit particulier ; le tout sans préjudice de plus amples dommages-intérêts, s'il y a lieu.

Article 1847. — Les associés qui se sont soumis à apporter leur industrie à la société, lui doivent compte de tous les gains qu'ils ont faits par l'espèce d'industrie qui est l'objet de cette société.

Article 1848. — Lorsque l'un des associés est, pour son compte particulier, créancier d'une somme exigible envers une personne qui se trouve aussi devoir à la société une somme également exigible, l'imputation de ce qu'il reçoit de ce débiteur doit se faire sur la créance de la société et sur la sienne dans la proportion des deux créances, encore qu'il eût par sa quittance dirigé l'imputation intégrale sur sa créance particulière ; mais s'il a exprimé dans sa quittance que l'imputation sera faite en entier sur la créance de la société, cette stipulation sera exécutée.

Article 1849. — Lorsqu'un des associés a reçu sa part entière de la créance commune et que le débiteur est depuis devenu insolvable, cet associé est tenu de rapporter à la masse commune ce qu'il a reçu, encore qu'il eût spécialement donné quittance pour sa part.

Article 1850. — Chaque associé est tenu, envers la société, des dommages qu'il a causés par sa faute, sans pouvoir compenser avec ces dommages les profits que son industrie lui aurait procurés dans d'autres affaires.

Article 1851. — Si les choses dont la jouissance seulement a été mise dans la société sont des corps certains et déterminés, qui ne se consomment point par l'usage, elles sont aux risques de l'associé propriétaire.

Si ces choses se consomment, si elles se détériorent en les gardant, si elles ont été destinées à être vendues, ou si elles ont été mises dans la société sur une estimation portée par un inventaire, elles sont aux risques de la société.

Si la chose a été estimée, l'associé ne peut répéter que le montant de son estimation.

Article 1852. — Un associé a action contre la société, non seulement à raison des sommes qu'il a déboursées pour elle, mais encore à raison des obligations qu'il a contractées de bonne foi pour les affaires de la société, et des risques inséparables de sa gestion.

Article 1853. — Lorsque l'acte de société ne détermine point la part de chaque associé dans les bénéfices ou pertes, la part de chacun est en proportion de sa mise dans le fonds de la société.

A l'égard de celui qui n'a apporté que son industrie, sa part dans les bénéfices ou dans les pertes est réglée comme si sa mise eût été égale à celle de l'associé qui a le moins apporté.

Article 1854. — Si les associés sont convenus de s'en rapporter à l'un d'eux ou à un tiers pour le règlement des parts, ce règlement ne peut être attaqué, s'il n'est évidemment contraire à l'équité.

Nulle réclamation n'est admise à ce sujet, s'il s'est écoulé plus de trois mois depuis que la partie qui se prétend lésée a eu connaissance du règlement, ou si ce règlement a reçu de sa part un commencement d'exécution.

Article 1855. — La convention qui donnerait à l'un des associés la totalité des bénéfices, est nulle.

Il en est de même de la stipulation qui affranchirait de toute contribution aux pertes, les sommes ou effets mis dans le fonds de la société par un ou plusieurs des associés.

Article 1856. — L'associé chargé de l'administration par une clause spéciale du contrat de société, peut faire, nonobstant l'opposition des autres sociétés, tous les actes qui dépendent de son administration, pourvu que ce soit sans fraude.

Ce pouvoir ne peut être révoqué sans cause légitime, tant que la société dure ; mais s'il n'a été donné que par acte postérieur au contrat de société, il est révocable comme un simple mandat.

Article 1857. — Lorsque plusieurs associés sont chargés d'administrer, sans que leurs fonctions soient déterminées, ou sans qu'il ait été exprimé que l'un ne pourrait agir sans l'autre, ils peuvent faire chacun séparément tous les actes de cette administration.

Article 1858. — S'il a été stipulé que l'un des administrateurs ne

pourra rien faire sans l'autre, un seul ne peut, sans une nouvelle convention, agir en l'absence de l'autre, lors même que celui-ci serait
dans l'impossibilité actuelle de concourir aux actes d'administration.

ARTICLE 1859. — A défaut de stipulations spéciales sur le mode d'administration, on suit les règles suivantes :

1° Les associés sont censés s'être donné réciproquement le pouvoir
d'administrer l'un pour l'autre. Ce que chacun fait, est valable même
pour la part de ses associés, sans qu'il ait pris leur consentement; sauf
le droit qu'ont ces derniers, ou l'un d'eux, de s'opposer à l'opération
avant qu'elle soit conclue ;

2° Chaque associé peut se servir des choses appartenant à la société,
pourvu qu'il les emploie à leur destination fixée par l'usage, et qu'il
ne s'en serve pas contre l'intérêt de la société, ou de manière à empêcher ses associés d'en user selon leurs droits ;

3° Chaque associé a le droit d'obliger ses associés à faire avec lui les
dépenses qui sont nécessaires pour la conservation des choses de la
société ;

4° L'un des associés ne peut faire d'innovations sur les immeubles
dépendant de la société, même quand il les soutiendrait avantageuses
à cette société, si les autres associés n'y consentent.

ARTICLE 1860. — L'associé qui n'est point administrateur, ne peut
aliéner ni engager les choses même mobilières qui dépendent de la
société.

ARTICLE 1861. — Chaque associé peut, sans le consentement de ses
associés, s'associer une tierce personne relativement à la part qu'il a
dans la société ; il ne peut pas, sans ce consentement, l'associer à la
société, lors même qu'il en aurait l'administration.

SECTION II. — *Des engagements des associés à l'égard des tiers.*

ARTICLE 1863. — Les associés sont tenus envers le créancier avec
lequel ils ont contracté, chacun pour une somme et part égales,
encore que la part de l'un d'eux dans la société fût moindre, si l'acte
n'a pas spécialement restreint l'obligation de celui-ci sur le pied de
cette dernière part.

ARTICLE 1864. — La stipulation que l'obligation est contractée pour
le compte de la société, ne lie que l'associé contractant et non les
autres, à moins que ceux-ci ne lui aient donné pouvoir, ou que la
chose n'ait tourné au profit de la société.

CHAPITRE IV. — **Des différentes manières dont finit la société.**

ARTICLE 1865. — La société finit :

1° Par l'expiration du temps pour lequel elle a été contractée ;

2⁰ Par l'extinction de la chose, ou la consommation de la négociation ;

3° Par la mort naturelle de quelqu'un des associés ;

4° Par la mort civile, l'interdiction ou la déconfiture de l'un d'eux ;

5° Par la volonté qu'un seul ou plusieurs expriment de n'être plus en société.

Article 1866. — La prorogation d'une société à temps limité ne peut être prouvée que par un écrit revêtu des mêmes formes que le contrat de société.

Article 1867. — Lorsque l'un des associés a promis de mettre en commun la propriété d'une chose, la perte survenue avant que la mise en soit effectuée, opère la dissolution de la société par rapport à tous les associés

La société est également dissoute dans tous les cas par la perte de la chose, lorsque la jouissance seule a été mise en commun, et que la propriété en est restée dans la main de l'associé.

Mais la société n'est pas rompue par la perte de la chose dont la propriété a déjà été apportée à la société.

Article 1871. — La dissolution des sociétés à terme ne peut être demandée par l'un des associés, avant le terme convenu qu'autant qu'il y en a de justes motifs, comme lorsqu'un autre associé manque à ses engagements, ou qu'une infirmité habituelle le rend inhabile aux affaires de la société, ou autres cas semblables dont la légitimité et la gravité sont laissées à l'arbitrage des juges.

Article 1872. — Les règles concernant le partage des successions, la forme de ce partage, et les obligations qui en résultent entre les cohéritiers, s'appliquent aux partages entre associés.

*Disposition relative aux sociétés de commerce.*

Article 1873. — Les dispositions du présent titre ne s'appliquent aux sociétés de commerce que dans les points qui n'ont rien de contraire aux lois et usages du commerce.

# TITRE XIII

## DU MANDAT

*(Extrait).*

CHAPITRE PREMIER. — De la nature et de la forme du mandat.

Article 1984. — Le mandat ou procuration est un acte par lequel une personne donne à une autre le pouvoir de faire quelque chose pour le mandant et en son nom.

Le contrat ne se forme que par l'acceptation du mandataire.

Article 1985. — Le mandat peut être donné ou par un acte public ou par écrit sous seing privé, même par lettre. Il peut aussi être donné verbalement ; mais la preuve testimoniale n'en est reçue que conformément au titre *Des contrats ou des obligations conventionnelles en général.*

L'acceptation du mandat peut n'être que tacite, et résulter de l'exécution qui lui a été donnée par le mandataire.

Article 1986. — Le mandat est gratuit, s'il n'y a convention contraire.

Article 1987. — Il est ou spécial et pour une affaire ou certaines affaires seulement, ou général et pour toutes les affaires du mandant.

Article 1988. — Le mandat conçu en termes généraux n'embrasse que les actes d'administration.

S'il s'agit d'aliéner ou hypothéquer, ou de quelque autre acte de propriété, le mandat doit être exprès.

Article 1989. — Le mandataire ne peut rien faire au delà de ce qui est porté dans son mandat : le pouvoir de transiger ne renferme pas celui de compromettre.

## CHAPITRE II. — Des obligations du mandataire.

Article 1991. — Le mandataire est tenu d'accomplir le mandat tant qu'il en demeure chargé, et répond des dommages-intérêts qui pourraient résulter de son inexécution.

Il est tenu de même d'achever la chose commencée au décès du mandant, s'il y a péril en la demeure.

Article 1992. — Le mandataire répond non seulement du dol, mais encore des fautes qu'il commet dans sa gestion.

Néanmoins la responsabilité relative aux fautes est appliquée moins rigoureusement à celui dont le mandat est gratuit qu'à celui qui reçoit un salaire.

Article 1993. — Tout mandataire est tenu de rendre compte de sa gestion, et de faire raison au mandant de tout ce qu'il a reçu en vertu de sa procuration, quand même ce qu'il aurait reçu n'eût point été dû au mandant.

Article 1994. — Le mandataire répond de celui qu'il s'est substitué dans la gestion : 1° quand il n'a pas reçu le pouvoir de se substituer quelqu'un ; 2° quand ce pouvoir lui a été conféré sans désignation d'une personne, et que celle dont il a fait choix était notoirement incapable ou insolvable.

Dans tous les cas, le mandant peut agir directement contre la personne que le mandataire s'est substituée.

Article 1995. — Quand il y a plusieurs fondés de pouvoir ou mandataires établis par le même acte, il n'y a de solidarité entre eux qu'autant qu'elle est exprimée.

Article 1996. — Le mandataire doit l'intérêt des sommes qu'il a employées à son usage, à dater de cet emploi ; et de celles dont il est reliquataire, à dater du jour qu'il est mis en demeure.

Article 1997. — Le mandataire qui a donné à la partie avec aquelle il contracte en cette qualité, une suffisante connaissance de ses pouvoirs, n'est tenu d'aucune garantie pour ce qui a été fait au delà, s'il ne s'y est personnellement soumis.

## CHAPITRE III. — Des obligations du mandant.

Article 1998. — Le mandant est tenu d'exécuter les engagements contractés par le mandataire, conformément au pouvoir qui lui a été donné.

Il n'est tenu de ce qui a pu être fait au delà, qu'autant qu'il l'a ratifié expressément ou tacitement.

Article 1999. — Le mandant doit rembourser au mandataire les avances et frais que celui-ci a faits pour l'exécution du mandat, et lui payer ses salaires lorsqu'il en a été promis.

S'il n'y a aucune faute imputable au mandataire, le mandant ne peut se dispenser de faire ces remboursements et paiements, lors même que l'affaire n'aurait pas réussi, ni faire réduire le montant des frais et avances sous le prétexte qu'ils pouvaient être moindres.

Article 2000. — Le mandant doit aussi indemniser le mandataire des pertes que celui-ci a essuyées à l'occasion de sa gestion, sans imprudence qui lui soit imputable.

Article 2001. — L'intérêt des avances faites par le mandataire lui est dû par le mandant, à dater du jour des avances constatées.

Article 2002. — Lorsque le mandataire a été constitué par plusieurs personnes pour une affaire commune, chacune d'elles est tenue solidairement envers lui de tous les effets du mandat.

## CHAPITRE IV. — Des différentes manières dont le mandat finit.

Article 2003. — Le mandat finit :
Par la révocation du mandataire ;
Par la renonciation de celui-ci au mandat ;
Par la mort naturelle ou civile, l'interdiction ou la déconfiture, soit du mandant, soit du mandataire.

Article 2004. — Le mandant peut révoquer sa procuration quand bon lui semble, et contraindre, s'il y a lieu, le mandataire à lui remettre, soit l'écrit sous seing privé qui la contient, soit l'original de la procuration, si elle a été délivrée en brevet, soit l'expédition, s'il en a été gardé minute.

ARTICLE 2005. — La révocation notifiée au seul mandataire ne peut être opposée aux tiers qui ont traité dans l'ignorance de cette révocation, sauf au mandant son recours contre le mandataire.

ARTICLE 2006. — La constitution d'un nouveau mandataire pour la même affaire, vaut révocation du premier, à compter du jour où elle a été notifiée à celui-ci.

ARTICLE 2007. — Le mandataire peut renoncer au mandat, en notifiant au mandant sa renonciation.

Néanmoins si cette renonciation préjudicie au mandant il devra en être indemnisé par le mandataire, à moins que celui-ci ne se trouve dans l'impossibilité de continuer le mandat sans en éprouver lui-même un préjudice considérable.

ARTICLE 2008. — Si le mandataire ignore la mort du mandant, ou l'une des autres causes qui font cesser le mandat, ce qu'il a fait dans cette ignorance est valide.

ARTICLE 2009. — Dans les cas ci-dessus, les engagements du mandataire sont exécutés à l'égard des tiers qui sont de bonne foi.

ARTICLE 2010. — En cas de mort du mandataire, ses héritiers doivent en donner avis au mandant, et pourvoir, en attendant, à ce que les circonstances exigent pour l'intérêt de celui-ci.

II

# CODE DE COMMERCE

## TITRE III

### DES SOCIÉTÉS
#### (*Extrait*).

SECTION 1. — Des diverses sociétés et de leurs règles.

Article 18. — Le contrat de sociétés se règle par le droit civil
par les lois particulières au commerce, et par les conventions des parties.

Article 19. — La loi reconnaît trois espèces de sociétés commerciales :

La société en nom collectif ;

La société en commandite ;

La société anonyme.

Article 20. — La société en nom collectif est celle que contractent
deux personnes ou un plus grand nombre, et qui a pour objet de
faire le commerce sous une raison sociale.

Article 21. — Les noms des associés peuvent seuls faire partie de
la raison sociale.

Article 22. — Les associés en nom collectif indiqués dans l'acte de
société sont solidaires pour tous les engagements de la société,
encore qu'un seul des associés ait signé, pourvu que ce soit sous la
raison sociale.

Article 23. — La société en commandite se contracte entre un ou
plusieurs associés responsables et solidaires, et un ou plusieurs associés simples bailleurs de fonds, que l'on nomme commanditaires ou
associés en commandite.

Elle est régie sous un nom social qui doit être nécessairement celui d'un ou plusieurs des associés responsables et solidaires.

Article 24. — Lorsqu'il y a plusieurs associés solidaires et en
nom, soit que tous gèrent ensemble, soit qu'un ou plusieurs gèrent
pour tous, la société est à la fois société en nom collectif à leur égard,
et société en commandite à l'égard des simples bailleurs de fonds.

Article 25. — Le nom d'un associé commanditaire ne peut faire
partie de la raison sociale.

Article 26. — L'associé commanditaire n'est passible des pertes que jusqu'à concurrence des fonds qu'il a mis ou dû mettre dans la société.

Article 27. — L'associé commanditaire ne peut faire aucun acte de gestion, même en vertu de procuration.

Article 28. — En cas de contravention à la prohibition mentionnée dans l'article précédent, l'associé commanditaire est obligé solidairement avec les associés en nom collectif, pour les dettes et engagements de la société qui dérivent des actes de gestion qu'il a faits, et il peut, suivant le nombre ou la gravité de ces actes, être déclaré solidairement obligé pour tous les engagements de la société ou pour quelques-uns seulement.

Les avis et conseils, les actes de contrôle et de surveillance, n'engagent point l'associé commanditaire.

Article 29. — La société anonyme n'existe point sous un nom social, elle n'est désignée par le nom d'aucun des associés.

Article 30. — Elle est qualifiée par la désignation de l'objet de son entreprise.

Article 31. — (*Abrogé par la loi du 24 juillet 1867.*)

Article 32. — Les administrateurs ne sont responsables que de l'exécution du mandat qu'ils ont reçu.

Ils ne contractent, à raison de leur gestion, aucune obligation personnelle ni solidaire relativement aux engagements de la société.

Article 33. — Les associés ne sont passibles que de la perte du montant de leur intérêt dans la société.

Article 34. — Le capital de la société anonyme se divise en actions et même en coupons d'actions d'une valeur égale.

Article 35. — L'action peut être établie sous la forme d'un titre au porteur.

Dans ce cas, la cession s'opère par la tradition du titre.

Article 36. — La propriété des actions peut être établie par une inscription sur les registres de la société.

Dans ce cas, la cession s'opère par une déclaration de transfert inscrite sur les registres et signée de celui qui fait le transport ou d'un fondé de pouvoirs.

Article 37. — (*Abrogé par la loi du 24 juillet 1867.*)

Article 38. — Le capital des sociétés en commandite pourra être aussi divisé en actions, sans aucune autre dérogation aux règles établies pour ce genre de société.

Article 39. — Les sociétés en nom collectif ou en commandite doivent être constatées par des actes publics ou sous signature privée, en se conformant, dans ce dernier cas, à l'article 1325 du Code civil.

Article 40. — (*Abrogé par la loi du 24 juillet 1867.*)

Articles 42 à 46. — (*Abrogés par la loi du 24 juillet 1867.*)

## SECTION II. = Des contestations entre associés et de la manière de les décider.

Articles 51 à 63. — (*Abrogés par la loi du 24 juillet 1867.*)

Article 64. — Toutes actions contre les associés non liquidateurs et leurs veuves, héritiers ou ayants cause, sont prescrites cinq ans après la fin ou la dissolution de la société, si l'acte de société qui en énonce la durée, ou l'acte de dissolution, a été affiché et enregistré conformément aux articles 42, 43, 44 et 46 et si, depuis cette formalité remplie, la prescription n'a été interrompue à leur égard par aucune poursuite judiciaire.

# III

## LOI DU 24 JUILLET 1867
## AVEC LES MODIFICATIONS RÉSULTANT DE LA
## LOI DU 1ᵉʳ AOUT 1893 (1).

*(Extrait).*

## TITRE PREMIER

### DES SOCIÉTÉS EN COMMANDITE PAR ACTIONS

ARTICLE PREMIER. — *Les sociétés en commandite ne peuvent diviser leur capital en actions ou coupures d'actions de moins de vingt-cinq francs, lorsque le capital n'excède pas deux cent mille francs ; de moins de cent francs, lorsque le capital est supérieur à deux cent mille francs.*

*Elle ne peuvent être définitivement constituées qu'après la souscription de la totalité du capital social et le versement, en espèces, par chaque actionnaire, du montant des actions ou coupures d'actions souscrites par lui, lorsqu'elles n'excèdent pas vingt-cinq francs, et du quart au moins des actions, lorsqu'elles sont de cent francs et au-dessus.*

Cette souscription et ces versements sont constatés par une déclaration du gérant dans un acte notarié.

A cette déclaration sont annexés la liste des souscripteurs, l'état des versements effectués, l'un des doubles de l'acte de société, s'il est sous seing privé, et une expédition, s'il est notarié et s'il a été passé devant un notaire autre que celui qui a reçu la déclaration.

L'acte sous seing privé, quel que soit le nombre des associés, sera fait en double original, dont l'un sera annexé, comme il est dit au paragraphe qui précède, à la déclaration de souscription du capital et de versement du quart, et l'autre restera déposé au siège social.

ARTICLE 2. — Les actions ou coupons d'actions sont négociables après le versement du quart.

ARTICLE 3. — *Les actions sont nominatives jusqu'à leur entière libération. Les actions représentant des apports devront toujours être intégralement libérées au moment de la constitution de la société.*

(1) Les passages en italiques représentent le texte nouveau avec les modifications apportées par la loi du 1ᵉʳ août 1893.

*Ces actions ne peuvent être détachées de la souche et ne sont négociables que deux ans après la constitution de la société.*

*Pendant ce temps, elles devront, à la diligence des administrateurs, être frappées d'un timbre indiquant leur nature et la date de cette constitution.*

*Les titulaires, les cessionnaires, intermédiaires, et les souscripteurs sont tenus solidairement du montant de l'action.*

*Tout souscripteur ou actionnaire qui a cédé son titre cesse, deux ans après la cession, d'être responsable des versements non encore appelés.*

ARTICLE 4. — Lorsqu'un associé fait un apport qui ne consiste pas en numéraire, on stipule à son profit des avantages particuliers, la première assemblée générale fait apprécier la valeur de l'apport ou la cause des avantages stipulés.

La société n'est définitivement constituée qu'après l'approbation de l'apport ou des avantages, donnée par une autre assemblée générale, après une nouvelle convocation.

La seconde assemblée générale ne pourra statuer sur l'approbation de l'apport ou des avantages qu'après un rapport qui sera imprimé et tenu à la disposition des actionnaires, cinq jours au moins avant la réunion de cette assemblée.

Les délibérations sont prises à la majorité des actionnaires présents. Cette majorité doit comprendre le quart des actionnaires, et représenter le quart du capital social en numéraire.

Les associés qui ont fait l'apport ou stipulé des avantages particuliers soumis à l'appréciation de l'assemblée n'ont pas voix délibérative.

A défaut d'approbation, la société reste sans effet à l'égard de toutes les parties.

L'approbation ne fait pas obstacle à l'exercice ultérieur de l'action qui peut être intentée pour cause de dol ou de fraude.

Les dispositions du présent article, relatives à la vérification de l'apport qui ne consiste pas en numéraire, ne sont pas applicables au cas où la société à laquelle est fait ledit apport est formée entre ceux seulement qui en étaient propriétaires par indivis.

ARTICLE 5. — Un conseil de surveillance, composé de trois actionnaires au moins, est établi dans chaque société en commandite par actions.

Ce conseil est nommé par l'assemblée générale des actionnaires immédiatement après la constitution définitive de la société et avant toute opération sociale.

Il est soumis à la réélection, aux époques et suivant les conditions déterminées par les statuts.

Toutefois, le premier conseil n'est nommé que pour une année.

ARTICLE 6. — Ce premier conseil doit, immédiatement après sa nomination, vérifier si toutes les dispositions contenues dans les articles qui précèdent ont été observées.

ARTICLE 7. — Est nulle et de nul effet, à l'égard des intéressés toute société en commandite par actions constituée contrairement aux prescriptions des articles 1, 2, 3, 4 et 5 de la présente loi.

Cette nullité ne peut être opposée aux tiers par les associés.

ARTICLE 8. — Lorsque la société est annulée, aux termes de l'article précédent, les membres du premier conseil de surveillance peuvent être déclarés responsables avec le gérant, du dommage résultant, pour la société ou pour les tiers, de l'annulation de la société.

La même responsabilité peut être prononcée contre ceux des associés dont les apports ou les avantages n'auraient pas été vérifiés et approuvés conformément à l'article 4 ci-dessus.

*L'action en nullité de la société ou des actes et délibérations postérieurs à sa constitution n'est plus recevable lorsque, avant l'introduction de la demande, la cause de nullité a cessé d'exister. L'action en responsabilité pour les faits dont la nullité résultait, cesse d'être recevable lorsque, avant l'introduction de la demande, la cause de nullité a cessé d'exister et, en outre, que trois ans se sont écoulés depuis le jour où la nullité était encourue.*

*Si, pour couvrir la nullité, une assemblée générale devait être convoquée, l'action en nullité ne sera plus recevable à partir de la date de la convocation régulière de cette assemblée.*

*Ces actions en nullité contre les actes constitutifs des sociétés, sont prescrites par dix ans.*

*Cette prescription ne pourra toutefois être opposée avant l'expiration des dix années qui suivront la promulgation de la présente loi.*

ARTICLE 9. — Les membres du conseil de surveillance n'encourent aucune responsabilité en raison des actes de la gestion et de leurs résultats.

Chaque membre du conseil de surveillance est responsable de ses fautes personnelles, dans l'exécution de son mandat, conformément aux règles de droit commun.

ARTICLE 10. — Les membres du conseil de surveillance vérifient les livres, la caisse, le portefeuille et les valeurs de la société.

Ils font, chaque année, à l'assemblée générale, un rapport dans lequel ils doivent signaler les irrégularités et inexactitudes qu'ils ont reconnues dans les inventaires, et constater, s'il y a lieu, les motifs qui s'opposent aux distributions des dividendes proposés par le gérant.

Aucune répétition de dividendes ne peut être exercée contre les actionnaires, si ce n'est dans le cas où la distribution en aura été faite en l'absence de tout inventaire ou en dehors des résultats constatés par l'inventaire.

L'action en répétition, dans le cas où elle est ouverte, se prescrit par cinq ans, à partir du jour fixé pour la distribution des dividendes.

Les prescriptions commencées à l'époque de la promulgation de la présente loi, et pour lesquelles il faudrait encore, suivant les lois anciennes, plus de cinq ans, à partir de la même époque, seront accomplies par ce laps de temps.

ARTICLE 11. — Le conseil de surveillance peut convoquer l'assemblée générale et, conformément à son avis, provoquer la dissolution de la société.

ARTICLE 12. — Quinze jours au moins avant la réunion de l'assemblée générale, tout actionnaire peut prendre par lui ou par un fondé de pouvoir, au siège social, communication du bilan, des inventaires et du rapport du conseil de surveillance.

ARTICLE 13. — L'émission d'actions ou de coupons d'actions d'une société constituée contrairement aux prescriptions des articles 1, 2 et 3 de la présente loi, est punie d'une amende de 500 à 10.000 francs.

Sont punis de la même peine :

Le gérant qui commence les opérations sociales avant l'entrée en fonctions du conseil de surveillance ;

Ceux qui, en se présentant comme propriétaires d'actions ou de coupons d'actions qui ne leur appartiennent pas, ont créé frauduleusement une majorité factice dans une assemblée générale, sans préjudice de tous dommages-intérêts, s'il y a lieu, envers la société ou envers les tiers ;

Ceux qui ont remis les actions pour en faire un usage frauduleux.

Dans les cas prévus par les deux paragraphes précédents, la peine de l'emprisonnement de quinze jours à six mois peut, en outre, être prononcée.

ARTICLE 14. — La négociation d'actions ou de coupons d'actions dont la valeur ou la forme serait contraire aux dispositions des articles 1, 2 et 3 de la présente loi, ou pour lesquels le versement du quart n'aurait pas été effectué conformément à l'article 2 ci-dessus, est punie d'une amende de 500 à 10.000 francs.

Sont punies de la même peine toute participation à ces négociations et toute publication de la valeur desdites actions.

ARTICLE 15. — Sont punis des peines portées par l'article 405 du Code pénal, sans préjudice de l'application de cet article à tous les faits constitutifs du délit d'escroquerie :

1° Ceux qui, par simulation de souscriptions ou de versements ou par publication, faite de mauvaise foi, de souscriptions ou de versements qui n'existent pas, ou de tous autres faits faux, ont obtenu ou tenté d'obtenir des souscriptions ou des versements ;

2° Ceux qui, pour provoquer des souscriptions ou des versements, ont, de mauvaise foi, publié les noms de personnes désignées, contrairement à la vérité, comme étant ou devant être attachées à la société à un titre quelconque ;

3° Les gérants qui, en l'absence d'inventaire ou au moyen d'inventaire frauduleux, ont opéré entre les actionnaires la répartition de dividendes fictifs.

Les membres du conseil de surveillance ne sont pas civilement responsables des délits commis par le gérant.

ARTICLE 16. — L'article 463 du Code pénal est applicable aux faits prévus par les trois articles qui précèdent.

ARTICLE 17. — Des actionnaires représentant le vingtième au moins du capital social peuvent, dans un intérêt commun, charger à leurs frais un ou plusieurs mandataires de soutenir, tant en demandant qu'en défendant, une action contre les gérants ou contre les membres du conseil de surveillance, et de les représenter, en ce cas, en justice, sans préjudice de l'action que chaque actionnaire peut intenter individuellement en son nom personnel.

ARTICLE 18. — Les sociétés antérieures à la loi du 17 juillet 1856, et qui ne se seraient pas conformées à l'article 15 de cette loi, seront tenues, dans un délai de six mois, de constituer un conseil de surveillance, conformément aux dispositions qui précèdent.

A défaut de constitution du conseil de surveillance dans le délai ci-dessus fixé, chaque actionnaire a le droit de faire prononcer la dissolution de la société.

ARTICLE 19. — Les sociétés en commandite par actions antérieures à la présente loi, dont les statuts permettent la transformation en société anonyme autorisée par le gouvernement, pourront se convertir en sociétés anonymes dans les termes déterminés par le titre II de la présente loi, en se conformant aux conditions stipulées dans les statuts pour la transformation.

ARTICLE 20. — Est abrogée la loi du 17 juillet 1856.

## TITRE II

### DES SOCIÉTÉS ANONYMES

ARTICLE 21. — A l'avenir, les sociétés anonymes pourront se former sans l'autorisation du gouvernement.

Elles pourront, quel que soit le nombre des associés, être formées par un acte sous seing privé fait en double original.

Elles seront soumises aux dispositions des articles 29, 30, 32, 33, 34 et 36 du Code de commerce et aux dispositions contenues dans le présent titre.

Article 22. — Les sociétés anonymes sont administrées par un ou plusieurs mandataires à temps, révocables, salariés ou gratuits, pris parmi les associés.

Ces mandataires peuvent choisir parmi eux un directeur ou, si les statuts le permettent, se substituer un mandataire étranger à la société et dont ils sont responsables envers elle.

Article 23. — La société ne peut être constituée si le nombre des associés est inférieur à sept.

Article 24. — Les dispositions des articles 1, 2, 3 et 4 de la présente loi sont applicables aux sociétés anonymes.

La déclaration imposée au gérant par l'article 1$^{er}$ est faite par les fondateurs de la société anonyme ; elle est soumise, avec les pièces à l'appui, à la première assemblée générale, qui en vérifie la sincérité.

Article 25. — Une assemblée générale est, dans tous les cas, convoquée à la diligence des fondateurs, postérieurement à l'acte qui constate la souscription du capital social et le versement du quart du capital, qui consiste en numéraire. Cette assemblée nomme les premiers administrateurs ; elle nomme également, pour la première année, les commissaires institués par l'article 32 ci-après.

Ces administrateurs ne peuvent être nommés pour plus de six ans ; ils sont rééligibles sauf stipulation contraire.

Toutefois, ils peuvent être désignés par les statuts, avec stipulation formelle que leur nomination ne sera point soumise à l'approbation de l'assemblée générale. En ce cas, ils ne peuvent être nommés pour plus de trois ans.

Le procès-verbal de la séance constate l'acceptation des administrateurs et des commissaires présents à la réunion.

La société est constituée à partir de cette acceptation.

Article 26. — Les administrateurs doivent être propriétaires d'un nombre d'actions déterminé par les statuts.

Ces actions sont affectées en totalité à la garantie de tous les actes de la gestion, même de ceux qui seraient exclusivement personnels à l'un des administrateurs.

Elles sont nominatives, inaliénables, frappées d'un timbre indiquant l'inaliénabilité et déposées dans la caisse sociale.

Article 27. — Il est tenu, chaque année au moins, une assemblée générale à l'époque fixée par les statuts. Les statuts déterminent le nombre d'actions qu'il est nécessaire de posséder, soit à titre de propriétaire, soit à titre de mandataire, pour être admis dans l'assemblée, et le nombre de voix appartenant à chaque actionnaire, eu égard au nombre d'actions dont il est porteur.

*Tous propriétaires d'un nombre d'actions inférieur à celui déterminé pour être admis dans l'assemblée, pourront se réunir pour former le nombre nécessaire et se faire représenter par l'un d'eux.*

Néanmoins, dans les assemblées générales appelées à vérifier les apports, à nommer les premiers administrateurs et à vérifier la sincérité de la déclaration des fondateurs de la société, prescrite par le deuxième paragraphe de l'article 24, tout actionnaire, quel que soit le nombre des actions dont il est porteur, peut prendre part aux délibérations avec le nombre de voix déterminé par les statuts, sans qu'il puisse être supérieur à dix.

Article 28. — Dans toutes les assemblées générales, les délibérations sont prises à la majorité des voix.

Il est tenu une feuille de présence ; elle contient les noms et domiciles des actionnaires et le nombre d'actions dont chacun d'eux est porteur.

Cette feuille, certifiée par le bureau de l'assemblée, est déposée au siège social et doit être communiquée à tout requérant.

Article 29. — Les assemblées générales qui ont à délibérer dans des cas autres que ceux qui sont prévus par les deux articles qui suivent, doivent être composées d'un nombre d'actionnaires représentant le quart au moins du capital social.

Si l'assemblée générale ne réunit pas ce nombre, une nouvelle assemblée est convoquée dans les formes et avec les délais prescrits par les statuts, et elle délibère valablement quelle que soit la portion du capital représenté par les actionnaires présents.

Article 30. — Les assemblées qui ont à délibérer sur la vérification des apports, sur la nomination des premiers administrateurs, sur la sincérité de la déclaration faite par les fondateurs aux termes du paragraphe 2 de l'article 24, doivent être composées d'un nombre d'actionnaires représentant la moitié au moins du capital social.

Le capital social, dont la moitié doit être représentée pour la vérification de l'apport, se compose seulement des apports non soumis à vérification.

Si l'assemblée générale ne réunit pas un nombre d'actionnaires représentant la moitié du capital social, elle ne peut prendre qu'une délibération provisoire. Dans ce cas, une nouvelle assemblée générale est convoquée. Deux avis, publiés à huit jours d'intervalle, au moins un mois à l'avance, dans l'un des journaux désignés pour recevoir les annonces légales, font connaître aux actionnaires les résolutions provisoires adoptées par la première assemblée, et ces résolutions deviennent définitives si elles sont approuvées par la nouvelle assemblée, composée d'un nombre d'actionnaires représentant le cinquième au moins du capital social.

Article 31. — Les assemblées qui ont à délibérer sur des modifications aux statuts ou sur des propositions de continuation de la société au delà du terme fixé pour sa durée, ou de dissolution avant ce terme, ne sont régulièrement constituées et ne délibèrent valablement qu'autant qu'elles sont composées d'un nombre d'actionnaires représentant la moitié au moins du capital social.

ARTICLE 32. — L'assemblée générale annuelle désigne un ou plusieurs commissaires, associés ou non, chargés de faire un rapport à l'assemblée générale de l'année suivante sur la situation de la société, sur le bilan et sur les comptes présentés par les administrateurs.

La délibération contenant approbation du bilan et des comptes est nulle si elle n'a été précédée du rapport des commissaires.

A défaut de nomination des commissaires par l'assemblée générale, ou en cas d'empêchement ou de refus d'un ou de plusieurs des commissaires nommés, il est procédé à leur nomination ou à leur remplacement par ordonnance du président du tribunal de commerce du siège de la société, à la requête de tout intéressé, les administrateurs dûment appelés.

ARTICLE 33. — Pendant le trimestre qui précède l'époque fixée par les statuts pour la réunion de l'assemblée générale, les commissaires ont droit, toutes les fois qu'ils le jugent convenable dans l'intérêt social, de prendre communication des livres et d'examiner les opérations de la société.

Ils peuvent toujours, en cas d'urgence, convoquer l'assemblée générale.

ARTICLE 34. — Toute société anonyme doit dresser chaque semestre un état sommaire de sa situation active et passive.

Cet état est mis à la disposition des commissaires.

Il est, en outre, établi chaque année, conformément à l'article 9 du Code de commerce, un inventaire contenant l'indication des valeurs mobilières et immobilières et de toutes les dettes actives et passives de la société.

L'inventaire, le bilan et le compte des profits et pertes sont mis à la disposition des commissaires, le quarantième jour, au plus tard, avant l'assemblée générale. Ils sont présentés à cette assemblée.

ARTICLE 35. — Quinze jours au moins avant la réunion de l'assemblée générale, tout actionnaire peut prendre au siège social communication de l'inventaire et de la liste des actionnaires, et se faire délivrer copie du bilan résumant l'inventaire et du rapport des commissaires.

ARTICLE 36. — Il est fait annuellement, sur les bénéfices nets, un prélèvement d'un vingtième au moins, affecté à la formation d'un fonds de réserve.

Ce prélèvement cesse d'être obligatoire lorsque le fonds de réserve a atteint le dixième du capital social.

Article 37. — En cas de perte des trois quarts du capital social, les administrateurs sont tenus de provoquer la réunion de l'assemblée générale de tous les actionnaires, à l'effet de statuer sur la question de savoir s'il y a lieu de prononcer la dissolution de la société.

La ré-olution de l'assemblée est, dans tous les cas, rendue publique.

A défaut par les administrateurs de réunir l'assemblée générale, comme dans le cas où cette assemblée n'aurait pu se constituer régulièrement, tout intéressé peut demander la dissolution de la société devant les tribunaux.

Article 38. — La dissolution peut être prononcée sur la demande de toute partie intéressée, lorsqu'un an s'est écoulé depuis l'époque où le nombre des associés est réduit à moins de sept.

Article 39. — L'article 17 est applicable aux sociétés anonymes.

Article 40. — Il est interdit aux administrateurs de prendre ou de conserver un intérêt direct ou indirect dans une entreprise, ou dans un marché fait avec la société ou pour son compte, à moins qu'ils n'y soient autorisés par l'assemblée générale.

Il est, chaque année, rendu à l'assemblée générale un compte spécial de l'exécution des marchés ou entreprises par elle autorisés, aux termes du paragraphe précédent.

Article 41. — Est nulle et de nul effet à l'égard des intéressés toute société anonyme pour laquelle n'ont pas été observées les dispositions des articles 22, 23, 24 et 25 ci-dessus.

Article 42. — Lorsque la nullité de la société ou des actes et délibérations a été prononcée aux termes de l'article précédent, les fondateurs auxquels la nullité est imputable et les administrateurs en fonctions au moment où elle a été encourue, sont responsables solidairement envers les tiers *et les actionnaires du dommage résultant de cette annulation*.

La même responsabilité solidaire peut être prononcée contre ceux des associés dont les apports ou les avantages n'auraient pas été vérifiés et approuvés conformément à l'article 24.

*L'action en nullité et celle en responsabilité en résultant sont soumises aux dispositions de l'article 8 ci-dessus.*

Article 43. — L'étendue et les effets de la responsabilité des commissaires envers la société sont déterminés d'après les règles générales du mandat.

Article 44. — Les administrateurs sont responsables, conformément aux règles du droit commun, individuellement ou solidairement suivant les cas, envers la société ou envers les tiers, soit des infractions aux dispositions de la présente loi, soit des fautes qu'ils auraient commises dans leur gestion, notamment en distribuant ou en laissant distribuer sans opposition des dividendes fictifs.

Article 45. — Les dispositions des articles 13, 14, 15 et 16 de la présente loi sont applicables en matière de sociétés anonymes, sans distinction entre celles qui sont actuellement existantes et celles qui se constitueront sous l'empire de la présente loi. Les administrateurs qui, en l'absence d'inventaire ou au moyen d'inventaire frauduleux, auront obtenu des dividendes fictifs, seront punis de la peine qui est prononcée dans ce cas par le numéro 3 de l'article 15 contre les gérants des sociétés en commandite.

Sont également applicables en matière de sociétés anonymes les dispositions des trois derniers paragraphes de l'article 10.

Article 46. — Les sociétés anonymes actuellement existantes continueront à être soumises, pendant toute leur durée, aux dispositions qui les régissent.

Elles pourront se transformer en sociétés anonymes dans les termes de la présente loi, en obtenant l'autorisation du gouvernement et en observant les formes prescrites pour la modification de leurs statuts.

Article 47. — Les sociétés à responsabilité limitée pourront se convertir en sociétés anonymes dans les termes de la présente loi, en se conformant aux conditions stipulées pour la modification de leurs statuts

Sont abrogés les articles 31, 37 et 40 du Code de commerce et la loi du 23 mai 1863, sur les sociétés à responsabilité limitée.

<h2 style="text-align:center">TITRE III</h2>

### DISPOSITIONS PARTICULIÈRES AUX SOCIÉTÉS A CAPITAL VARIABLE

. . . . . . . . . . . . . . . . . . . . . . . .

. . . . . . . . . . . . . . . . . . . . . . . .

<h2 style="text-align:center">TITRE IV</h2>

### DISPOSITIONS RELATIVES A LA PUBLICATION DES ACTES DE SOCIÉTÉ

Article 55. — Dans le mois de la constitution de toute société commerciale, un double de l'acte constitutif, s'il est sous seing privé, ou une expédition, s'il est notarié, est déposé aux greffes de la justice de paix et du tribunal de commerce du lieu dans lequel est établie la société.

A l'acte constitutif des sociétés en commandite par actions et des sociétés anonymes sont annexées : 1° une expédition de l'acte notarié constatant la souscription du capital social et le versement du quart ; 2° une copie certifiée des délibérations prises par l'assemblée dans les cas prévus par les articles 4 et 24.

En outre, lorsque la société est anonyme, on doit annexer à l'acte constitutif la liste nominative, dûment certifiée, des souscripteurs, contenant les nom, prénoms, qualités, demeure et le nombre d'actions de chacun d'eux.

Article 56. — Dans le même délai d'un mois, un extrait de l'acte constitutif et des pièces annexées est publié dans l'un des journaux désignés pour recevoir les annonces légales.

Il sera justifié de l'insertion par un exemplaire du journal certifié par l'imprimeur, légalisé par le maire et enregistré dans les trois mois de sa date.

Les formalités prescrites par l'article précédent et par le présent article seront observées, à peine de nullité, à l'égard des intéressés ; mais le défaut d'aucune d'elles ne pourra être opposé aux tiers par les associés.

Article 57. — L'extrait doit contenir les noms des associés autres que les actionnaires ou commanditaires ; la raison de commerce ou la dénomination adoptée par la société et l'indication du siège social ; la désignation des associés autorisés à gérer, administrer et signer pour la société ; le montant du capital social et le montant des valeurs fournies ou à fournir par les actionnaires ou commanditaires ; l'époque où la société commence, celle où elle doit finir, et la date du dépôt fait aux greffes de la justice de paix et du tribunal de commerce.

Article 58. — L'extrait doit énoncer que la société est en nom collectif ou en commandite simple, ou en commandite par actions, ou anonyme ou à capital variable.

Si la société est anonyme, l'extrait doit énoncer le montant du capital social en numéraire et autres objets, la quotité à prélever sur les bénéfices pour composer le fonds de réserve.

Enfin, si la société est à capital variable, l'extrait doit contenir l'indication de la somme au-dessous de laquelle le capital social ne peut être réduit.

Article 59. — Si la société a plusieurs maisons de commerce situées dans divers arrondissements, le dépôt prescrit par l'article 55 et la publication prescrite par l'article 56 ont lieu dans chacun des arrondissements où existent les maisons de commerce.

Dans les villes divisées en plusieurs arrondissements, le dépôt sera fait seulement au greffe de la justice de paix du principal établissement.

Article 60. — L'extrait des actes et pièces déposés est signé pour les actes publics, par le notaire, et, pour les actes sous seing privé, par les associés en nom collectif, par les gérants des sociétés en commandite ou par les administrateurs des sociétés anonymes.

ARTICLE 61. — Sont soumis aux formalités et aux pénalités prescrites par les articles 55 et 56 :

Tous actes et délibérations ayant pour objet la modification des statuts, la continuation de la société au delà du terme fixé pour sa durée, la dissolution avant ce terme et le mode de liquidation, tout changement ou retraite d'associés et tout changement à la raison sociale.

Sont également soumises aux dispositions des articles 55 et 56 les délibérations prises dans les cas prévus par les articles 19, 37, 46, 47 et 49 ci-dessus.

ARTICLE 62. — Ne sont pas assujettis aux formalités de dépôt et de publication les actes constatant les augmentations et les diminutions du capital social opérées dans les termes de l'article 48, ou les retraites d'associés, autres que les gérants ou administrateurs, qui auraient lieu conformément à l'article 52.

ARTICLE 63. — Lorsqu'il s'agit d'une société en commandite par actions ou d'une société anonyme, toute personne a le droit de prendre communication des pièces déposées aux greffes de la justice de paix et du tribunal de commerce, ou même de s'en faire délivrer à ses frais, expédition ou extrait par le greffier ou par le notaire détenteur de la minute. Toute personne peut également exiger qu'il lui soit délivré au siège de la société une copie certifiée des statuts moyennant paiement d'une somme qui ne pourra excéder un franc.

Enfin les pièces déposées doivent être affichées d'une manière apparente dans les bureaux de la société.

ARTICLE 64. — Dans tous les actes, factures, annonces, publications et autres documents *imprimés ou autographiés*, émanés des sociétés anonymes ou des sociétés en commandite par actions, la dénomination sociale doit toujours être précédée ou suivie immédiatement de ces mots écrits lisiblement et en toutes lettres : *société anonyme* ou *société en commandite par actions*, et de l'énonciation du montant du capital social.

Si la société a usé de la faculté accordée par l'article 48, cette circonstance doit être mentionnée par l'addition de ces mots : *à capital variable*.

Toute contravention aux dispositions qui précèdent est punie d'une amende de 50 à 1 000 francs.

ARTICLE 65. — Sont abrogées les dispositions des articles, 42, 43, 44, 45 et 46 du Code de commerce.

# TITRE V

## DES TONTINES ET DES SOCIÉTÉS D'ASSURANCES

. . . . . . . . . . . . . . . . . . . .

. . . . . . . . . . . . . . . . . .

### DISPOSITIONS DIVERSES.

ARTICLE 68. — *Quel que soit leur objet, les sociétés en commandite ou anonymes qui seront constituées dans les formes du Code de commerce ou de la présente loi seront commerciales et soumises aux lois et usages du commerce.*

ARTICLE 69. — *Il pourra être consenti hypothèque au nom de toute société commerciale en vertu des pouvoirs résultant de son acte de formation même sous seing privé, ou des délibérations ou autorisations constatées dans les formes réglées par le dit acte. L'acte d'hypothèque sera passé en forme authentique, conformément à l'article 2127 du Code civil.*

ARTICLE 70. — *Dans les cas où les sociétés ont continué à payer les intérêts ou dividendes des actions, obligations ou tous autres titres remboursables par suite d'un tirage au sort, elles ne peuvent répéter ces sommes lorsque le titre est présenté au remboursement.*

ARTICLE 71. — *Dans l'article 50 paragraphe 1er, sont supprimés les mots : « Ils ne pourront être inférieurs à 50 francs. »*

IV

# LOI DU 1ᵉʳ AOUT 1893
## PORTANT MODIFICATION DE LA LOI
## DU 24 JUILLET 1867
## SUR LES SOCIÉTÉS PAR ACTIONS

Article 1ᵉʳ. — Les paragraphes 1 et 2 de l'article 1ᵉʳ de la loi du 24 juillet 1867 sont modifiés comme suit :

« § 1ᵉʳ. — Les sociétés en commandite ne peuvent diviser leur capital en actions ou coupures d'actions de moins de 25 francs lorsque le capital n'excède pas 200.000 francs, de moins de 100 francs lorsque le capital est supérieur à 200.000 francs.

« § 2. — Elles ne peuvent être définitivement constituées qu'après la souscription de la totalité du capital et le versement en espèces, par chaque actionnaire, du montant des actions ou coupures d'actions souscrites par lui, lorsqu'elles n'excèdent pas 25 francs, et du quart au moins des actions lorsqu'elles sont de 100 francs et au-dessus. »

Article 2. — L'article 3 est modifié comme suit :

« *Article 3.* — Les actions sont nominatives jusqu'à leur entière libération. Les actions représentant des apports devront toujours être entièrement libérées au moment de la constitution de la société.

« Ces actions ne peuvent être détachées de la souche et ne sont négo-
« ciables que deux ans après la constitution définitive de la société.

« Pendant ce temps, elles devront, à la diligence des adminitrateurs, être frappées d'un timbre indiquant leur nature et la date de cette constitution.

« Les titulaires, les cessionnaires intermédiaires et les souscripteurs
« sont tenus solidairement du montant de l'action.

« Tout souscripteur ou actionnaire qui a cédé son titre cesse, deux ans après la cession, d'être responsable des versements non encore appelés. »

Article 3. — A l'article 8 sont ajoutées les dispositions suivantes :

« L'action en nullité de la société ou des actes et délibérations postérieurs à sa constitution n'est plus recevable lorsque, avant l'introduc-
tion de la demande, la cause de nullité a cessé d'exister. L'action en responsabilité, pour les faits dont la nullité résultait, cesse également d'être recevable lorsque, avant l'introduction de la demande, la cause

de nullité a cessé d'exister, et en outre, que trois ans se sont écoulés depuis le jour où la nullité était encourue.

« Si, pour couvrir la nullité, une assemblée générale devait être « convoquée, l'action en nullité ne sera plus recevable à partir de la « date de la convocation régulière de cette assemblée.

« Ces actions en nullité contre les actes constitutifs des sociétés sont « prescrites par dix ans.

« Cette prescription ne pourra toutefois, être opposée avant l'expira- « tion des dix années qui suivront la promulgation de la présente loi.»

Article 4. — Au paragraphe 1er de l'article 27 est ajouté ce qui suit:

« Tous propriétaires d'un nombre d'actions inférieur à celui déter- « miné pour être admis dans l'assemblée pourront se réunir pour for- « mer le nombre nécessaire et se faire représenter par l'un d'eux. »

Article 5. — Dans le paragraphe 1er de l'article 42, aux mots : « res- ponsables solidairement envers les tiers sans préjudice du droit des actionnaires », sont substitués les termes suivants : « responsables solidairement envers les tiers et les actionnaires du dommage résultant de cette annulation ».

Au même article est ajouté le paragraphe suivant :

« L'action en nullité et celle en responsabilité en résultant sont soumises aux dispositions de l'article 6 ci-dessus ».

Article 6. — Sont ajoutées à la loi les dispositions suivantes :
(Voir les articles 68 à 71 ajoutés à la loi de 1867.)

## Dispositions transitoires.

Article 7. — Pour les sociétés par actions en commandite ou anonymes déjà existantes, sans distinction entre celles antérieures à la loi du 24 juillet 1867 et celles postérieures, il n'est pas dérogé à la faculté qu'elles peuvent avoir de convertir leurs actions en titres au porteur avant libération intégrale.

Quant aux actions nominatives des mêmes sociétés, les deux ans après lesquels tout souscripteur ou actionnaire qui a cédé son titre cesse d'être responsable des versements non appelés, ne courront, à l'égard des créanciers antérieurs à la présente loi, qu'à partir de l'entrée en vigueur de la loi, et sauf application de l'article 2257 du Code civil pour les créances conditionnelles ou à terme et les actions en garantie.

Les dispositions de l'article 8 et celles de l'article 42 s'appliquent aux sociétés déjà constituées sous l'empire de la loi du 24 juillet 1867.

Dans les mêmes sociétés, l'action en nullité résultant des articles 7 et 41 ne sera plus recevable si les causes de nullité ont cessé d'exister au moment de la présente loi.

En tous cas, l'action en responsabilité pour les faits dont la nullité résultait ne cessera d'être recevable que trois ans après la présente loi.

Les sociétés civiles actuellement constituées sous d'autres formes pourront, si leurs statuts ne s'y opposent pas, se transformer en sociétés en commandite ou en sociétés anonymes, par décision d'une assemblée générale spécialement convoquée et réunissant les conditions tant de l'acte social que de l'article 31 ci-dessus.

# V

## LOI DU 9 JUILLET 1902

Article 1ᵉʳ. — L'article 34 du Code de commerce est ainsi complété :

« Le capital social de la société anonyme se divise en actions et même en coupons d'actions d'une valeur nominale égale.

« Sauf les dispositions contraires des statuts, la société peut créer des actions de priorité, investies du droit de participer avant les autres actions à la répartition des bénéfices ou au partage de l'actif social.

« Sauf dispositions contraires des statuts, les actions de priorité et les autres actions ont, dans les assemblées, un droit de vote égal.

« Dans le cas où la décision de l'assemblée générale comporterait une modification dans les droits respectifs des actions des différentes catégories, il faut, en dehors de l'assemblée générale, convoquer une assemblée spéciale des actionnaires dont les droits ont été modifiés. Cette assemblée spéciale doit délibérer, eu égard au capital représenté par les actions dont il s'agit, dans les conditions de l'article 31 de la loi du 24 juillet 1867 en tant que les statuts ne contiendraient pas d'autres prescriptions. »

Article 2. — Le paragraphe 3 de l'article 3 de la loi du 24 juillet 1867 modifié par la loi du 1ᵉʳ août 1893 est ainsi complété :

« Ces prescriptions et ces prohibitions ne sont pas applicables au cas de fusion de sociétés anonymes ayant plus de deux ans d'existence, soit par l'absorption de ces sociétés par l'une d'entre elles, soit par la création d'une société anonyme nouvelle englobant les sociétés préexistantes. »

VI

# LOI DU 16 NOVEMBRE 1903

Article 1er. — Les articles 1er et 2 de la loi du 9 juillet 1902 sont modifiés ainsi qu'il suit :

*Article 1er*. — L'article 34 du Cod de commerce est ainsi complété :

« Le capital social des sociétés par actions se divise en actions et même en coupons d'actions d'une valeur nominale égale.

« Toute société par actions peut, par délibération de l'assemblée générale constituée dans les conditions prévues par l'article 31 de la loi du 24 juillet 1867, créer des actions de priorité, jouissant de certains avantages sur les autres actions, ou conférant des droits d'antériorité, soit sur les bénéfices, soit sur l'actif social, soit sur les deux, si les statuts n'interdisent point, par une prohibition directe et expresse, la création d'actions de cette nature.

« Sauf dispositions contraires des statuts, les actions de priorité et les autres actions ont, dans les assemblées, un droit de vote égal.

« Dans le cas où une décision de l'assemblée générale comporterait une modification dans les droits attachés à une catégorie d'actions, cette décision ne sera définitive qu'après avoir été ratifiée par une assemblée spéciale des actionnaires de la catégorie visée.

« Cette assemblée spéciale, pour délibérer valablement doit réunir au moins la moitié du capital social représenté par les actions dont il s'agit, à moins que les statuts ne prescrivent un minimum plus élevé. »

*Article 2*. — Le paragraphe 3 de l'article 3 de la loi du 24 juillet 1867, modifié par la loi du 1er août 1893, est ainsi complété :

« En cas de fusion de sociétés par voie d'absorption ou de création d'une société nouvelle, englobant une ou plusieurs sociétés préexistantes, l'interdiction de détacher les actions de la souche et de les négocier ne s'applique pas aux actions d'apport attribuées à une société par actions, ayant, lors de la fusion, plus de deux ans d'existence.

« La présente loi est applicable aux sociétés fondées antérieurement ou postérieurement à la présente loi. »

# PREMIÈRE PARTIE

## DES DIFFÉRENTES NATURES DE TITRES DANS LES SOCIÉTÉS PAR ACTIONS



## CHAPITRE PREMIER

### ACTIONS.

### SECTION I. — De l'action en général.

**5. Sociétés par actions.** — Les sociétés par actions sont des associations de capitaux dont le capital social est divisé en fractions d'égale valeur, essentiellement cessibles, appelées actions. Ces sociétés sont régies par les lois des 24 juillet 1867, 1er août 1893, 9 juillet 1902 et 16 novembre 1903. Elles sont soumises, en outre à des règles spéciales et complémentaires édictées dans le pacte social qui est constitué par les statuts de la société.

**6. Actions.** — L'action est l'unité représentative de chaque fraction du capital social. Elle se distingue par son absolue cessibilité, sauf les restrictions prévues par certaines dispositions légales dont nous aurons à nous occuper au cours de cet ouvrage. Aux termes de l'article 34 du Code de commerce, les actions, ou coupures d'actions, d'une société anonyme, doivent être d'égale valeur. Mais les auteurs estiment que ce n'est pas là une prescription d'ordre public et qu'il peut y être valablement dérogé (Houpin, n° 290 ; Rousseau, n°s 1111 et suiv.).

**7. Valeur égale.** — Du reste, le fractionnement du capital en actions d'inégale valeur peut amener des confusions et des complications au point de vue de la libre circulation des titres, et cela sans avantage pour les actionnaires qui peuvent, par la possession d'un nombre d'actions plus grand ou moindre, augmenter ou diminuer à leur gré l'étendue de leurs droits sociaux. Aussi les sociétés qui se créent adoptent-elles généralement, tout au moins lors de leur constitution, des actions d'une valeur uniforme.

**8. Avantages différents.** — Les actions, tout en étant d'une égale valeur nominale, peuvent jouir d'avantages différents. Par exemple, il peut être stipulé, dans les statuts, que les actions de capital auront droit à un premier dividende égal à l'intérêt du capital dont ces actions sont libérées.

Enfin la loi du 9 juillet 1902 modifiée par celle du 16 novembre 1903, consacrant un usage admis déjà par la jurisprudence, a définitivement autorisé la création des actions de priorité (Voir *infrà*, n°s 18 et suiv.).

**9. Taux.** — L'article 1er de la loi du 1er août 1893, modifiant l'article 1er de la loi du 24 juillet 1867, stipule que : *Les sociétés en commandite ne peuvent diviser leur capital social en actions ou coupures d'actions de moins de 25 francs lorsque le capital* *n'excède pas* 200.000 *francs, de moins de* 100 *francs lorsque le capital est supérieur à* 200.000 *francs.*

L'article 21 de la loi de 1867 rend ces prescriptions applicables aux sociétés anonymes.

Depuis cette modification de la loi, on voit de plus en plus les sociétés à capitaux très importants, adopter l'action de 100 francs qui, entre autres avantages, a celui d'être d'un mécanisme plus souple quant à sa souscription et à sa négociation.

Si l'action de 500 francs et au-dessus est avantageuse aux sociétés dont le capital est appelé à demeurer aux mains d'un nombre restreint d'actionnaires importants, par contre, l'action de 100 francs convient à merveille aux sociétés qui, n'ayant pas à redouter la trop grande diffusion de leurs titres, pourront, par ce moyen, amener à elles, plus aisément, l'épargne publique en s'adressant aux souscripteurs, même les plus modestes.

**10. Différentes espèces d'actions.** — Il y a quatre sortes d'actions qui se différencient, soit par la nature de la partie du capital qu'elles représentent, soit par les avantages qui peuvent leur être accordés par rapport aux autres sur l'actif social.

Ce sont, savoir :

1º L'action d'apport ;

2º L'action de numéraire ;

3º L'action de priorité ;

4º L'action de jouissance.

Certains auteurs citent bien encore l'*action industrielle* et l'*action de prime*. Mais les actions de cette nature, ne représentant aucune fraction du capital social, sont improprement appelées *actions* et leur existence juridique ne peut être admise que si on les considère comme parts bénéficiaires (V. *infrà*, nᵒˢ 38 et suiv.).

M. Houpin, dans son *Traité des sociétés* (nº 285), déclare illicite la création d'actions de primes ; nous estimons que les actions industrielles, en tant qu'*actions*, doivent être également bannies des statuts.

## SECTION II. — Actions d'apport.

**11. Caractère.** — Les actions d'apport sont celles qui sont attribuées à un actionnaire, fondateur ou non, en représentation des biens, droits ou avantages dont il fait l'apport à la société. Ces actions qui concourent à la formation du capital social sont régies par l'article 3 de la loi du 24 juillet 1867 modifié par la loi du 1er août 1893.

« *Les actions représentant des apports*, dit cet article, *devront toujours être entièrement libérées au moment de la constitution de la société.*

« *Ces actions ne pourront être détachées de la souche et ne sont négociables que deux ans après la constitution de la société.*

« *Pendant ce temps, elles devront, à la diligence des administrateurs, être frappées d'un timbre indiquant leur nature et la date de cette constitution.* »

**12. Libération.** — Les actions d'apport doivent être entièrement libérées à la constitution.

Un auteur très estimé (1) en conclut que les actions d'apport peuvent être mixtes, c'est-à-dire qu'elles peuvent représenter des apports en nature pour une partie de leur valeur, et être libérées en argent pour le surplus, avant la constitution de la société. De cette manière, l'apporteur possédera un plus grand nombre de titres. Il n'entre pas dans le cadre de cet ouvrage d'étudier le caractère juridique de ces actions mixtes dont l'avantage est bien illusoire. En effet, l'apporteur qui désire posséder le plus grand nombre possible de titres, acceptera, d'abord, des actions représentant, pour leur valeur totale, le montant de son apport. Il aura ensuite toute liberté, s'il veut augmenter le nombre de ses titres, de souscrire des actions de numéraire libérables seulement

(1) Bouvier-Bangillon, p 67 et 68.

en partie à la souscription. Et ces actions de numéraire auront le très grand avantage de n'être pas immobilisées pendant deux ans et de n'être pas soumises à vérification comme le seraient fatalement des actions mixtes.

**13. Négociation.** — Les titres des actions d'apports peuvent être nominatifs ou au porteur ; il suffit, pour satisfaire au vœu de la loi, qu'ils demeurent attachés à la souche pendant les deux premières années de la constitution et que, pendant ce temps, ils soient frappés d'un timbre indiquant leur nature et la date de la constitution.

Pendant ces deux ans, l'apporteur ne peut négocier ses titres ; mais, sous la réserve de cette restriction, il jouit de tous les avantages que lui confère son droit de propriétaire, soit pour prendre part aux délibérations des assemblées générales, soit pour affecter ces actions à la garantie des fonctions d'administrateur. La création matérielle des titres d'actions d'apport peut, dans un but d'économie fiscale, être différée jusqu'à l'époque de leur disponibilité (*infrà*, n° 335).

**14. Exception légale.** — La loi du 9 juillet 1902, complétée par celle du 16 novembre 1903, ne s'est pas occupée seulement des actions de priorité dont nous parlerons plus loin. Par les dispositions de son article 2, elle a stipulé que l'interdiction de détacher les actions de la souche et de les négocier pendant deux ans résultant de l'article 3 de la loi du 24 juillet 1867, modifiée par la loi du 1ᵉʳ août 1893, ne s'appliquera pas aux actions d'apport attribuées à une société par actions, au cas de fusion de sociétés par voie d'absorption ou de création d'une société nouvelle englobant une ou plusieurs sociétés déjà existantes, pourvu que les sociétés attributaires de ces actions aient plus de deux ans d'existence (*infrà*, n° 407).

**15. Cession civile.** — Il ne faut pas confondre la négociation des actions d'apport avec leur aliénabilité.

La loi défend la négociation commerciale par voie de tradition ou de transfert immédiat, mais elle n'a pas entendu frapper ces titres d'inaliénabilité. Ainsi, les actions d'apport peuvent être cédées par les voies civiles avant l'expiration du délai de deux ans, soit par acte sous seing privé, soit par acte notarié signifié à la société suivant les prescriptions de l'article 1690 du Code civil.

**16. Gage.** — De même, les actions d'apport peuvent être remises en gage suivant les formes civiles, à la condition de constituer la société tierce dépositaire, pour satisfaire aux prescriptions des articles 2075 et suivants du Code civil.

Mais, dans les cas soit de cession, soit de nantissement, le cessionnaire ou le créancier nanti ne peuvent faire régulariser le transfert ni se faire remettre les titres au porteur, qu'après l'expiration du délai de deux ans imparti par la loi.

SECTION III. — Actions de numéraire.

**17.** — Les actions de numéraire, comme leur nom l'indique, sont celles dont le montant est payé en espèces. Elles concourent, avec les actions d'apport, à la formation du capital social.

Les statuts fixent la quotité dont ces actions doivent être libérées au moment de la souscription.

Aux termes de l'article 1er de la loi du 24 juillet 1867 modifié par l'article 1er de la loi du 1er août 1893, ces actions doivent être entièrement libérées à la souscription, lorsque leur capital n'excède pas 25 francs. Elles doivent être libérées au moins du quart lorsqu'elles sont de 100 francs et au-dessus.

Il est à remarquer que la loi est muette sur les actions dont le capital nominal serait compris entre 25 et 100 francs. De quelle somme doivent être libérées ces actions à la souscription ?

La question est controversée.

Divers auteurs (1) estiment que, dans le silence de la loi, ces actions doivent être *entièrement* libérées à la souscription.

MM. Lyon-Caen et Renault (appendice, n° 9) admettent le versement du quart, de sorte qu'en suivant leur théorie, des actions de 50 francs, par exemple, pourraient n'être libérées à la souscription que de 12 fr. 50.

Enfin MM. Houpin (2) et Vavasseur (3), s'appuyant sur un décret du 1er décembre 1893 relatif à l'admission à la cote officielle des valeurs étrangères, adoptent un terme moyen et décident avec raison que les actions d'une valeur comprise entre 25 et 100 fr. pourront n'être libérées qu'en partie, pourvu que le taux de libération soit au moins de 25 francs par action (Voir dans le même sens Thaller, n° 521).

## SECTION IV. — Actions de priorité.

**18. Caractère.** — Les actions de priorité sont des actions de capital comme les actions ordinaires ; elles jouissent par conséquent de toutes les prérogatives attachées aux actions de capital. Elles peuvent être émises dans toutes les sociétés par actions, anonymes ou en commandite.

Leur légalité qui était admise par les auteurs et la jurisprudence a été définitivement consacrée par les dispositions de l'article 1er de la loi du 9 juillet 1902, modifiée par celle du 16 novembre 1903 qui a remplacé la loi de 1902 plutôt qu'elle ne l'a complétée. *Ce sont*, dit cette loi, *des actions jouissant de certains avantages sur les autres actions ou conférant des droits d'antériorité sur les bénéfices, soit sur l'actif social, soit sur les deux en*

---

(1) Rousseau, *Traité des sociétés commerciales*, n°s 1711 et 1712 ; Bouvier-Bangillon, p. 61 et suiv. ; Albert Wahl, *Étude sur l'augmentation du capital dans les sociétés anonymes et en commandite par actions.*

(2) *Gaz. Trib.*, 20 décembre 1893, *Traité des sociétés par actions*, n° 456.

(3) *Le Droit*, 15 janvier 1894 ; *Traité des sociétés*, n° 369.

*même temps* (Voir notre commentaire dans notre *Etude sur les actions en jouissance*, p. 7 et suiv.).

**19. Nature des avantages.** — Les avantages à accorder aux actions de priorité étant indéterminés, peuvent être combinés et cumulés au gré des sociétés.

Ainsi il peut être stipulé que ces actions recevront annuellement un dividende privilégié avant toute répartition aux actions ordinaires ; qu'il en sera de même lors de la liquidation, et qu'à cette époque elles auront, en outre, un droit de priorité pour le remboursement de leur capital.

**20. Emission.** — Les actions de priorité peuvent être créées à l'origine même de la société par une disposition des statuts ; par exemple, les actions de numéraire peuvent être des actions de priorité à l'égard des actions d'apport, simples actions ordinaires. Ce procédé en honneur en Angleterre et en Belgique peut faciliter, dans bien des cas, la souscription du capital social.

Les actions de priorité peuvent encore être émises en vertu d'une délibération de l'assemblée générale, pourvu que les statuts ne l'aient pas interdit par une prohibition directe et expresse (*modification résultant de la loi du 16 novembre 1903*).

Seulement l'assemblée générale doit, dans ce cas, réunir les conditions prévues par l'article 31 de la loi de 1867, c'est à-dire, être composée d'un nombre d'actionnaires représentant la moitié au moins du capital social et cette prescription légale s'adresse aux sociétés en commandite par actions comme aux sociétés anonymes.

**21. Modifications aux avantages.** — Toute délibération de l'assemblée générale qui apporterait une modification dans les droits attachés, soit aux actions de priorité, soit aux actions ordinaires, ne sera définitive qu'après ratification par une assemblée générale spéciale des actionnaires de la catégorie visée et cette assemblée devra réunir au moins la moitié du capital représenté par les actions de cette catégorie, à moins que les statuts ne prescrivent un minimum plus élevé.

**22. Assemblées générales.** — Sauf dispositions contraires des statuts, les actions de priorité et les autres actions ont, dans les assembleés, un droit de vote égal.

Il est à remarquer que la loi a étendu à toutes les sociétés par actions, les dispositions de l'article 31 de la loi du 24 juillet 1867 exigeant la représentation aux assemblées de la moitié au moins du capital, chaque fois qu'il s'agira : 1° d'une assemblée de tous les actionnaires ayant pour objet une émission d'actions de priorité ; 2° d'une assemblée d'actionnaires de l'une des catégories visées à l'article précédent qui aurait à se prononcer sur des modifications apportées aux avantages ou privilèges de l'une ou de l'autre de ces catégories.

Par conséquent, dans ces cas spéciaux, les prescriptions de l'article 31 de la loi de 1867 sont applicables aux sociétés en commandite par actions aussi bien qu'aux sociétés anonymes et il ne serait pas possible d'y déroger par une stipulation des statuts.

Notamment, il ne pourrait être fait usage des facilités accordées par le dernier paragraphe de l'article 29 de la même loi, facilités qui visent uniquement les assemblées générales ordinaires des sociétés anonymes (V. *infrà*, n° 368).

## SECTION V. — Actions de jouissance.

**23. Caractère.** — Les statuts de beaucoup de sociétés stipulent que, sur les bénéfices annuels, une certaine quotité sera prélevée pour constituer un fonds d'amortissement des actions.

Cet amortissement est effectué, soit au moyen d'un tirage au sort des actions à amortir, soit par le remboursement d'une somme égale sur toutes les actions.

En échange des titres amortis et remboursés, leurs titulaires reçoivent de nouveaux titres et ce sont ces nouveaux titres que l'on appelle actions de jouissance.

**24. Assemblées générales.** — Les actions de jouissance ont les mêmes prérogatives que les actions de capital pour la composition des assemblées générales.

**25. Conseil d'administration.** — Nous estimons même qu'elles peuvent servir de garantie aux fonctions d'administrateurs.

**26. Caractère juridique.** — Il ne faut pas perdre de vue, en effet, que le remboursement prématuré n'a été effectué qu'avec des bénéfices, que le capital social n'a subi de ce chef aucune diminution et qu'ainsi les actions de jouissance représentent toujours la même fraction du capital social immuable. En définitive, elles ont touché par priorité sur les autres actions, un dividende égal à leur valeur. Les actions non amorties toucheront tour à tour ce dividende le jour où le sort les favorisera et, enfin, les actions restant à amortir à la fin de la société recevront, à ce moment, ce même dividende avant tout partage de l'actif et joueront en cela le rôle de véritables actions de priorité (1).

Ainsi donc, suivant nous, les actions de jouissance représentent toujours la même fraction du capital social que représentait, elle-même, l'action amortie correspondante et la transformation de l'action en action de jouissance n'a apporté aucune atteinte à son caractère juridique.

(1) Nous avons, dans une étude spéciale, donné à cette question un développement qui n'avait pas sa place ici et soutenu un système que nous croyons très juridique, et qui a, d'ailleurs, reçu l'approbation du savant professeur de l'Université de Paris, M. Thaller.

(Voir notre *Etude sur les actions de jouissance et l'Amortissement du capital dans les sociétés par actions*, avec avant-propos de M. Thaller. 1 vol. Arthur Rousseau, éditeur). *Contrà* : M. Valery,*Revue gén. du droit, de la législ. et de la jurisp.*, 1906, p. 33 et suiv. ; Houpin, *J. S.*, 1905, p. 524 ; Bouvier-Bangillon, *J. S.*, 1906, p. 145 et suiv. et note de M. Houpin.

# CHAPITRE II

FORME DES ACTIONS.

**27.** — Les actions des sociétés par actions sont représentées, quant à leur forme extérieure, par des titres qui, d'après les prescriptions des statuts, peuvent être nominatifs ou au porteur.

**28. Action nominative.** — On appelle donc action nominative le titre d'action inscrit au nom de l'actionnaire. Ce titre est la propriété exclusive du titulaire ; il ne peut être transféré au nom d'une autre personne qu'après l'accomplissement des formalités prescrites par l'article 36 du Code de commerce et par les statuts pour la régularité des transferts.

**29. Action au porteur.** — L'action au porteur est celle qui, ne portant aucun nom d'actionnaire, appartient, comme son nom l'indique, au porteur du titre et se transmet par simple tradition, sans qu'il soit besoin d'aucune formalité de transfert sur les registres sociaux.

**30. Action mixte.** — Il existe encore une troisième catégorie de titres peu usités en pratique, appelés *actions mixtes* qui tiennent de l'action nominative en ce qu'ils portent le nom de leur propriétaire, et de l'action au porteur en ce que, comme celle-ci, ils sont munis de coupons au porteur pour l'encaissement des dividendes.

L'action mixte, quant au capital qu'elle représente, ne peut être transférée qu'aux conditions prescrites pour les actions nominatives. Les dividendes, au contraire, sont acquis au porteur du coupon, quel qu'il soit.

**31. Conversion.** — Les actions de toute société par actions sont de droit nominatives ; elles ne peuvent être créées ou converties en actions au porteur qu'en vertu d'une disposition spéciale des statuts ou, à défaut, en vertu d'une délibération de l'assemblée générale des actionnaires réunie et votant dans les conditions prévues par le pacte social pour les modifications à apporter aux statuts. Dans les sociétés anonymes les prescriptions de l'article 31 de la loi du 24 juillet 1867 doivent être observées pour ces assemblées (1).

La délibération de l'assemblée doit être publiée.

Les statuts stipulent ordinairement que les actions seront nominatives ou au porteur au choix de l'actionnaire, dès après leur entière libération. Dans ce cas, elles peuvent être délivrées au porteur sans qu'il soit besoin d'aucune décision de l'assemblée générale, le droit à cette délivrance résultant des statuts mêmes.

**32. Création matérielle des titres.** — L'action, juridiquement parlant, existe indépendamment du titre qui la représente, et la création des titres représentatifs des actions peut être différée par la société.

Cette mesure est intéressante au point de vue de la taxe d'abonnement au timbre qui est due et doit être souscrite non pas à l'origine de la société, mais seulement à l'époque de la création matérielle des titres (*infrà*, nº 461).

**33. Actions nécessairement nominatives.** — Sont nécessairement nominatives et ne peuvent être conséquemment mises au porteur :

1º Les actions de toute société, tant qu'elles ne sont pas *entièrement libérées* (art. 2 de la loi du 1ᵉʳ août 1893 modifiant l'article 3 de la loi du 24 juillet 1867) ;

2º Les actions affectées à la garantie des fonctions d'administrateurs, pendant tout le temps que durent ces fonctions.

**34. Actions d'apport.** — Les actions représentant des ap-

---

(1) Bouvier-Bangillon, 55 à 56 ; Houpin, nº 304.

ports en nature,bien qu'elles ne puissent être négociées qu'à l'expiration du délai de deux années, peuvent être créées indifféremment nominatives ou au porteur (1). La loi exige seulement qu'elles demeurent attachées à la souche pendant les deux premières années et que, pendant ce temps, elles soient frappées d'un timbre indiquant leur nature et la constitution de la société (voir *supra*, n° 13).

**35. Forme extérieure des titres.** — Les actions, soit nominatives, soit au porteur, sont des titres imprimés détachés de registres à souche. Ces titres portent la dénomination de la société, sa nature (commandite ou anonyme), l'indication du capital et du siège social. Les titres nominatifs portent en outre les nom, prénoms, qualités et domicile de l'actionnaire.

Chaque action est revêtue d'un numéro d'ordre qui se trouve répété, pour les actions au porteur, sur chacun des coupons dont elles sont munies pour l'encaissement des dividendes. Les coupons sont, eux-mêmes, l'objet d'un numérotage spécial qui permet de les distinguer les uns des autres. Les titres nominatifs portent généralement, au bas ou au dos, des cases destinées à recevoir l'estampille qui constatera le paiement de chaque coupon.

Les actions doivent être revêtues des signatures exigées par les statuts. Ces signatures sont ordinairement celles du gérant et d'un membre du conseil de surveillance pour les commandites par actions, et de deux administrateurs pour les sociétés anonymes : ces signatures doivent être *manuscrites*.

Dans les sociétés où les titres sont nombreux, il est quelquefois fait usage d'un fac-simile des signatures dont l'empreinte seulement est apposée sur les titres. Cette manière de procéder est irrégulière (Cass., 20 janvier 1897. — Voir cependant Wahl, *Traité des titres au porteur*, n° 393).

_________

(1) Houpin, n° 302.

**36. Echange de titres. Numéros.** — Lorsqu'une société, par suite de circonstances diverses, est amenée à échanger ses titres d'actions contre de nouveaux titres, il n'est pas indispensable, quand bien même les actions seraient susceptibles d'amortissement par voie de tirage au sort, que les actions nouvelles soient délivrées à chaque actionnaire avec les mêmes numéros que celles antérieurement possédées. Il est cependant recommandé, dans ce cas : 1° de stipuler, dans la délibération de l'assemblée générale qui décide l'échange, que les nouveaux titres devront être délivrés sans parité de numéros ; 2° de mentionner sur ces titres la date de leur délivrance ; 3° et d'indiquer, sur les reçus délivrés par chaque actionnaire, les numéros des titres anciens et ceux des titres remis en échange (Houpin, n° 296 ; Rousseau, 1151).

**37. Certificats nominatifs d'actions.** — Dans les sociétés dont les actions sont nominatives ou au porteur au choix de l'actionnaire, il arrive souvent que toutes les actions sont créées au porteur et que l'on se borne à conserver dans une caisse *ad hoc* les titres de ceux des actionnaires qui ont opté pour la délivrance de titres nominatifs. Ces titres au porteur sont soigneusement classés avec un numéro d'ordre pour chaque titulaire ; il est seulement délivré à l'actionnaire un certificat nominatif d'actions portant le même numéro d'ordre que le paquet de titres au porteur correspondant. Ce certificat fait mention du nombre et des numéros des actions qu'il représente.

Ce mode de procéder, en usage dans beaucoup de grandes compagnies, n'est pas d'une absolue régularité. Il est néanmoins couramment admis dans la pratique à cause de sa commodité et de son absence d'inconvénients sérieux.

Un auteur, M. Minard (n° 128), estime que la société n'encourrait aucune responsabilité, même à l'égard des tiers possesseurs de bonne foi, au cas où les titres au porteur ainsi déposés viendraient à être volés à la société (V. Houpin, n° 294).

# CHAPITRE III

DES PARTS DE FONDATEURS OU PARTS BÉNÉFICIAIRES.

**38. Caractère.** — Dans beaucoup de sociétés par actions, à côté des actions qui procèdent du capital social dont chacune est un des éléments constitutifs, il est créé des titres d'une autre nature qui diffèrent totalement des actions et qui ne donnent droit qu'à une quote-part des bénéfices sociaux.

Leur véritable nom serait donc *parts bénéficiaires* ; mais, dans la pratique, ils sont appelés plutôt *parts de fondateurs* quoique, dans bien des cas, notamment lorsqu'ils sont créés au cours de la société, cette appellation soit rien moins que justifiée.

**39. Assemblées générales.** — De ce que les parts de fondateurs sont étrangères à la constitution du capital social dont elles ne sont aucune fraction, il résulte qu'elles ne peuvent jouir des prérogatives qui sont l'apanage exclusif des actions. C'est ainsi que les porteurs de parts ne peuvent en cette qualité prendre part aux délibérations des assemblées générales.

M. Rousseau (n° 1240 et suiv.) est d'avis, qu'en vertu d'une stipulation expresse des statuts, les porteurs de parts peuvent être admis aux assemblées d'actionnaires avec voix consultative et même délibérative.

Malgré toute l'autorité qui s'attache à l'ouvrage remarquable de M. Rousseau, nous ne croyons pas cependant devoir adopter son opinion sur ce point et nous nous rangeons plus volontiers aux avis de MM. Houpin (n°s 388 et 389), Lecouturier (*Traité des parts de fondateurs*, n° 333 et suiv., Thaller, n° 643) qui interdisent aux porteurs de parts l'accès des assemblées générales d'actionnaires.

M. Wahl (*Journ. Soc.*, 1899, p. 200) estime cependant que l'on pourrait admettre, à la rigueur, les porteurs de parts aux assemblées, mais seulement avec voix consultative (1). Mais à quoi bon alors leur présence, puisqu'ils ne concourent pas aux décisions par leur vote ? Ce serait, bien inutilement, exposer les assemblées à d'interminables discussions.

**40. Délibérations opposables aux porteurs de parts.** — Les délibérations des assemblées générales régulièrement prises sont opposables aux porteurs de parts, bien que ceux-ci n'y aient pas concouru, comme nous venons de le voir.

Cependant les porteurs de parts pourraient, comme intéressés, poursuivre judiciairement la nullité de délibérations qui seraient irrégulières dans la forme, ou qui apporteraient des modifications à leurs droits sur les bénéfices. Mais ils ne pourraient s'opposer à la création de fonds d'amortissement non prévus aux statuts ou de réserves supplémentaires, pourvu que ces créations soient faites dans un but d'intérêt général de la société et non dans le but de porter préjudice frauduleusement aux droits des porteurs de parts sur les bénéfices (Houpin, nº 393).

Nous pensons toutefois que, sauf stipulation contraire des statuts, des prélèvements destinés à constituer des réserves supplé·mentaires dont la distribution serait renvoyée à la liquidation de la société ne sauraient être décidés, au cas où les droits des porteurs de parts seraient limités à une quote part des bénéfices annuellement distribués, sans aucun droit sur l'excédent d'actif de liquidation à la dissolution de la société, après remboursement du capital aux actionnaires.

Ce serait, en effet, porter atteinte, par voie détournée, aux droits des porteurs de parts sur les bénéfices annuels.

Pour qu'une décision de cette nature ne pût être critiquée, il conviendrait que la délibération, créant ces réserves, accorde en

_______

(1) Voir dans le même sens : Bourcart, *De l'origine et des pouvoirs des assemblées générales*, p. 93 et 94.

même temps, aux parts de fondateurs, le droit de concourir à leur distribution, le cas échéant, distribution qui ne serait plus, en somme, que celle de dividendes différés.

Les délibérations prises en fraude des droits des porteurs de parts peuvent donner lieu à des dommages-intérêts au profit de ces derniers.

**41. Légalité.** — Aucune loi n'a consacré la légalité des parts de fondateurs (ou bénéficiaires), mais aussi aucune disposition légale ne les a interdites.

L'usage en France, en remonte principalement à l'époque de la création, par M. de Lesseps, de la Compagnie du Canal de Suez ; les titres de cette nature prirent, dans cette société, un essor considérable et atteignirent des valeurs fantastiques qui les firent diviser jusqu'en dix millièmes de parts.

Peu à peu, elles furent adoptées par beaucoup de sociétés auxquelles il fut permis, par la création et l'attribution de valeurs de cette nature, de reconnaître et rémunérer des services réels, quoique non appréciables en argent et ne pouvant par conséquent justifier une attribution d'actions d'apport.

Enfin leur légalité, qu'aucun auteur ne conteste, a été implicitement admise par la loi du 13 décembre 1893 qui a autorisé les fondateurs de la Société des Forces motrices du Rhône à créer à leur profit des titres de cette nature.

**42. Caractère juridique.** — La fixation du caractère juridique de la part de fondateur ou bénéficiaire est une des questions les plus délicates ; la jurisprudence est hésitante et les auteurs sont loin d'être d'accord sur ce sujet.

Il n'entre pas dans le cadre de cet ouvrage d'exposer la controverse à laquelle cette question a donné lieu et les différents systèmes qui ont été soutenus.

Certains auteurs, que nous ne croyons pas devoir suivre, accordent à la part de fondateur le caractère de l'action ; d'autres en font un droit de créance, ou bien soutiennent que le porteur de parts est un associé, ou encore que c'est là un droit *sui generis*. Nous nous bornerons à renvoyer nos lecteurs aux auteurs qui ont traité cette question dont l'importance est plus juridique que pratique (V. Lyon-Caen et Renault, p. 81, n° 560 *bis* ; Vavasseur, n°ˢ 532 et 534 ; Lecouturier, titre II, n° 12 et suiv. ; Thaller, n° 639 ; Houpin, ch. III, n°ˢ 368 et suiv. ; Rousseau, n°ˢ 1185 et suiv. ; Wahl, *loc. cit.*, et aussi note au Sirey C. de Paris, 16 juillet 1896, 2.89 ; Dalloz, *Suppl.*, V° *Soc.*, 874 ; Genevois, *Nouv. rég. des soc.*, p. 159 et suiv. ; *Rev. trim.*, 1897, p. 17 ; Bourcart, p. 92 et suiv.).

**43. Causes d'attribution**. — Indépendamment des apports non appréciables en espèces tels que travaux, démarches, etc., en vue de la constitution de la société, les parts de fondateurs peuvent être appelées à rétribuer totalement ou partiellement des apports en nature incorporels tels qu'une industrie, un nom commercial, une marque de fabrique, un brevet d'invention, etc. Une attribution de cette nature est favorable à la société qui se constitue, en ce sens qu'elle ne change pas le capital social qui sera constitué seulement par les actions de numéraire ; et les souscripteurs de ces actions auront d'autant plus confiance dans l'avenir de la société qu'ils verront les fondateurs eux-mêmes demander seulement aux bénéfices futurs le juste prix de leurs apports.

Suivant Lecouturier (n° 35) des parts de fondateurs ne sauraient être attribuées exclusivement en représentation d'apports susceptibles d'évaluation en argent. M. Houpin (n°ˢ 363 et 364) n'admet pas cette restriction, pourvu que les biens qui ont donné lieu à cette attribution ne figurent pas aux bilans avec une valeur de capital.

Nous estimons que les biens corporels tels qu'immeubles, marchandises, matériel, et autres objets dont la valeur réelle et intrinsèque doit nécessairement concourir à la formation de l'actif social dans l'établissement des bilans ne peuvent, lors de leur apport à la société, faire l'objet d'une attribution *exclusive* de parts de fondateurs. Et si l'attribution comprenait à la fois des actions et des parts, ces biens ne pourraient figurer à l'actif originaire que pour la valeur des actions qu'ils représentent. Sinon ce serait fausser les bilans.

**44. Négociation.** — Les parts attribuées en représentation d'apports en nature sont livrables et négociables librement, dès après la constitution de la société, contrairement aux actions d'apport qui ne peuvent être détachées de la souche et ne sont négociables que deux ans après cette constitution.

**45. Attribution.** — Dans la pratique, les parts de fondateurs ne sont pas toujours attribuées aux fondateurs. Il arrive même souvent que des parts sont attribuées, par exemple, aux souscripteurs d'un certain nombre d'actions pour favoriser les gros souscripteurs, ou bien aux actions de numéraire dans le but de leur donner un avantage sur les actions d'apport.

Elles pourront être aussi réparties proportionnellement entre les propriétaires d'actions, bien que certains auteurs n'aient pas cru devoir admettre la légalité d'une telle attribution (1). Nous conseillons d'écarter ce mode d'attribution, non pas que nous voulions nous séparer des auteurs qui en admettent la légalité, mais parce que ce procédé nous paraît critiquable, dans la pratique, comme constituant une prime factice susceptible d'allécher les souscripteurs naïfs, alors qu'en réalité l'action souscrite et la part qui l'accompagne ne représentent, ensemble, qu'une part de capital et un même droit aux bénéfices.

**46. Parts mises en réserve.** — Il arrive parfois que la société crée à sa constitution, des parts des fondateurs qu'elle n'attribue

_________

(1) Vavasseur, *Revue des Sociétés*, 1890, 343 ; 1895, 129 ; Génevois, p. 199.

à personne, mais qu'elle met simplement en réserve pour avoir à sa disposition une sorte de monnaie *sui generis* qui lui permettra de rémunérer des services futurs rendus à la société, au cours de la vie sociale. M. Rousseau (n°s 1181 et suivants) admet sans réserve la légalité de ce procédé, sauf les cas de fraude bien entendu qui sont toujours condamnables. M. Houpin (n° 366), au contraire, soutient que pour les parts représentant des avantages soumis à vérification, cette vérification ne peut avoir lieu puisque les bénéficiaires de ces avantages ne sont pas connus ; aussi conseille-t-il de ne créer les parts qu'après *la constitution* de la société, en vertu d'une stipulation des statuts, alors que les attributaires seront connus et que la vérification pourra être régulièrement faite ; ou bien d'attribuer, dès l'origine, les parts aux fondateurs eux-mêmes, sauf à eux, en fait, à rémunérer les autres concours ou à réserver un certain nombre de parts pour rétribuer des services futurs. Mais ce dernier moyen offre un réel danger : la répartition ultérieure des parts, suivant l'esprit du contrat, dépendra uniquement de la volonté des fondateurs qui en auront été consacrés les uniques propriétaires, dès après l'approbation des avantages par la deuxième assemblée constitutive ; n'est-il pas à craindre, dans ce cas, que des fondateurs peu scrupuleux montrent peu d'empressement à se dessaisir de titres à eux régulièrement attribués ?

D'ailleurs l'opinion de M. Houpin nous paraît trop rigoureuse et nous préférons nous ranger à celle de M. Génevois (*Rev. trim.*, II, 4) adoptée par M. Lecouturier (*Traité des parts de fondateurs*, n° 97) qui n'exige la vérification que lorsqu'il s'agit de rémunérer des services antérieurs à la constitution rendus, conséquemment, par des bénéficiaires connus, mais qui juge cette vérification inutile lorsqu'il s'agit de rémunérer des services postérieurs à la constitution.

Il n'y a pas de raison, dit M. Génevois, pour prescrire en ce dernier cas, une vérification qu'on juge inutile en cas de vente contre espèces.

**47. Forme des titres.**— La liberté la plus absolue règne dans la forme à donner aux titres des parts de fondateurs (ou bénéficiaires) qui peuvent être soit nominatifs, soit à ordre, soit au porteur comme les actions. Ces parts peuvent être stipulées librement négociables ou seulement transmissibles suivant les lois civiles ; le régime du droit commun leur est en cela applicable.

**48. Emission de parts contre espèces.** — En droit, rien ne s'oppose à ce que les parts de fondateurs mises en réserve à l'origine ou créées au cours de la société en vertu d'une disposition statutaire, soient émises contre espèces tout comme de véritables obligations dont elles se rapprochent, dans ce cas et dont l'émission est entièrement libre (Lecouturier, n° 67). Mais, en pratique, il convient d'éviter ce moyen de procurer des ressources à la société, à cause des abus qu'il peut engendrer (Houpin, n° 367).

**49. Droits des porteurs de parts.** — Comme nous l'avons dit (*suprà*, n° 38), les parts de fondateurs sont étrangères au capital social, à la composition duquel elles ne concourent en aucune manière. Elles donnent uniquement droit à une quotité des bénéfices nets de la société fixée par les statuts ou par une délibération de l'assemblée générale prise en exécution d'une disposition spéciale du contrat social. Dans le cas où leur émission ne serait pas prévue dans les statuts, elle ne pourrait avoir lieu qu'en vertu d'une délibération de l'assemblée qui comprendrait l'*unanimité* des actionnaires. A la liquidation, elles viennent au partage du solde de l'actif, avec droit à la même quotité, après remboursement de toutes les actions. Ce dernier droit pourrait cependant ne pas leur être accordé (1).

**50. Allocation fixe.** — Il peut être stipulé au profit des parts une allocation fixe, à titre de dividende unique ou à titre de dividende privilégié, avant la répartition du solde des bénéfices nets,

(1) Houpin, 384 ; Lecouturier, 124.

soit entre les actionnaires, soit entre les actionnaires et les porteurs de parts.

**51. Parts de priorité.** — Enfin il peut être créé des parts de *priorité* donnant droit à un dividende privilégié sur les autres parts de fondateurs et même sur les actions (1).

**52. Rachat.** — Le rachat par la société des parts de fondateurs peut être effectué, à la condition que ce soit *exclusivement*, au moyen de fonds prélevés sur les bénéfices. Il ne pourrait être réalisé par la conversion des parts en obligations de la société qui sont en marge du capital (2).

Le rachat ne peut avoir lieu qu'en vertu d'une stipulation formelle des statuts ou de la délibération qui a autorisé l'émission des parts. Il convient, à l'origine, dans le titre qui a donné naissance aux parts de fondateurs et autorisé leur rachat, d'établir le mode et le taux minimum de ce rachat ou d'indiquer, tout au moins, leurs bases essentielles de manière à ne laisser aucune place à l'arbitraire et d'éviter ainsi des difficultés avec les porteurs de parts.

**53. Inscription sur les titres.** — D'ailleurs dans la pratique, pour éviter à la société tout conflit et aux porteurs de parts toutes surprises, il est recommandé de faire mention sur les titres de la faculté de rachat, du délai dans lequel il sera possible et du taux minimum auquel il pourra être effectué.

(1) Génevois, *Rev. trim.*, t. I, p. 40 ; Houpin, *Etude J. Soc.*, 1899.236 ; Lecouturier, 319.

(2) Houpin, 387 ; Lecouturier, 139 ; Rousseau, 1304. Voir dans ce dernier auteur l'intéressant arrêt de la Cour de Paris du 8 juin 1901 rendu dans l'affaire de la société du Bi-Métal.

# CHAPITRE IV

## DES OBLIGATIONS.

**54. Définition.** — Les obligations sont des titres librement négociables, nominatifs ou au porteur, d'un capital déterminé (100 fr., 250 fr., 500 fr., etc.) représentant chacun une fraction égale et indivisible d'une somme plus ou moins importante à laquelle la loi ne fixe aucune limite, et qui représente le montant d'un emprunt contracté par une société. Un emprunt par voie d'émission d'obligations peut être contracté encore par une ville, une commune ou même par des particuliers, car l'émission d'obligations n'implique pas nécessairement l'existence d'une société. Mais nous ne nous occuperons ici que des obligations émises par les sociétés par actions.

**55. Emission**. — Les sociétés peuvent contracter un emprunt par voie d'émission d'obligations, soit en vertu d'une autorisation des statuts, soit en vertu d'une délibération de l'assemblée générale, soit en vertu d'une simple décision du conseil d'administration si les statuts lui en ont donné le pouvoir.

**56. Régime.** — La loi n'ayant réglementé que les actions des sociétés, il s'ensuit que les obligations jouissent de la liberté la plus absolue et sont placées sous le régime du droit commun en matière de conventions. Quelques restrictions à cette liberté ont été cependant faites pour les émissions d'obligations des compagnies des chemins de fer, de tramways et de travaux publics qui sont soumises à une réglementation spéciale et pour les émissions d'obligations à lots qui ne peuvent avoir lieu qu'en vertu d'une loi.

**57. Caractère juridique.** — L'obligation est le titre le plus éloigné des éléments constitutifs et des fonctions de la société. Elle diffère de l'action en ce qu'elle est étrangère au capital social et elle diffère de la part de fondateur ou bénéficiaire en ce qu'elle n'a aucun droit aux bénéfices sociaux.

Elle constitue simplement un droit de créance contre la société.

Ce droit est chirographaire s'il s'agit d'obligations ordinaires ; il est hypothécaire si l'obligation fait partie d'un capital emprunté par la société avec hypothèque sur des immeubles sociaux.

Il peut encore être gagé sur le fonds de commerce exploité par la société, si celle-ci a contracté l'emprunt en accordant à ses obligations le privilège du nantissement autorisé par la loi du 1er mars 1898, nantissement qui est suffisamment établi par la mention de l'acte constitutif du gage sur les registres du greffe du tribunal de commerce sans qu'il soit nécessaire de remplir les conditions indiquées aux articles 2075 et 2076 du Code civil (arrêt de la Cour de cassation, Ch. civ., du 5 janvier 1904).

L'obligation donne droit, non pas à une part de bénéfices, mais à un revenu fixe ou intérêt. Ce revenu s'augmente, parfois, d'une prime de remboursement lorsqu'il s'agit d'obligations remboursables à long terme par voie de tirage au sort. Cette prime est licite lorsqu'elle n'est pas exagérée (Houpin, n° 410).

**58. Forme des titres.** — Les titres des obligations sont établis dans la même forme que les actions. Ils sont nominatifs ou au porteur et sont soumis aux mêmes règles que les titres d'actions, en ce qui concerne leur numérotage et l'échange éventuel des titres (Voir *suprà*, n°s 27 et suiv.).

**58 *bis*. Libération.** — Les obligations peuvent être libérées ou non libérées. La responsabilité prévue par l'article 2 de la loi du 1er août 1893 pour les souscripteurs d'actions et leurs cessionnaires ne concerne en rien les porteurs d'obligations non libérées qui sont soumises aux règles du droit commun. Nous conseillons toutefois aux sociétés d'éviter d'émettre des obligations non libérées à cause des difficultés que l'on rencontrera dans la pratique au moment des appels de fonds (Voir l'étude sur cette question dans Houpin, n° 414).

# DEUXIÈME PARTIE

# CONSTITUTION DES SOCIÉTÉS PAR ACTIONS

---

## TITRE I

### CHOIX DE LA FORME



Après avoir étudié les différentes natures de titres des sociétés
par actions, nous allons suivre le fondateur et essayer de le guider dans toutes les opérations auxquelles donne lieu la constitution d'une société.

**59. Choix de la forme.** — La loi du 24 juillet 1867 a reconnu deux sortes de sociétés par actions :

1º Les sociétés en commandite par actions ;

2º Les sociétés anonymes.

Le but que nous poursuivons étant de servir de guide pratique
uniquement à ces deux grandes branches de sociétés, nous laisserons complètement de côté les sociétés à capital variable que la

loi de 1867 a cependant réglementées sous son titre III. Nous ne nous occuperons pas, non plus, des sociétés d'assurances régies par le décret du 22 janvier 1868.


# CHAPITRE PREMIER

SOCIÉTÉ EN COMMANDITE PAR ACTIONS. — AVANTAGES ET INCONVÉNIENTS.


**60. Caractères.** — La société en commandite par actions ne diffère, au point de vue juridique, de la société en commandite simple qu'en ce sens qu'au lieu d'être une association de personnes c'est une association mixte de personnes (gérant) et de capitaux (actionnaires) ; que tout son capital social est formé par la commandite et que cette commandite, au lieu d'être constituée par des bailleurs de fonds, est au contraire divisée en fractions essentiellement cessibles appelées actions, jouissant des avantages et prérogatives que nous avons établis dans notre première partie.

La société en commandite par actions est administrée par une ou plusieurs personnes appelées gérants, sous le contrôle d'un conseil de surveillance composé d'actionnaires, nommé par l'assemblée générale, et, servant, pour ainsi dire, de trait d'union entre la gérance et le capital social.

**61. Avantages.** — La société en commandite par actions a, sur la société anonyme, les avantages principaux suivants :

1º La situation du gérant est prépondérante, à raison même de la responsabilité illimitée qui pèse sur lui ;

2º Le gérant nommé par les statuts est irrévocable, sauf pour causes graves et légitimes laissées à l'appréciation des tribunaux et sauf, aussi, disposition contraire des statuts. Il tient ses pouvoirs de la loi et des statuts ; il administre avec plus d'aisance que ne peut le faire un directeur ou administrateur délégué de

société anonyme dont les pouvoirs sont essentiellement temporaires et n'ont que l'étendue que le conseil d'administration veut
bien leur laisser.

Toutefois le gérant nommé seulement par l'assemblée générale
est révocable *ad nutum*, sauf stipulation contraire des statuts,
par simple décision de l'assemblée générale.

3° Il n'est pas indispensable de publier la liste nominative des
souscripteurs du capital en numéraire, ce qui peut offrir un intérêt réel, au cas où l'on voudrait laisser ignorer au public les
noms des souscripteurs, par exemple s'il s'agit de l'exploitation
d'un journal politique où les actionnaires tiennent à demeurer
dans l'ombre.

4° Enfin la société fonctionnant sous une raison sociale, il peut
y avoir un avantage très grand, soit pour la société, soit pour le
gérant, à ce que le nom de ce dernier figure dans la raison sociale.

**62. Inconvénients.** — Mais si la société en commandite
offre des avantages, elle n'est pas sans inconvénients.

Citons les principaux :

1° La responsabilité du gérant est illimitée ; il est tenu des
pertes *in infinitum* et au delà du capital social de la même manière que le gérant d'une commandite simple.

2° Le gérant statutaire ne peut donner sa démission sans motifs légitimes laissés à l'appréciation des tribunaux (il n'en est
pas de même du gérant nommé au cours de la société) ;

3° Le changement de gérant peut entraîner une modification
de la raison sociale par application de l'article 23 du Code de
commerce.

4° Le conseil de surveillance n'ayant qu'un pouvoir de contrôle,
a peu d'influence sur la direction imprimée par le gérant aux
affaires sociales ; toute ingérance du reste dans ces affaires est interdite aux membres de ce conseil sous peine, en cas contraire,

d'engager leur responsabilité au même titre que le gérant ;

5° L'irrévocabilité du gérant peut être une cause de gêne, même de danger, pour les actionnaires, si leur confiance en ses qualités administratives vient à s'émousser ;

6° La gestion des affaires sociales étant toute, ou à peu de chose près, dans les mains du gérant, la confiance qu'on exige des actionnaires peut éloigner les souscripteurs et compromettre ainsi la constitution de la société.

**63. Conclusion.** — En résumé, il ressort des avantages et inconvénients que nous venons de signaler, que la commandite par actions ne convient qu'aux sociétés dont les fondateurs gérants veulent s'assurer une situation sûre, inébranlable, à l'abri des revirements d'opinions qui peuvent se produire au sein du conseil d'administration des sociétés anonymes ou des assemblées générales, et aux sociétés qui, s'adressant à un nombre restreint de souscripteurs, peuvent espérer d'eux une confiance presque sans bornes dans les capacités de leur gérant.


## CHAPITRE II

SOCIÉTÉ ANONYME. — AVANTAGES. — INCONVÉNIENTS.


**64. Caractère.** — La société anonyme est l'association de capitaux par excellence qui se crée, existe et fonctionne en dehors de toutes personnalités et est administrée par un conseil d'administration aux pouvoirs temporaires, dont le maintien ou le changement appartiennent à l'assemblée générale. Aussi on peut dire, sans crainte d'exagération, que le véritable gérant c'est l'assemblée générale elle-même dont les pouvoirs sont souverains.

Elle n'a pas de raison sociale à cause de son anonymat et sa personnalité propre est fixée par la désignation qu'elle a choisie et qui est tirée de l'objet de son entreprise.

**65. Avantages.** — La société anonyme offre de sérieux avantages parmi lesquels nous pouvons citer les suivants :

1° La société étant gérée par un conseil d'administration temporaire, émanation directe de l'assemblée générale, composé de plusieurs personnes, le sort et le succès de la société ne sont pas, comme dans la commandite par actions, subordonnés aux qualités et aptitudes d'un gérant.

2° Les administrateurs ne sont que des mandataires n'engageant nullement leur responsabilité personnelle tant qu'ils ne sortent pas des limites de leur mandat, qu'ils ne commettent pas de fautes lourdes, et qu'ils observent toutes les prescriptions de la loi et des statuts.

3° En cas de faillite de la société, ils ne sont, en principe, susceptibles d'aucune poursuite personnelle, contrairement au gérant de la commandite qui, intimement lié au sort de la société, assume toutes les responsabilités pécuniaires après épuisement de l'actif social.

4° Les administrateurs étant essentiellement révocables, la société anonyme offre aux actionnaires plus de sécurité car, le conseil d'administration pouvant être modifié au gré des assemblées générales, il ne tient qu'à celles-ci de confier l'administration de la société aux mains des plus habiles et, d'ailleurs, chaque actionnaire peut espérer de participer lui-même à l'administration de la société, s'il possède le nombre d'actions nécessaires pour devenir administrateur.

**66. Inconvénients.** — A côté de ces avantages existent aussi des inconvénients :

1° Les administrateurs n'étant que temporaires et essentiellement révocables *ad nutum*, il n'est guère possible d'assurer, à l'un ou à plusieurs d'entre eux, une situation définitive qui soit à l'abri des caprices des assemblées générales.

2° L'absence d'une responsabilité personnelle pour les administrateurs tant qu'ils ne dépassent pas les limites de leur mandat, peut faire craindre qu'ils n'apportent pas à la gestion des affaires sociales tout le zèle et la vigilance qu'elles nécessitent.

3° Enfin le conseil d'administration, même le plus méritant, n'est malheureusement pas à l'abri d'un revirement d'opinion non justifié et même souvent intéressé de la part des actionnaires. Il n'est pas rare, en effet, de voir des personnalités, ou hostiles ou concurrentes, accaparer sur le marché le nombre d'actions nécessaires pour déplacer à leur profit le sens de la majorité dans les assemblées générales. Elles peuvent, par ce moyen, chasser le conseil en fonctions pour le remplacer par elles-mêmes. ou par leurs créatures, et détourner ainsi la société de son orientation normale.

**67. Conclusion.** — De ce qui vient d'être dit, il faut conclure ceci :

La société en commandite par actions est plutôt avantageuse au gérant dont elle assure la situation et la prépondérance.

La société anonyme, au contraire, est, d'une manière générale, plus favorable aux actionnaires. Et comme en définitive pour le fondateur, la première nécessité est de trouver des souscripteurs aux actions qu'il se propose d'émettre, il devra le plus souvent recourir à l'anonymat lorsqu'il aura à s'adresser à l'épargne publique.

C'est du reste la société anonyme qui est adoptée de préférence pour les grandes entreprises.

# CHAPITRE III

## TABLEAU DES OPÉRATIONS SUCCESSIVES DE CONSTITUTION DES SOCIÉTÉS PAR ACTIONS.

**68.** — Après avoir fixé son choix sur la nature de la société (commandite ou anonyme), le fondateur procède aux opérations de la constitution.

L'ordre successif des opérations est le suivant :

### Opérations de constitution proprement dites.

| COMMANDITE PAR ACTIONS | ANONYME. |
|---|---|
| 1° Rédaction des statuts. | 1° Rédaction des statuts. |
| 2° Souscription complète du capital en numéraire. | 2° Souscription complète du capital en numéraire. |
| 3° Versement légal sur les actions souscrites. | 3° Versement légal sur les actions souscrites. |
| 4° Déclaration notariée par le gérant, de la souscription entière des actions et du versement effectué sur chaque action par les souscripteurs. | 4° Déclaration notariée par le fondateur de la souscription entière des actions et du versement effectué sur chaque action par les souscripteurs. |
| 5° Convocation de la première assemblée générale constitutive. | 5° Convocation de la première assemblée générale constitutive. |
| 6° Réunion de la première assemblée générale constitutive appelée à vérifier la sincérité de la déclaration notariée de souscription et de versement (1) et (s'il y a des apports en nature ou avantages soumis à vérification) à nom- | 6° Réunion de la première assemblée générale constitutive appelée à vérifier la sécurité de la déclaration notariée de souscription et de versement et ( s'il y des apports en nature ou avantages soumis à vérification), à nom- |

(1) La loi ne prescrit pas cette vérification par l'assemblée, dans les commandites par actions, elle incombe au premier conseil de surveillance ; mais dans la pratique on fait ordinairement reconnaître par l'assemblée la sincérité de cette déclaration (Houpin, t. II, p. 643).

mer un ou plusieurs commissaires chargés d'apprécier les apports en nature et autres avantages stipulés aux statuts.

7° Etablissement et impression du rapport du ou des commissaires aux apports qui doit être tenu cinq jours au moins à la disposition des actionnaires avant la deuxième assemblée générale constitutive.

8° Convocation de la deuxième assemblée générale constitutive (6 jours au moins avant cette assemblée).

9° Réunion de la deuxième assemblée générale appelée à délibérer.

1° Sur les conclusions du rapport des commissaires aux apports.

2° Sur l'approbation des statuts de la société après laquelle approbation la *société est définitivement constituée* (1).

3° Sur la nomination des membres du premier conseil de surveillance qui ne peuvent être nommés que pour une année.

4° Ordinairement, sur la fixation des jetons de présence du conseil de surveillance.

mer un ou plusieurs commissaires chargés d'apprécier les apports en nature et autres avantages stipulés aux statuts.

7° Etablissement et impression du rapport du ou des commissaires aux apports qui doit être tenu cinq jours au moins à la disposition des actionnaires avant la deuxième assemblée générale constitutive.

8° Convocation de la deuxième assemblée générale constitutive (6 jours au moins avant cette assemblée).

9° Réunion de la deuxième assemblée générale constitutive qui a pour ordre du jour.

1° La lecture et, s'il y a lieu, l'approbation du rapport des commissaires aux apports.

2° La nomination des administrateurs qui ne peuvent être nommés que pour un maximum de six années.

3° La nomination d'un ou de plusieurs commissaires des comptes pour le premier exercice.

4° L'approbation des statuts (1) et la constitution définitive de la société ; cette constitution définitive est subordonnée toutefois à l'acceptation de leurs fonctions par les administrateurs et les commissaires des comptes.

La deuxième assemblée constitutive délibère ordinairement, en outre, sur les questions accessoi-

---

(1) L'approbation des statuts par l'assemblée est consacrée par l'usage mais n'est pas essentielle à la constitution.

> res suivantes qui ne sont pas es-
> sentielles ;
>
> 5° Fixation de la somme à al-
> louer aux commissaires des comp-
> tes de premier exercice.
>
> 6° Fixation des jetons de pré-
> sence des administrateurs.
>
> 7° Autorisation aux administra-
> teurs à faire des affaires avec la
> société.

S'il n'existe pas d'apports en nature ni des avantages soumis à vérification il n'est réuni qu'une seule Assemblée générale qui véirfie la sincérité de la déclaration de souscription et de versement et délibère sur les questions ci-contre portées à l'ordre du jour de la deuxième assemblée, sauf, bien entendu, sur le rapport du commissaire aux apports qui est supprimé.

### Formalités postérieures à la constitution définitive.

5° Dépôt pour minute au notaire de la société des extraits des assemblées générales constitutives et ordinairement des autres pièces justificatives.

6° Publication de la société dans le mois de la constitution

7° Enregistrement du journal contenant la publication (dans les trois mois).

8° Déclaration d'existence à faire au bureau de l'enregistrement dans le mois de la constitution.

10° Dépôt pour minute au notaire de la société des extraits des assemblées générales constitutives et ordinairement des autres pièces justificatives.

11° Publication de la société dans le mois de sa constitution.

12° Enregistrement du journal contenant la publication (dans les trois mois).

13° Déclaration d'existence à faire au bureau de l'enregistrement dans le mois de la constitution.

Toutes les opérations qui viennent d'être énumérées sont obligatoires, sauf celles signalées comme non essentielles ; l'omission d'une seule d'entre elles entraînerait la nullité de la société. Toutefois la déclaration d'existence qui vient en dernier lieu ne vicierait pas la constitution et rendrait seulement la société passible de l'amende si elle était faite tardivement.

On voit que plusieurs formalités sont communes aux sociétés en commandite par actions et aux sociétés anonymes.

Dans le travail qui va suivre nous appellerons du nom générique de *Sociétés par actions* celles auxquelles s'appliqueront les règes que nous aurons à étudier et qui seront communes aux commandites et aux anonymes. Mais nous ne manquerons pas, pour éviter toute confusion, de faire ressortir et d'expliquer pour chacune de ces catégories les dispositions légales qui leur seront propres.

De cette manière nous pourrons guider le fondateur dans toutes les opérations de la constitution de la société, qu'elle soit en commandite ou anonyme, en adoptant nous-même, comme ordre de travail, celui prescrit pour les opérations successives de la constitution.

# TITRE II

## DES STATUTS



**69. Choix de la forme.** — Aux termes de l'article 1<sup>er</sup> de la loi du 24 juillet 1867, les statuts de toute société par actions peuvent être rédigés soit par acte notarié, soit par acte sous seing privé et, dans ce dernier cas, ils doivent être établis à double original. L'un des originaux doit rester au siège social et l'autre est destiné à être annexé, avec la liste des souscripteurs, à l'acte notarié de déclaration de souscription et de versement.

Le choix de la forme étant laissé au fondateur, il est nécessaire de faire ressortir les avantages qu'il peut y avoir à adopter l'acte sous seing privé ou l'acte notarié.

Je ne vois qu'un seul avantage pour l'acte sous seing privé, et encore est-il de bien peu d'importance ; c'est au point de vue seulement des publications. L'article 55 de la loi du 24 juillet 1867 indique que les pièces à publier comprendront *un double* de l'acte constitutif, s'il est sous seing privé. Si on rapproche cet article de l'article 1<sup>er</sup>, on conclura qu'il peut être ajouté aux deux originaux exigés, le nombre d'exemplaires nécessaires pour faire les publications et ces *doubles* sont certainement bien moins coûteux que des expéditions d'actes notariés. Mais c'est là une économie qui, si elle peut avoir quelque importance pour une société à petit capital, est presque sans intérêt lorsqu'il s'agit de la constitution d'une grande société qui n'en est pas à regarder à deux ou trois cents francs près pour ses frais de constitution.

**70. Avantages de l'acte notarié.** — Les avantages, selon nous, sont tous pour l'acte notarié et nous conseillons formellement aux fondateurs l'adoption de cette forme, non pas dans l'intérêt des notaires comme on pourrait être tenté de le croire, mais dans l'intérêt propre des fondateurs eux-mêmes et de la société.

Il nous a été souvent donné de constater, dans la pratique, que le fondateur d'une société, au lieu de confier à son notaire le soin de rédiger les statuts, les établit lui-même au moyen d'emprunts et de coupures qu'il fait dans les statuts de sociétés diverses. Il arrive ainsi chez le notaire avec un projet qui manque souvent d'unité, contenant même parfois des stipulations critiquables que le fondateur abandonne d'autant plus difficilement qu'il en a copié le texte dans les statuts de sociétés préexistantes jouissant même d'une grande faveur.

Il ne faut pas perdre de vue que toutes les irrégularités d'une société ne donnent pas forcément lieu à difficultés et à procès. Lorsqu'une société est prospère, distribue de gros dividendes, personne ne se plaint et tout va pour le mieux. Mais, dès que la société périclite, la scène change et l'on voit bientôt les intéressés, créanciers ou actionnaires critiquer tout ce qui à leurs yeux peut paraître critiquable.

Il faut donc que les statuts soient irréprochables et, pour cela, le meilleur moyen est de laisser au notaire le soin de leur rédaction. Celui-ci, après s'être nourri de l'objet de la société et du but qu'elle doit poursuivre, établira des statuts bien coordonnés où il fera une stricte application des lois régissant la matière et des usages consacrés par les auteurs et par la jurisprudence.

Il en sera d'autant mieux ainsi que le notaire lui-même aura souci de son bon renom et de sa propre responsabilité.

Les statuts notariés offrent donc plus de sécurité aux fondateurs, c'est pour cela que nous leur donnons toute notre préférence. Et du reste, les honoraires à payer au notaire sont dus au même taux aussi bien sur le dépôt du sous seing privé que sur l'acte notarié. Il est donc logique, puisque l'émolument est le même, de prendre au notaire le maximum de la responsabilité qui découle de ses actes.

**71. Statuts obligatoirement notariés.** — Il est d'ailleurs un cas où la forme authentique est obligatoire, c'est lorsqu'il est fait apport à la société de la propriété de brevets d'invention français (Houpin, n° 435). En effet, l'article 20 de la loi du 5 juillet 1844 exige que la cession totale ou partielle d'un brevet d'invention soit faite par acte notarié.

**72. Rédaction.** — Les stipulations que doivent contenir les statuts de toute société sont de deux ordres :

1° Celles qui sont une application directe des lois régissant la matière, et que l'on retrouve d'une manière à peu près identique dans toutes les sociétés de même nature ;

2° Et celles qui sont particulières et propres à la société qu'il s'agit de constituer.

Nous avons entendu quelquefois des praticiens s'élever contre le trop de longueur des statuts.

Vous stipulez au début du contrat, disent-ils, que la société sera soumise aux lois régissant la matière. Quelle nécessité alors, de répéter, au cours de la rédaction, certains textes de ces lois qui sont même souvent reproduits mot pour mot ?

Nous répondons à cela que les statuts sont destinés à être maniés par le monde des affaires qui vit assez généralement éloigné de l'étude des textes légaux. C'est le titre unique auquel administrateurs, commissaires, actionnaires recourront chaque fois qu'ils auront à prendre une décision.

Il est donc utile, pour empêcher que des irrégularités soient commises, que le pacte social, mis par la société à la portée de tous, reproduise les dispositions légales les plus essentielles.

Ceci dit, nous allons passer à l'étude juridique et pratique des différentes dispositions des statuts et, attendu l'importance ce ce travail, nous avons pensé préférable de le séparer des quesïions préliminaires qui précèdent pour le réunir sous un titre spécial qui est le titre III ci-après.

# TITRE III

## ÉTUDE JURIDIQUE ET PRATIQUE DES DIFFÉRENTES DISPOSITIONS DES STATUTS

### SOMMAIRE

**73. Plan.** — Pour traiter les différentes questions auxquelles donnent lieu les statuts d'une société par actions, nous avons pensé être utile à nos lecteurs en adoptant le même ordre que celui qui est le plus habituellement suivi pour l'établissement des statuts et à chaque titre nous étudierons toutes les questions de droit ou de pratique qui s'y rapportent.

## CHAPITRE PREMIER

### FORMATION.

**74. Loi.** — Les sociétés par actions, en commandite ou anonymes, sont régies par les mêmes textes de lois qui sont :

1° La loi du 24 juillet 1867, qui fixe le régime de ces sociétés ;

2° La loi du 1er août 1893, qui modifie la loi du 24 juillet 1867 ;

3° La loi du 9 juillet 1902, sur les actions de priorité ;

4° La loi du 16 novembre 1903, qui modifie la loi du 9 juillet 1902.

Enfin chaque société a une loi qui lui est propre, c'est celle résultant de ses statuts.

**75. Société en commandite par actions.** — La société en commandite par actions tient à la fois de la société de *personnes* par son gérant et de la société de *capitaux* par la commandite. Elle se forme donc entre le gérant d'une part et les souscripteurs de ses actions d'autre part (commanditaires).

**76. Nombre des associés.** — L'article 23 de la loi du 24 juillet 1867 n'est pas applicable aux commandites par actions qui jouissent de la liberté des conventions et peuvent se constituer quel que soit le nombre des actionnaires, fût-il inférieur à sept.

**77. Société anonyme.** — La société anonyme est une association de capitaux exclusivement : elle se forme entre tous les propriétaires et souscripteurs du capital social.

Il n'est pas rare de rencontrer dans les statuts des sociétés anonymes la rédaction suivante :

« Il est formé entre M. X., fondateur et tous les souscripteurs des actions ci-après créées une société anonyme, etc. »

C'est là, suivant nous, une rédaction défectueuse, car la société ne se forme pas avec le fondateur qui, du reste, peut très bien n'être pas un associé au sens juridique du mot, s'il ne reçoit pas d'actions d'apport, et s'il n'est pas souscripteur ; si, par exemple, il est rémunéré en argent ou s'il reçoit seulement des parts de fondateurs.

**78. Nombre des actionnaires.** — Aux termes de l'article 23 de la loi du 24 juillet 1867, une société anonyme ne peut se constituer si le nombre de ses actionnaires est inférieur à sept ; mais les membres d'une même famille peuvent être actionnaires d'une même société (Houpin, 774).

La dissolution d'une société anonyme peut être prononcée sur la demande de toute partie intéressée lorsqu'un an s'est écoulé depuis l'époque où le nombre des associés est descendu à moins de sept (art. 38).

# CHAPITRE II

RAISON SOCIALE (COMMANDITE PAR ACTIONS).

**79.** — La société en commandite par actions est, comme la commandite simple, constituée sous une raison sociale et, par application de l'article 23 du Code de commerce, cette raison sociale doit comprendre nécessairement le nom des gérants ou de l'un d'eux si, comme cela arrive le plus souvent, les gérants sont en même temps les associés responsables (V. *infrà*, n°ˢ 124 à 128). On fait suivre ce nom des mots *et compagnie* (et Cie).

Souvent dans la pratique on fait précéder ou suivre la raison sociale d'une dénomination rappelant l'objet de la société. Ex. : *Société de travaux de ports et d'entreprises maritimes*, J.·B. RUBAUDO ET CIE.

Mais la dénomination ne fait nullement partie de la raison sociale, elle y est juxtaposée et ne figure pas dans la signature sociale.

L'introduction ou le maintien dans la raison sociale du nom d'une personne étrangère, ou devenue étrangère, à la société constitueraient une escroquerie et un faux (Houpin, n° 174).

**80. Changement de gérant.** — Donc, au cas de remplacement du gérant, le nom de ce dernier doit disparaître de la raison sociale, pour faire place à celui du nouveau gérant. Cette modification ne donne pas naissance à un être moral nouveau et ne constitue qu'une simple évolution de la société. Elle est sujette à publication (V. *infrà*, n° 128).

## CHAPITRE III

DÉNOMINATION (SOCIÉTÉ ANONYME).

**81.** — Dans la société anonyme qui est exclusivement une association de capitaux, il n'y a pas et il ne peut y avoir de raison sociale, sous peine, au contraire, de dénaturer le contrat social et de faire tomber la société dans la commandite par actions rendant indéfiniment responsables celui ou ceux des associés qui seraient en nom.

*La société anonyme n'existe point sous un nom social, elle n'est désignée par le nom d'aucun des associés. Elle est qualifiée par la*

*désignation de l'objet de son entreprise* (art. 29 et 30, C. comm.).
Ces dispositions, dit M. Houpin (n° 768), sont *impératives* et
*obligatoires*.

Mais si la société anonyme n'a pas de raison sociale, sa personnalité morale résulte néanmoins de la *dénomination* qu'elle a
adoptée à sa création et qui est tirée de son objet. Ex. : *Message-
ries maritimes ; Brasseries de la Méditerranée*. Cette dénomination est sa propriété exclusive. La société anonyme ne peut donc
adopter une dénomination qui aurait été déjà prise par une autre
société ; de même, elle peut empêcher une société de prendre une
dénomination semblable ou similaire, susceptible de faire naître
des confusions. Toute usurpation de cette nature constitue une
concurrence déloyale pouvant donner lieu à des dommages-intérêts. La dénomination d'une société anonyme peut être assimi-
lée, au point de vue du droit de propriété, à une véritable *marque de fabrique*.

La dénomination d'une société peut être aussi un nom fantai-
siste, ex. : *Le Soleil, la Nature*, etc..., que l'on fait alors suivre
d'une sous-dénomination où apparaît l'objet de l'entreprise.

Si le nom d'un associé ne peut faire partie de la dénomination,
ce n'est que tout autant que ce nom pourrait faire supposer l'existence d'une raison sociale. Mais il n'en est plus de même si ce
nom ne figure que pour distinguer l'origine et les produits de la
société, et à cause de la notoriété qui peut être attachée à ce nom
qui joue le rôle alors d'une véritable marque de fabrique.

Cela peut avoir, dans bien des cas, un très grand intérêt et
être souvent une des causes du succès de la société. Mais, encore,
faut-il que ce nom soit placé de telle manière dans la dénomination, qu'aucune confusion ne soit possible et qu'on ne puisse
croire que c'est de la personne elle-même qu'il s'agit (Houpin,
n° 768). C'est ainsi que des sociétés existent à bon droit sous les
noms suivants : *Etablissements Moullot fils aîné, Société des hui-
leries Darier, Musée Grévin, Compagnie anonyme des établissements Duval*, etc.

**82. Règles communes à toutes les sociétés par actions quant à l'énonciation de leur raison sociale ou de leur dénomination.** — Chaque fois qu'on énonce la dénomination d'une société dans tous actes, factures, annonces, publications et autres documents *imprimés ou autographiés* émanant des sociétés par actions, la dénomination doit toujours être précédée ou suivie immédiatement de ces mots écrits lisiblement et en toutes lettres : *société anonyme* ou *société en commandite par actions* et de l'énonciation du capital social. Toute contravention à ces dispositions est punie d'une amende de 50 à 1 000 francs (Art. 64 de la loi du 24 juillet 1867. — Voir *infrà*, n° 326).

**83. Modification.** — Lorsque les statuts permettent à l'assemblée générale d'apporter des modifications aux statuts, ces pouvoirs comprennent celui de modifier la dénomination de la société (Houpin, n° 920).

## CHAPITRE IV

### OBJET SOCIAL.

**84.** — L'objet d'une société par actions (commandite ou anonyme) est un de ses éléments essentiels. Il fait connaître le but de l'entreprise et l'ensemble des opérations industrielles, commerciales ou financières auxquelles la société aura à se livrer au cours de son existence.

L'objet doit être énoncé d'une manière précise, de façon à forcer le gérant ou les administrateurs à n'en point sortir.

Il doit être cependant conçu en termes assez larges pour englober et prévoir toutes les opérations que la société pourra être appelée à faire, de manière à accorder à l'administration l'aisance nécessaire dont elle manquerait si elle était obligée de recourir souvent à l'assemblée générale, ce qui amènerait des lenteurs préjudiciables aux affaires sociales.

Les dispositions que doit mentionner l'objet de la société sont de trois sortes :

1° *Les dispositions principales* qui sont de l'essence même de la société et qui fixent l'objet principal de l'entreprise indiqué dans la dénomination de la société autour duquel gravitent et se rattachent tous les autres objets.

C'est à cette partie de l'objet que s'adressent la plupart des statuts de sociétés quand ils stipulent, à l'article relatif aux pouvoirs de l'assemblée générale extraordinaire, *qu'il ne pourra être altéré dans son essence.*

2o *Les dispositions accessoires et subsidiaires* qui découlent de l'objet principal dont elles sont les corollaires et les conséquences.

Ainsi, par exemple, une société établie pour la fabrication de produits déterminés a pour objets accessoires l'achat des matières premières, du matériel nécessaire et toutes les opérations commerciales, industrielles, financières et autres nécessitées par l'exploitation de l'entreprise.

3° Et *les dispositions éventuelles* qui prévoient la participation de la société à d'autres affaires se rattachant à son objet par voie de création de sociétés nouvelles, de fusions, d'apport d'absorption ou autrement.

**85. Modifications.** — L'objet d'une société par actions ne peut être changé sans le consentement unanime des actionnaires par application des articles 1134 et 1859 du Code civil (Houpin, n° 908).

Mais cette interdiction ne s'applique, selon nous, qu'à l'objet essentiel en vue duquel la société a été créée, celui placé sous le paragraphe premier de la classification que nous avons faite à l'article précédent.

Quant aux dispositions accessoires ou éventuelles, elles peuvent être modifiées par l'assemblée générale extraordinaire.

Enfin nous jugeons prudent en présence des divergences d'opinions dans la doctrine et dans la jurisprudence de prévoir l'*extension* de l'objet social dans les pouvoirs conférés statutairement à l'assemblée générale extraordinaire.


## CHAPITRE V

### SIÈGE SOCIAL.

86. — Le siège d'une société, qui doit être fixé obligatoirement par les statuts, est la localité dans laquelle elle a, d'ordinaire, son principal établissement. Toutefois il ne faut pas confondre le siège social, de pure convention, avec le domicile social qui est, de par la loi, au siège du principal établissement ; l'un et l'autre ne sont pas nécessairement au même lieu et il appartient aux tribunaux de fixer, par appréciation des faits, le domicile social au lieu qu'ils considèrent comme celui du principal établissement (Houpin, n° 772).

C'est non le siège, mais le domicile social qui fixe la compétence des tribunaux pour les actions dirigées contre la société.

L'indication de la localité ou de la ville suffit-elle pour fixer le siège de la société, ou bien faut-il préciser davantage le siège par l'énonciation du point de la localité (rue et numéro) où s'établit la société ?

Cette question toute de pratique mérite d'être solutionnée, car il arrive assez souvent qu'au moment où la société va se constituer, le fondateur n'a pas encore fait choix du local où la société s'installera. Et de ce fait il est enclin à n'indiquer que le nom de la ville, pensant avoir ainsi satisfait au vœu de la loi.

Il y a une distinction à faire :

Si la localité est placée en entier dans le ressort de la même justice de paix, l'indication de cette localité comme siège social, nous paraît suffisante.

Si, au contraire, la localité est divisée en plusieurs cantons, comme cela a lieu dans les grandes villes, il est nécessaire d'indiquer le point exact occupé par la société afin de fixer la compétence de la justice de paix où devront être déposées les pièces relatives à la publication.

Du reste il n'est pas nécessaire que cette indication soit faite dans les statuts mêmes. Elle peut, par voie de modification aux statuts, n'être faite que par l'assemblée générale constitutive (la deuxième assemblée s'il y a des apports soumis à vérification).

**87. Changement de siège.** — Le siège social ne peut être déplacé si ce déplacement n'a pas été expressément autorisé par les statuts. Dans le silence des statuts, l'unanimité des actionnaires serait nécessaire (Houpin, n° 910).

Le transport du siège social, s'il est autorisé d'une ville à une autre, ne peut être décidé qu'en vertu d'une délibération de l'assemblée générale des actionnaires votant dans les conditions prévues pour les modifications à apporter aux statuts. En outre, dans les sociétés anonymes, les prescriptions de l'article 31 de la loi de 1867 doivent être observées. Il s'agit, en effet, d'une modification au pacte social dans un de ses éléments essentiels. En conséquence un tel pouvoir ne saurait être donné au conseil d'administration qui peut tout au plus décider le transfert d'un point à un autre de la même ville (Houpin, n° 910).

**88. Succursales.** — Une société peut, à son origine ou au cours de son existence, créer, soit dans le même arrondissement, soit dans des arrondissements différents de celui de son siège social, des sièges d'exploitation jouissant d'une certaine autonomie, quoique intimement liés au principal établissement dont ils ne sont que des ramifications.

Il ne faut pas confondre les succursales d'une société avec les simples agences qu'elle établit dans des localités diverses dans l'intérêt du développement de ses affaires.

Si l'agent préposé à l'administration des affaires a le pouvoir de traiter pour la société et de l'engager vis-à-vis des tiers, il y a *succursale*.

Dans le cas contraire, il y a seulement *agence*.

Cette distinction est très importante à raison des formalités de publication sur lesquelles nous reviendrons plus loin (*infrà*, n° 319) et qui, si elles ne sont pas obligatoires pour les agences, doivent être au contraire remplies aux sièges des succursales (Loi de 1867, art. 55 ; Houpin, n° 1002).

**89. Succursales à l'étranger.** — Les sociétés françaises légalement établies en France peuvent avoir des succursales dans la plupart des Etats étrangers (Voir sur la situation des sociétés françaises à l'étranger : Houpin, n°ˢ 1184 et suiv. ; Rousseau, t. II, *législation étrangère*).


# CHAPITRE VI

### DURÉE DE LA SOCIÉTÉ.

**90.** — La durée d'une société est le temps qu'elle a fixé pour son existence ininterrompue. C'est un des éléments essentiels de la société (Houpin, n° 909).

Dans le silence des statuts, l'assemblée générale ne pourrait réduire ni augmenter la durée sans l'avis unanime de tous les actionnaires, sauf cependant le cas de dissolution anticipée prévu par l'article 37 de la loi de 1867.

Aussi, comme dans la pratique la modification de la durée est une éventualité souvent nécessaire à réaliser, les statuts de la plupart des sociétés ne manquent pas de donner à l'assemblée générale extraordinaire le pouvoir de faire cette modification. Le pouvoir, d'ailleurs, pourrait être encore tacite au cas où les statuts autoriseraient certaines opérations susceptibles d'entraîner une modification de durée, par exemple la fusion avec d'autres sociétés ou l'apport à une société qui entraînerait nécessairement la dissolution anticipée de la société.

**91. Fixation.** — La durée d'une société par actions peut être fixée d'une manière quelconque et suivant la convenance de chaque société. La loi n'établit aucune limite. Il convient cependant, dans les sociétés qui ont exclusivement pour objet l'exploitation d'une concession temporaire devant faire retour au con·cessionnaire (l'Etat, les départements, communes ou particuliers), après une période déterminée, de faire coïncider la fin de la société avec la fin de la concession.

En effet, l'objet disparaissant avec la fin de la concession, l'existence de la société ne saurait être maintenue puisque son élément le plus essentiel (son objet) lui ferait défaut.

Exemple : une compagnie de chemin de fer dont le réseau doit faire retour à l'Etat ; une société constituée pour l'éclairage d'une ville, etc...

Il va sans dire que si la concession était prorogée, la durée de la société pourrait aussi l'être par répercussion (*suprà*, n° 90).

# CHAPITRE VII

APPORTS.

## SECTION I. — Apports en nature.

**92. Apports en nature.** — On appelle apports en nature les biens et droits, mobiliers ou immobiliers, corporels ou incorporels, appartenant soit au fondateur, soit à une autre personne et dont il est fait apport à la société qui en devient propriétaire moyennant un prix payé soit en argent, soit avec des actions libérées de la société appelées *actions d'apports* (Voir *suprà*, n° 6) ou moyennant encore certains avantages accordés à l'apporteur sur les bénéfices sociaux.

**93. Caractère de l'apport. Vente.** — Nous venons de dire que l'apport rend la société propriétaire de l'objet apporté et, aux termes de l'article 1845 du Code civil, l'apporteur est garant de son apport de la même manière que le vendeur vis-à-vis de son acheteur.

Cependant une distinction est à faire :

Lorsque l'apporteur, en échange de son apport, reçoit des actions de la société ou des avantages sur les bénéfices, il y a seulement *apport*.

Mais si l'apporteur reçoit la contre-valeur en *argent*, il y a *vente*.

Cette distinction est, dans la pratique, d'une très grande importance au point de vue fiscal, ainsi que nous le verrons quand nous étudierons les droits d'enregistrement auxquels donne lieu la constitution d'une société (*infrà*, n° 448).

**94. Partie apport. Partie vente.** — Il peut y avoir apport pour une partie et vente pour le surplus, lorsque l'apporteur reçoit à la fois des avantages et de l'argent (Voir *infrà*, n°ˢ 448 *bis* et 449).

**95. Apport grevé.** — Lorsque l'apport rémunéré seulement par des actions ou des avantages est fait à charge par la société d'acquitter des dettes dont il se trouve grevé, il y a *vente* jusqu'à concurrence du montant des sommes que la société sera chargée de payer pour compte de l'apporteur ; il en est notamment ainsi lorsque l'apport consiste en un immeuble grevé d'hypothèques que la société sera chargée d'éteindre.

**96. Charges.** — Les charges de toutes natures imposées par l'apporteur à la société constituent une vente, jusqu'à concurrence de leur valeur, lorsqu'elles sont antérieures à la constitution de la société et que l'obligation qui en résulte, pour la société, peut être évaluée en argent.

Toutes les distinctions qui précèdent ont une importance capitale au point de vue fiscal, car si l'apport pur et simple ne donne lieu qu'à un droit proportionnel relativement bas (0.25 0/0) les droits d'enregistrement, s'il y a vente, sont autrement onéreux (0.625 0/0 sur les marchandises, 1.25 0/0 sur les créances, 2.50 0/0 sur les objets mobiliers et 7 0/0 sur les immeubles).

**97. Apports fictifs.** — Tout ce qui peut être vendu peut faire l'objet d'un apport à une société, mais encore faut-il que cet apport soit réel et sérieux. La société serait nulle si elle se composait d'apports fictifs (Houpin, n° 479 ; Rousseau, n° 50 ; Vavasseur, n° 75). Les tribunaux sont souverains pour estimer si des apports sont fictifs ou non.

Des apports peuvent n'être qu'apparents et, par conséquent, être reconnus fictifs lorsque, par exemple, l'objet apporté est grevé de charges pour une somme égale ou supérieure à sa valeur et si l'apporteur n'a pas pris lui-même l'obligation d'acquitter ces charges ; même dans ce dernier cas, l'apport pourrait encore être déclaré fictif si l'apporteur, n'exécutant pas les obligations par lui prises, avait laissé exproprier la société de l'objet apporté.

Il est donc prudent, lorsqu'il est fait apport d'un bien grevé et que l'apporteur s'est obligé à en acquitter lui-même les charges, de prendre contre cet apporteur les garanties nécessaires pour l'exécution de ses engagements (Voir Houpin, n° 479, sur les apports considérés comme fictifs ou non).

**98 Apports divers.** — Peuvent faire notamment l'objet d'un apport à une société : une industrie, un fonds de commerce, une marque de fabrique, l'actif d'une ancienne société, un bail avec ou sans promesse de vente, une concession, le droit d'exploitation d'un brevet, une clientèle, etc...

**99. Propriété d'un brevet d'invention.** — Par application de la loi du 5 juillet 1844, l'apport de la *propriété* d'un brevet d'invention, en totalité ou en partie, ne peut être fait que par des statuts notariés. En outre, la totalité de la taxe fixée par l'article 4 de cette loi devra avoir été intégralement payée au préalable. Il n'en serait pas de même si l'apport consistait seulement dans un droit d'exploitation du brevet, car alors il n'y a pas mutation.

La cession du brevet résultant de l'apport qui en est fait à la société n'est opposable aux tiers que par l'enregistrement qui est fait de cette mutation au secrétariat de la préfecture.

**100. Immeubles. Transcription. Purge.** — L'apport ayant tous les caractères de la vente au point de vue de la mutation de la propriété, il y a lieu à transcription au bureau des hypothèques de la situation des biens (V. *infrà*, n°s 450 et 451).

Lors de la transcription au bureau des hypothèques d'un apport immobilier, il est pris par le conservateur une inscription d'office au profit de l'apporteur pour garantie des sommes ou charges que la société est tenue, par les statuts, d'acquitter à l'apporteur ou pour son compte.

Une pareille inscription est même prise pour garantir le privilège de l'apporteur, lorsque celui-ci doit recevoir uniquement des actions d'apport ou des parts de fondateurs, pour le motif que les statuts stipulant seulement le droit de l'apporteur à ces titres, le privilège vit jusqu'à leur délivrance effective.

Aussi nous conseillons aux rédacteurs des statuts, chaque fois qu'il s'agit d'un apport immobilier, de limiter le privilège de l'apporteur aux sommes que la société devra payer et de requérir le conservateur de ne procéder à aucune inscription d'office pour les autres conditions de l'apport, notamment en ce qui concerne l'attribution d'actions libérées. Du reste ce désistement pourrait résulter d'un acte séparé soumis, en même temps que les statuts, à la formalité de la transcription.

L'apport immobilier étant assimilé à la vente, la société, comme tout acquéreur, doit faire procéder, s'il y a lieu, à la purge des hypothèques légales et inscrites.

**101. Apports de travaux, démarches, etc.** — Il peut être fait apport à la société de travaux, démarches et dépenses que l'apporteur peut avoir faits en vue de la constitution de la société ; mais un apport de cette nature ne pourrait faire l'objet d'une attribution d'actions de la société car celles-ci ne correspondraient à aucune fraction de l'actif social. Un tel apport ne pourrait donner lieu qu'à l'attribution d'une somme d'argent ou d'un droit sur les bénéfices au moyen, par exemple, de parts bénéficiaires ou de fondateurs (Houpin, n°⁰ˢ 362-480) (V. *suprà*, n° 43).

**102. Concessions de chemins de fer, de tramways et de travaux publics.** — L'apport d'une concession de cette nature délivrée par l'Etat ne peut faire l'objet d'aucun prix d'argent, ni d'aucune attribution d'actions ou autres avantages. L'Etat s'oppose à toute spéculation d'une concession qu'il accorde ; l'apport doit être gratuit et il ne peut être stipulé au profit du concessionnaire que le remboursement, *suivant état*, de ses avances personnelles (Lois du 15 juillet 1845 sur les chemins de fer d'intérêt général et du 11 juin 1880 sur les chemins de fer d'intérêt local).

Une exception a été cependant faite en faveur de la Société des forces motrices du Rhône par la loi du 13 décembre 1893 qui a autorisé cette société à accorder, à ses fondateurs, une part sur les bénéfices et à émettre, à cet effet, des parts de fondateurs.

Mais c'est là un cas isolé qui ne saurait autoriser d'autres sociétés à agir de même.

D'ailleurs la substitution d'une société au concessionnaire de lignes de tramways ou de chemins de fer d'intérêt local ne peut avoir lieu qu'en vertu d'un décret délibéré en Conseil d'Etat, et les statuts de la société seraient impitoyablement rejetés s'ils n'étaient pas conformes aux prescriptions de la loi du 11 juin 1880 (V. *infrà*, n° 220 sur la liquidation anticipée des sociétés de cette nature).

### SECTION II. — Attributions en représentation des apports en nature.

**103.** — En représentation de leurs apports, il peut être fait aux apporteurs des attributions de trois ordres différents pouvant d'ailleurs être cumulées.

**104. Attribution en espèces.** — Tous les biens mobiliers ou immobiliers, corporels ou incorporels, peuvent faire l'objet d'une rémunération en argent pourvu que ces biens soient d'une valeur certaine susceptible de figurer à l'actif social.

Nous avons vu (*suprà*, n° 93) que cette attribution constitue une vente entraînant des droits de mutation élevés très onéreux. Pour ce motif et pour bien d'autres, nous conseillons d'éviter ce mode de rétribution, surtout s'il s'agit de l'apport de droits incorporels trop fugitifs tels qu'une clientèle, des marques de fabrique, etc... qui font malheureusement trop souvent l'objet de majorations ruineuses.

L'apporteur doit montrer la confiance qu'il a lui-même dans l'importance et l'utilité de son apport et il ne saurait mieux le faire qu'en rendant la rémunération qu'il en attend, justement tributaire du succès de l'entreprise. Il en sera ainsi si, en représentation de tout ou partie de ce qu'il apporte, il reçoit soit des actions, soit une part des bénéfices (parts de fondateurs ou bénéficiaires).

Les souscriptions au capital numéraire sont alors moins hésitantes, parce que, au cas d'une majoration toujours à redouter de la valeur de l'apport, l'apporteur en sera le premier puni par la dépréciation que ses titres subiront.

Il est à craindre aussi que l'apporteur qui demande à être payé en argent ait eu pour principal souci de se débarrasser d'un fonds dont il a soigneusement caché les vices ou les dangers, ou bien encore qu'il ait cherché à se soustraire aux prescriptions gênantes de la loi du 1er août 1893. Autant de raisons pour que le souscripteur se montre circonspect et veille à ses intérêts, surtout lorsque le jour viendra de faire apprécier la valeur des apports.

**105. Attribution d'actions.** — Le plus souvent il est attribué en représentation des apports en nature, soit en totalité, soit en partie, des actions de la société. Ces actions dites *actions d'apport* doivent être entièrement libérées ; elles ne peuvent être détachées de la souche et ne sont négociables que deux ans après la constitution définitive de la société. Pendant ce temps, elles doivent, à la diligence des administrateurs, être frappées d'un timbre indiquant leur nature et la date de cette constitution (Loi du 1er août 1893, V. *suprà*, n<sup>os</sup> 12 et 13).

Les apports de toute nature, susceptibles de figurer à l'actif social dans les bilans, peuvent faire l'objet d'une attribution d'actions.

Il n'en est pas de même des travaux, démarches et autres apports de ce genre qui, n'ajoutant aucun élément à l'actif social, ne sauraient donner lieu à aucune attribution d'actions.

L'attribution d'actions d'apports est très en faveur malgré les prescriptions sévères de la loi du 1er août 1893. Il est cependant un écueil que nous tenons à signaler.

**106. Majoration des apports.** — Il arrive trop souvent que des fondateurs, désireux de compenser les aléas que va présenter pour eux la société, donnent à leurs apports une valeur singulièrement majorée.

Il n'est pas rare, dans la pratique des affaires, de voir tel apporteur qui aurait accepté de céder son industrie ou son commerce à un prix convenable, majorer ce prix dans des proportions excessives sous prétexte que, faisant l'apport de son fonds à une société, il va recevoir, en contrevaleur, des actions de cette société. D'autres fois, le fondateur n'aura pas su se garder assez des griffes de financiers peu scrupuleux, monteurs de sociétés, comme il en existe malheureusement, auxquels il aura eu l'imprudence de s'adresser pour la souscription du capital numéraire et il majorera, au delà de toute mesure, la valeur de son apport en nature afin de trouver un dédommagement aux sacrifices qu'il se sera imposés pour satisfaire les appétits de ces intermédiaires néfastes auxquels n'aurait pu suffire l'honnête commission que les usages admettent au titre de frais de constitution.

Et si les souscripteurs n'y prennent pas garde, si l'appréciation des apports en nature n'est pas faite de la façon la plus rigoureuse, la société se constituera sur ces bases désastreuses. Son capital social démesurément grossi pèsera trop lourdement et si elle n'en meurt pas elle sera, du moins, vouée à une existence précaire.

Ce que nous disons là peut paraître exagéré à quelques esprits. Mais ceux qui ont vu fonder beaucoup de sociétés savent, comme nous, que la majoration des apports n'est pas aussi rare que certains peuvent le supposer. C'est au contraire une des plaies dont souffrent les sociétés par actions. Aussi nous ne saurions trop nous élever contre de tels procédés.

**107. Attribution sur les bénéfices.** — Les travaux, démarches, etc., faits en vue de la constitution d'une société par actions, ainsi que nous l'avons dit, ne sauraient être rétribués par des actions ; mais ils peuvent faire l'objet, au profit de l'apporteur, d'une participation dans les bénéfices sociaux. Ce mode de rétribution convient aussi à merveille à l'apport d'une clientèle, d'un nom commercial ou enfin d'un concours personnel qui, bien qu'il n'ait pas sa répercussion immédiate sur le capital social, va être cependant, pour la société, un de ses éléments de succès et une source de bénéfices. Donc rien de plus juste que de faire participer l'apporteur à la répartition de ces bénéfices dans une juste proportion.

L'apport de droits incorporels, susceptibles de figurer au capital social avec une valeur déterminée, peut faire aussi l'objet de l'attribution d'une part sur les bénéfices, soit pour une partie, soit même pour la totalité de la valeur de ces droits : à la condition toutefois que les biens apportés ne soient compris à l'actif social que pour la partie rémunérée en espèces ou en actions ; et si l'attribution des bénéfices représente la totalité de l'apport, celui-ci ne peut figurer que pour mémoire aux bilans sans aucune indication de valeur (Houpin, n° 363) (V. *suprà*, n° 43).

Un exemple nous fera mieux comprendre : Une société se forme au capital de cent mille francs pour l'exploitation d'un brevet d'invention. Le brevet est apporté moyennant seulement attribution d'une part dans les bénéfices et le capital en entier est souscrit en numéraire.

Si, au moment de la constitution définitive de la société, on établissait le bilan, comme la société n'a pas pu réaliser encore aucun bénéfice, il est clair que l'actif et le passif doivent nécessairement balancer.

L'actif comprendra : 1° le brevet apporté ; 2° cent mille francs espèces provenant de la souscription.

Et le passif comprendra uniquement le capital actions, soit cent mille francs. Donc, pour que la concordance soit absolue, il est nécessaire de ne faire figurer le brevet que pour mémoire, sans aucune indication de valeur.

Comme conséquence de ce que nous venons d'expliquer, nous ne pensons pas que l'apport d'un corps certain, d'un immeuble par exemple, puisse faire l'objet de l'attribution exclusive d'une part dans les bénéfices. Il nous paraît impossible, en effet, de faire figurer à l'actif pour simple mémoire, des biens ayant une valeur réelle et intrinsèque aussi absolue que celle d'un immeuble ou d'un autre bien corporel.

**108. Parts bénéficiaires ou de fondateurs.** — Bien que l'attribution d'une part de bénéfices puisse avoir lieu par voie directe, sans émission de titres représentatifs de cette part, il est d'usage, surtout dans les sociétés anonymes, de créer, en représentation de cette part de bénéfices, un nombre quelconque de titres d'une espèce particulière donnant chacun droit à une portion égale de cette part de bénéfices et ce sont ces titres qu'on appelle *parts bénéficiaires ou de fondateurs.*

**109. Précautions nécessaires.** — Nous avons, étudié dans la première partie de cet ouvrage (*suprà*, nᵒˢ 38 et suiv.), le régime des parts bénéficiaires ou de fondateurs et leur fonctionnement dans la société ; aussi nous n'y reviendrons pas. Nous nous contenterons d'appeler l'attention sur quelques points importants qu'il convient de prévoir dans les statuts des sociétés qui créent des titres de cette nature.

Il n'est pas rare, en effet, que des conflits s'élèvent entre la société et les porteurs de parts et il ne faut pas qu'une société, parce qu'elle aura créé des titres de cette nature, perde une partie de son autonomie et se trouve gênée dans sa liberté d'évolution.

Les parts de fondateurs vivent, pour ainsi dire, en dehors de son sein et, pourvu qu'elle maintienne intacts les droits qu'elle leur a accordés sur une portion des bénéfices sociaux, elle doit pouvoir se mouvoir au gré des actionnaires dans toutes les éventualités qui peuvent se produire au cours de son existence.

Il est donc prudent de prévoir, dans les statuts, celles de ces éventualités qui pourraient atteindre les porteurs de parts et qu'ils seront néanmoins tenus de subir.

**110. Dissolution anticipée. Fusion. Cession.** — La société, en donnant aux parts de fondateurs un droit sur ses bénéfices, leur a conféré ce droit pour toute la durée de la société. Donc tout ce qui peut diminuer cette durée porte atteinte aux droits des porteurs de parts.

Les auteurs et la jurisprudence décident néanmoins que la dissolution anticipée de la société anonyme votée par l'assemblée générale des actionnaires, délibérant dans les conditions prévues par l'article 31 de la loi de 1867, est opposable aux parts de fondateurs (V. Houpin, n° 305 et décisions citées).

Toutefois, si la dissolution n'est pas justifiée et si elle a lieu en fraude des droits des porteurs de parts, elle pourra donner lieu à une action en dommages-intérêts (Houpin n° 402).

La dissolution peut avoir aussi pour but la fusion avec une autre société, l'apport ou la cession à une autre société ou à un tiers, de l'actif social.

Pour ne pas être gêné dans toutes ces éventualités, il convient de stipuler, dans les statuts, que les porteurs de parts ne pourront s'opposer à l'exécution des décisions souveraines de l'assemblée générale, notamment en *ce qui concerne la dissolution anticipée de la société et toutes fusions totales ou partielles* (V. Houpin, formule n° 20).

**111. Augmentation du capital.** — La question relative aux droits des porteurs de parts, dans le silence des statuts, au cas d'augmentation du capital social, est controversée. Il convient donc aux statuts de se prononcer sur ce point ; maintenir les droits des parts de fondateurs à la même quotité des bénéfices, en cas d'augmentation du capital, serait peu équitable et du reste éloignerait les souscripteurs ou les apporteurs à l'augmentation.

Il est plus rationnel de stipuler que les parts de fondateurs n'exerceront leurs droits que dans la proportion du capital initial par rapport au capital augmenté. Il y aura lieu, dans ce cas, à réduction proportionnelle.

**112. Réduction du capital.** — La réduction du capital

est généralement décidée dans les deux éventualités suivantes :

1° A la suite de pertes subies pour mettre le capital actions en harmonie avec l'actif social, ce qui a lieu souvent en vue d'une augmentation de capital postérieure à la réduction.

2° Lorsque l'expérience a démontré que le capital social est trop élevé, eu égard aux besoins de la société pour laquelle il est d'un poids trop lourd.

Dans l'un et l'autre de ces cas, la réduction est avantageuse aux parts de fondateurs puisqu'elle diminue, dans les bilans, le passif de la société d'une valeur égale au chiffre de la réduction.

Donc les porteurs de parts ne sauraient se plaindre d'un événement qui leur est favorable.

Il en serait autrement si la réduction n'était pas justifiée par l'intérêt de la société. Dans ce cas la diminution des affaires sociales qui en serait la conséquence porterait atteinte aux parts de fondateurs en restreignant les bénéfices sociaux et pourrait justifier une action en dommages-intérêts (Wahl, 201 et 252 ; Godin, 178).

Nous ne croyons pas cependant qu'une réduction dans ces conditions soit à envisager. En effet les actionnaires sont au moins aussi intéressés que les porteurs de parts à ne rien faire qui puisse diminuer l'importance des bénéfices.


# CHAPITRE VIII

### FONDS SOCIAL. — ACTIONS.


**113. Capital social.** — L'ensemble des apports en nature ou en numéraire faits à une société par actions forme un tout appelé capital social.

Aux termes de l'article 34 du Code de commerce, le capital d'une société anonyme est divisé en actions d'égale valeur.

La loi du 24 juillet 1867 modifiée par celle du 1<sup>er</sup> août 1893 a étendu ce principe à toutes les sociétés par actions.

Ainsi que nous l'avons exposé dans notre première partie, le capital social ne peut être divisé en actions ou coupures d'actions de moins de 25 francs si le capital social n'excède pas 200.000 fr., et de moins de 100 francs si le capital est supérieur à 200.000 fr.

Les actions ou coupures de 25 francs doivent être entièrement libérées à la souscription ; celles de 100 francs et plus doivent être libérées du quart au moins.

Toutefois les actions attribuées en représentation d'apports en nature doivent être entièrement libérées à l'origine.

Nous avons dans notre première partie étudié le régime des différentes espèces d'actions, *actions d'apport, actions de numéraire, actions de priorité* qui concourent ou peuvent concourir à la formation du capital social. Nous croyons inutile d'y revenir.


**114. Appels de fonds sur les actions non libérées.** — Les actions de 100 francs et au-dessus pouvant n'être libérées que du quart à la souscription, le solde de ces actions est appelé ultérieurement, au cours de la vie sociale, au fur et à mesure des besoins de la société, sans que les actionnaires puissent anticiper leur libération si cette anticipation n'a pas été autorisée par les statuts.

Les statuts fixent le mode et les époques d'appels de fonds ou bien, ce qui a lieu le plus souvent, donnent au gérant (sociétés en commandite par actions) ou au conseil d'administration (sociétés anonymes) le soin de les fixer lui-même, suivant les besoins de la société.

Quelquefois, mais plus rarement, ce droit est réservé à l'assemblée générale.

D'ailleurs, celle-ci, délibérant dans les conditions de l'article 31 de la loi de 1867, pourrait, par voie de modification aux statuts, transférer au gérant ou au conseil d'administration le droit de décider les appels de fonds (Houpin, n° 308).

**115. Titres provisoires.** — Le premier versement effectué lors de la souscription est constaté par un récépissé qui, après la constitution, est échangé contre un titre provisoire sur lequel sont ensuite mentionnés les divers versements successifs. Ces versements donnent lieu, sur chaque titre, à l'apposition d'un timbre de quittance de 0 fr. 10 (s'ils sont de plus de 10 francs). Il est d'usage, pour éviter l'impôt du dernier timbre, de ne pas mentionner le dernier versement sur le titre provisoire. Ce versement est suffisamment constaté par la remise, en échange du titre provisoire, du titre définitif d'action entièrement libéré qui peut être nominatif ou au porteur, suivant les stipulations des statuts (V. *suprà*, n° 127 et suiv.).

Il n'est pas nécessaire de délivrer un titre provisoire pour chaque action de capital.

On peut remettre un certificat collectif unique pour un nombre d'actions déterminé.

Ce dernier mode de procéder est pratique dans les sociétés dont les titres sont nombreux. Non seulement il exige l'emploi de moins d'imprimés, mais encore il simplifie le travail et permet d'éviter l'apposition d'un trop grand nombre de timbres de quittance pour constater sur ces titres les versements appelés.

**116. Vente des titres dont les versements ne sont pas effectués.** — Ordinairement les statuts donnent à la société le droit de vendre les actions dont les versements sont en retard et de déterminer le mode de cette vente qui a lieu aux enchères, soit à la Bourse si les actions sont cotées, soit devant un notaire dans le cas contraire.

Les titres ainsi vendus sont toujours libérés des versements appelés et la vente a lieu aux risques et périls de l'actionnaire défaillant qui reste tenu de la perte s'il y en a une.

Bien entendu, ce procédé de réalisation n'empêche pas la société, si elle le préfère, de poursuivre l'actionnaire par tous les moyens de droit commun.

**117. Etendue de la responsabilité.** — Les titulaires, les cessionnaires intermédiaires et les souscripteurs sont tenus solidairement du montant de l'action. Tout souscripteur ou actionnaire qui cède son titre cesse, deux ans après la cession, d'être responsable des versements non encore appelés (dernier alinéa de l'article 2 de la loi du 1ᵉʳ août 1893).

**118. Contribution aux pertes.** — Les actionnaires ne sont responsables des pertes sociales que jusqu'à concurrence de la valeur des titres qu'ils possèdent.

**119. Actions d'apport.** — A cause de leur importance, il est utile de rappeler dans les statuts les prescriptions de la loi de 1893 relatives aux actions d'apport. Ces actions, dit l'article 2 de cette loi, ne peuvent être détachées de la souche et ne sont négociables que deux ans après la constitution définitive de la société. Pendant ce temps elles devront, *à la diligence des administrateurs*, être frappées d'un timbre indiquant leur nature et la date de cette constitution (*suprà*, n° 13).

**120. Titres nominatifs ou au porteur.** — Les actions sont obligatoirement nominatives jusqu'à leur entière libération (loi de 1893).

Ensuite la société a la liberté la plus absolue, soit pour conserver ses actions indéfiniment nominatives, soit pour les convertir toutes au porteur en vertu d'une disposition des statuts, soit enfin, ce qui a lieu le plus généralement, pour laisser à l'actionnaire le choix entre la forme nominative ou celle au porteur.

Les sociétés qui n'appellent à elles qu'un petit nombre d'actionnaires ont important avantage à laisser leurs actions nominatives. Elles peuvent ainsi connaître toujours dans quelles mains passent les actions et même empêcher dans une certaine mesure, par la stipulation d'un droit de préemption, que les titres passent aux mains de personnes qu'elles auraient intérêt à ne pas admettre dans leur sein.

Bien entendu la société qui aurait toutes ses actions nominatives peut, par une décision de l'assemblée générale prise, pour les sociétés anonymes, dans les formes prévues à l'article 31 de la loi de 1867 et par voie de modification aux statuts, autoriser la conversion au porteur de ses actions.

**121. Cession ds actions.** — La cession des actions nominatives s'opère, conformément aux prescriptions de l'article 36 du Code de commerce, par une déclaration de transfert inscrite sur les registres et signée de celui qui fait le transfert ou d'un fondé de pouvoirs. Mais ces prescriptions ne sont pas d'une rigueur absolue et on admet généralement qu'elles ne sont pas exclusives d'autres modes de transfert tels que la cession civile ou l'endos.

Le mode de transfert le plus commode et le plus généralement suivi, surtout dans les grandes compagnies, consiste dans l'établissement de deux feuilles de transfert, l'une signée du cédant, l'autre du cessionnaire et la réunion de ces deux feuilles rend parfait le transfert qui est ensuite transcrit sur le registre de la société (V. dans Houpin, n°⁵ 321, 322, 323, 324, 341, 341 *bis* et suiv. les effets juridiques de la négociation et du transfert).

La cession des actions au porteur s'opère par la simple tradition du titre sans qu'il soit nécessaire d'aucune mention sur les registres de la société qui ne connaît le véritable propriétaire de ces actions que pendant le court dépôt qu'il en fait pour prendre part aux assemblées générales.

**121 *bis*. Restrictions statutaires. Droit de préemption.** — Le caractère essentiel et distinctif de l'action est son absolue cessibilité. Cependant, lorsque les actions sont nominatives, les statuts peuvent restreindre la liberté de circulation des titres, en stipulant au profit du gérant, des administrateurs, ou des autres actionnaires un droit de préemption pour l'acquisition des actions à des conditions déterminées à l'avance.

Nous pensons néanmoins que la restriction au droit d'aliéner n'est valable qu'à la condition qu'elle n'aboutira pas à une interdiction complète (Houpin, n° 343 ; Rousseau, n° 1073 ; Vavasseur, n° 481 ; Rivière, n° 180 ; Alauzet, n°s 529 et 531 ; Boistel, p. 208 ; Mathieu et Bourguignat, n° 4 ; Paris, 26 mars 1880 ; Lyon, 13 mai 1893 ; Cass., 13 mars 1882 ; 14 mai 1895).

Il a été jugé qu'à défaut d'une stipulation statutaire, la clause restrictive peut résulter valablement d'une délibération de l'assemblée générale extraordinaire portant modification des statuts (Cass., 20 février 1894 ; V. aussi Douai, 11 juillet 1895).

# CHAPITRE IX

### ADMINISTRATION DE LA SOCIÉTÉ.

SECTION Ire. — **Société en commandite par actions.**

**122.** — La société en commandite par actions est administrée par un ou plusieurs gérants, le plus souvent par un seul, sous le contrôle de l'assemblée générale des actionnaires (commanditaires) représentés par un conseil nommé à cet effet et appelé *conseil de surveillance.*

### § 1er. — Du gérant.

**123.** — Le gérant est le fonctionnaire qui administre la société et la représente vis-à-vis des tiers. Son nom doit nécessairement faire partie de la raison sociale (art. 23, C. com.). Il est indéfiniment responsable, contrairement aux actionnaires (commanditaires) responsables seulement jusqu'à concurrence du montant de leurs actions. La société pourrait même être gérée par une personne étrangère à la société (Houpin, n° 679 ; Rousseau, n° 932 ; Lyon-Caen et Renault, n°ˢ 405-1000 ; Thaller, n° 396 ; Pont, n° 1431 ; *Dictionnaire du Notariat et Supplément,* Vᵒ *Sociétés,* n° 229. *Contrà*, Sourdat, p. 143 et 144).

**124. Gérant étranger.** — L'étranger, gérant, ne s'engage pas personnellement aux dettes sociales.Il n'est qu'un mandataire responsable seulement de ses fautes (Thaller, n° 396). Mais nous ne pouvons nous faire à l'idée d'une gérance organisée dans ces conditions, si ce n'est à titre tout à fait exceptionnel.

La nomination d'un gérant étranger n'a pas pour effet de faire disparaître la nécessité d'un *associé commandité,* personne indéfiniment responsable dont le nom seul peut figurer dans la raison sociale (art. 23, C. com.).La loi sur ce point est impérieuse et on ne peut y déroger.

Comment admettre alors qu'il puisse convenir au commandité de confier son nom, son avenir, sa fortune, et peut-être son honneur, aux mains d'un agent qui peut n'être pas son mandataire direct, et dont la responsabilité pécuniaire ne dépasse pas la limite de ses fautes ?

Nous ne voyons qu'une hypothèse où l'organisation de la gérance dans des conditions aussi anormales puisse s'expliquer. Si, par exemple, il y a nécessité pour la société de chanter sous un nom déterminé dont le maintien dans la raison sociale est indispensable au succès de l'entreprise, alors qu'il peut ne pas convenir à l'associé commandité, porteur de ce nom, pour des raisons de santé ou autres, d'assumer le fardeau de la gérance.

Encore faut-il, dans ce cas exceptionnel, par mesure d'élémentaire prudence, avoir le soin de stipuler aux statuts que la nomination par l'assemblée générale d'un gérant autre que le commandité, ne pourra avoir lieu qu'à la condition que ce gérant soit agréé par l'associé commandité.

**125. Faculté de substitution.** — Même dans le silence des statuts et à moins d'interdiction, le gérant peut, sous sa propre responsabilité, déléguer sa signature à des fondés de pouvoirs qui sont ses mandataires directs.

Cette délégation doit être publiée (Thaller, n° 397).

**126. Nomination.** — Le gérant est nommé par les statuts de la société. Il ne pourrait être nommé par l'assemblée constitutive puisque, antérieurement à cette assemblée, c'est à lui qu'incombe l'obligation de constater, par une déclaration notariée, la souscription du capital social (art. 1er de la loi de 1867).

La nomination du gérant au cours de la société, en remplacement du gérant statutaire, est faite par l'assemblée générale.

**127. Révocation, démission, décès.** — La nomination du gérant est une des conditions fondamentales de la société en commandite par actions. C'est à lui que l'actionnaire a donné sa confiance en apportant ses capitaux et cette confiance, dans le silence des statuts, ne saurait être transportée à une autre personne sans le consentement unanime de tous les actionnaires.

Le gérant statutaire est donc, en principe et sauf convention contraire, nommé pour la durée de la société ; mais il pourrait être révoqué en vertu d'une décision de justice. De même il ne peut donner sa démission sans motifs légitimes laissés à l'appréciation des tribunaux.

M. Rousseau (n° 2088) enseigne que la révocation ou la démission du gérant statutaire entraîneraient la dissolution de la société, quand bien même cette cause de dissolution anticipée n'aurait pas été prévue par les statuts. Nous estimons qu'il devrait en être de même au cas de décès du gérant, par application des mêmes principes.

Toutefois la dissolution pourrait être évitée si le choix d'un nouveau gérant était accepté par l'unanimité des actionnaires.

Afin de ne pas lier aussi gravement le sort de la société à celui du gérant, il est sage et prudent de prévoir, par les statuts, les conditions de démission, de retraite et de révocation du gérant et la nomination par l'assemblée générale d'un nouveau gérant en remplacement du gérant statutaire.

Le gérant nommé par l'assemblée générale est loin d'avoir la stabilité du gérant statutaire. Il tient ses fonctions, non pas du pacte social, mais seulement de l'assemblée générale. C'est un simple mandataire révocable *ad nutum* par l'assemblée générale et libre aussi de démissionner, sauf engagement contraire de sa part (Houpin, n°s 226, 681).

**128. Répercussion du changement de gérant sur la raison sociale.** — Bien que cela se présente rarement dans la pratique, la société peut être administrée par un gérant étranger aux associés (Lyon-Caen et Renault, n° 405 ; Rousseau, n° 932 ; Houpin, n° 679.— V. *suprà*, n° 124). Dans ce cas la retraite de ce gérant n'influe en rien sur la raison sociale où son nom ne pouvait du reste figurer.

Mais, le plus généralement, le gérant de la commandite est en même temps l'associé responsable *in infinitum* et, s'il est seul dans cette situation, c'est-à-dire s'il n'a pas de co-gérants ou d'associés en nom collectif, son nom fera nécessairement partie de la raison sociale ( art. 23, C. com.).

Or le jour où il cessera ses fonctions, sa retraite pourra avoir lieu de deux manières :

Ou il quittera la gérance tout en demeurant associé responsable ;

Ou bien il sortira définitivement de la société en même temps que cesseront ses fonctions.

Dans le premier cas, la raison sociale pourra être maintenue puisque les prescriptions de l'article 23 du Code de commerce continueront à être observées.

Dans le deuxième cas, il sera indispensable de modifier la raison sociale pour y faire figurer le nom du nouveau gérant responsable, et cette modification sera sujette à publication.

Il est bon de remarquer qu'il s'agit là d'une importante modification des statuts qui devra s'opérer simultanément avec celle qui consacrera le changement de gérant.

Or nous verrons (*infrà*, n° 367), qu'en principe, l'assemblée générale, dans les commandites par actions, n'a pas le droit d'autoriser des modifications aux statuts si ce droit ne lui a pas été concédé par le pacte social. Par conséquent le rédacteur des statuts, après avoir conféré à l'assemblée générale le droit de nomination d'un nouveau gérant, agira sagement en conférant à cette assemblée le droit d'apporter à la raison sociale telles modifications que de droit.

**129. Pouvoirs d'administration.** — Dans le silence des statuts, ce sont les règles qui président aux pouvoirs des gérants d'une société en nom collectif ou en commandite simple qu'il faut appliquer au gérant d'une commandite par actions. Il a les pouvoirs les plus étendus pour agir au nom de la société dans toutes les affaires qui entrent dans le cadre de l'objet social. Il ne peut cependant emprunter, ni hypothéquer les immeubles sociaux, sans y être autorisé par l'assemblée générale (Houpin, n° 682) tenue dans les formes ordinaires (art. 69 de la loi du 1er août 1893).

Il a été néanmoins décidé : 1° que le gérant d'une commandite peut, sans excéder ses pouvoirs, se procurer, par des opérations de crédit à courte échéance, les sommes nécessaires à un grand mouvement d'affaires (Cass., 18 juin 1872) ;

2° Que, s'il a reçu le pouvoir général de traiter de tout ce qui sera relatif à la société, cette clause peut être interprétée comme contenant les pouvoirs d'aliéner et hypothéquer les immeubles sociaux.

Le plus souvent, pour ne pas dire toujours, les statuts énumèrent les pouvoirs généraux du gérant et mentionnent les actes qu'il ne pourra faire sans recourir à l'avis de l'assemblée générale. Nous conseillons même d'embrasser dans l'énumération des pouvoirs du gérant, la plupart de ceux dont il pourra avoir besoin au cours de la vie sociale.

Plus ses pouvoirs seront détaillés au pacte social, moins il s'exposera aux critiques du conseil de surveillance ou de l'assemblée générale.

En somme le gérant administre librement. Le conseil de surveillance et les actionnaires sont impuissants à lui faire modifier sa ligne de conduite dans la direction imprimée aux affaires sociales ; sauf, bien entendu, au conseil de surveillance à déférer les actes du gérant à l'assemblée générale qui peut ordonner des poursuites contre lui, au cas de mauvaise gestion, malversation ou infraction aux statuts.

**130. Devoirs du gérant.** — A côté de ses pouvoirs d'administration et des devoirs qui découlent naturellement de sa fonction, le gérant est encore tenu aux obligations ci-après :

Il doit : 1° convoquer l'assemblée générale des actionnaires pour la nomination des membres du conseil de surveillance, d'abord à la constitution de la société et ensuite, chaque fois qu'il y aura lieu de renouveler ou compléter le conseil.

2° Etablir chaque année l'inventaire de l'actif et du passif et le bilan résumant cet inventaire.

3° Déposer ces documents et le rapport du conseil de surveillance au siège social pour que tout actionnaire puisse en prendre connaissance quinze jours au moins avant le jour fixé pour la réunion de l'assemblée générale (art. 12 de la loi de 1867).

4° Rendre compte à l'assemblée annuelle de la marche générale des affaires sociales et de tout ce qui a trait à l'exécution de son mandat. Il propose les dividendes à distribuer.

**131. Rémunération.** — La société a toute liberté pour fixer, par ses statuts ou par l'assemblée générale, le mode de rétribution de la gérance. Cette rétribution a lieu soit par un traitement fixe ou proportionnel, soit par une participation dans les bénéfices, soit par les deux en même temps, ce qui a lieu le plus souvent.

**132. Contribution aux pertes résultant de la participation aux bénéfices.** — Généralement les statuts stipulent au profit du gérant une part proportionnelle sur les bénéfices.

Or, dans toute société et dans le silence des statuts, les pertes doivent, en principe, être supportées par les associés dans la même proportion que celle établie pour le partage des bénéfices (Houpin, n° 125 ; Amiens, 27 mai 1840 ; Lyon, 27 août 1851 ; Cass., 11 janvier 1855 ; Lyon-Caen et Renault, n° 47 ; Pont, n° 434 ; Guillouard, n° 219).

Dans ces conditions, en cas de pertes sociales, celles-ci devraient être supportées par le gérant, proportionnellement à ses droits sur les bénéfices (Lyon, 13 janvier 1877), ce qui, il faut bien le reconnaître, serait contraire à l'intention des fondateurs et des premiers actionnaires ; ceux-ci, en effet, en accordant au gérant une part sur les bénéfices, ont eu l'intention de lui assurer une légitime rémunération sans vouloir pourtant augmenter sa responsabilité vis-à-vis des commanditaires.

Il est donc nécessaire que les statuts stipulent clairement que les pertes seront supportées, d'abord, par tous les actionnaires jusqu'à extinction du capital-actions et que la responsabilité personnelle du gérant ne commencera à être effective qu'après épuisement du capital social (V. Houpin, n° 687).

**133. Responsabilité.** — Le gérant a une double responsabilité :

1° Responsabilité à l'égard des actionnaires (commanditaires) ;

2° Responsabilité vis-à-vis des tiers.

**134. Responsabilité à l'égard des actionnaires.** — Vis-à-vis des actionnaires, le gérant est un véritable mandataire salarié ; il répond de ses fautes et c'est pourquoi, dans son propre intérêt, il est prudent, comme nous le disions plus haut (n° 129), que ses pouvoirs soient bien définis, De cette manière il pourra éviter, dans bien des cas, le reproche d'avoir agi en dehors de son mandat, chose qui, dans le silence des statuts, est laissée à l'appréciation souveraine des tribunaux.

Bien entendu, il ne suffit pas qu'une affaire engagée par le gérant ait eu une suite malheureuse pour que la responsabilité du gérant soit engagée, si celui-ci a agi dans les limites de son mandat et si aucune faute personnelle ne peut lui être imputée.

**135. Responsabilité vis-à-vis des tiers.** — De même que dans la société en commandite simple, la responsabilité du gérant est indéfinie et, après épuisement de l'actif social, il répond des dettes sociales sur tous ses biens personnels (V. *suprà*, n° 62).

### § 2. — Du conseil de surveillance.

**136. Définition.** — Le conseil de surveillance est un comité d'actionnaires dont les membres sont nommés par l'assemblée générale dès après la constitution définitive de la société. Le conseil de surveillance n'intervient en rien dans la gestion des affaires sociales ; c'est un élément de contrôle *permanent* placé à côté du gérant dont il surveille les actes, et qui sert de trait d'union entre la gérance et l'ensemble des actionnaires.

L'acticle 5 de la loi de 1867 que crée le conseil de surveillance est ainsi conçu :

« *Un conseil de surveillance composé de trois actionnaires au moins est établi dans chaque société en commandite par actions. Ce conseil est nommé par l'assemblée générale des actionnaires immédiatement après la constitution définitive de la société et avant toute opération sociale.*

« *Il est soumis à la réélection aux époques et suivant les conditions déterminées par les statuts. Toutefois le premier conseil de surveillance n'est nommé que pour une année.* »

**137. Nomination.** — Conformément à la loi, le conseil de surveillance est nommé dès après la constitution de la société et avant toute opération sociale.

On remarquera cette différence avec le conseil d'administration d'une société anonyme. La société anonyme ne peut être définitivement constituée qu'*après* nomination du conseil d'admi nistration et acceptation de leurs fonctions par les membres de ce conseil ; tandis que la société en commandite peut être constituée définitivement avant la nomination du conseil de surveillance, pourvu que cette nomination précède toute opération sociale de la part du gérant.

Dans tous les cas, c'est au gérant qu'incombe l'obligation de provoquer la nomination du conseil de surveillance.

**138. Nombre.** — Le nombre des membres du conseil de surveillance ne peut être inférieur à trois ; par conséquent si, par suite de décès ou pour toute autre cause, le nombre des membres du conseil descend au-dessous de trois, le gérant ou les membres de ce conseil doivent immédiatement convoquer l'assemblée générale pour procéder à des nominations complémentaires.

D'ailleurs, pour éviter cet inconvénient, il est recommandé aux sociétés de composer leur conseil de surveillance d'un nombre de membres supérieur à trois.

**139. Garantie.** — Contrairement à ce qui est exigé pour les sociétés anonymes, la loi n'impose pas aux membres du conseil de surveillance de déposer un certain nombre d'actions dans la caisse sociale pour la garantie de leurs fonctions.

Il suffit seulement qu'ils soient actionnaires pour être en règle avec la loi, ne possèderaient-ils qu'une seule action.

Toutefois, par analogie avec les sociétés anonymes, il est d'usage de stipuler, dans les statuts des commandites, que les membres du conseil de surveillance devront posséder un nombre déterminé d'actions qui seront inaliénables et déposées dans la caisse sociale à la garantie de leurs fonctions.

Cette stipulation est parfaitement licite et les membres du conseil de surveillance sont tenus de s'y conformer en exécution des statuts qui forment la loi particulière de la société.

Sauf empêchement statutaire, rien ne s'oppose à ce qu'un actionnaire soit nommé membre du conseil de surveillance, alors même qu'il ne posséderait pas le nombre d'actions exigé pour participer aux assemblées générales, la qualité d'actionnaire étant seule prescrite par la loi pour être éligible.

**140. Révocation.** — Les membres du conseil de surveillance sont révocables *ad nutum* comme de simples mandataires, c'est du moins l'opinion la plus généralement admise (Houpin, n° 703 ; Rousseau, n° 2099 ; Pont, n° 1051 ; Dalloz, *Suppl.*, n° 1826 ; Vavasseur, n° 572).

**141. Rémunération.** — Les membres du conseil de surveillance sont ordinairement rémunérés par des jetons de présence, dont l'importance est fixée par l'assemblée générale.

Il peut leur être attribué aussi, par les statuts, une part dans les bénéfices annuels.

**142. Attributions.** — Les attributions du conseil de surveillance sont de deux sortes :

1° Attributions à la constitution ;

2° Attributions au cours de la vie sociale ;

I. — Dès qu'il entre en fonctions, le premier conseil de surveillance *qui ne peut être nommé que pour une année* a le devoir de vérifier si toutes les dispositions des articles 1 à 5 de la loi de 1867 relatives à la constitution régulière de la société ont été observées. Pour l'accomplissement de ce devoir impérieux, les membres du conseil de surveillance ne doivent pas s'en tenir aux déclarations du gérant ou des fondateurs (Cass., 11 mai 1863). Il faut qu'ils procèdent en personne et par eux-mêmes à la vérification, à raison de la responsabilité qu'ils encourent et des dommages-intérêts auxquels ils pourraient être condamnés, au cas d'annulation de la société pour constitution irrégulière.

La formalité la plus grave qui leur incombe, à ce moment, consiste dans la vérification scrupuleuse de la sincérité de la déclaration notariée de souscription et du versement de la quotité dont devaient être libérées toutes les actions souscrites suivant la loi et les statuts, au moment de cette déclaration.

Cette vérification doit faire l'objet de la première délibération du conseil qui fait mention, s'il y a lieu, des irrégularités commises. Dans ce cas il doit exiger du gérant la rectification des irrégularités constatées et, si besoin est, le contraindre à recommencer les opérations de constitution.

II. — Au cours de la vie sociale, le conseil de surveillance est chargé de vérifier, au moins une fois l'an, à l'époque de l'inventaire, les livres, la caisse, le portefeuille et les valeurs de la société (art. 10 de la loi de 1867). Mais là ne se borne pas sa mission. Il doit exercer un contrôle permanent des actes du gérant, sans que, cependant, les membres du conseil puissent s'immiscer dans les opérations de gestion sous peine, en cas contraire, *d'engager leur responsabilité personnelle au même titre que celle du gérant.*

La gérance et le conseil de surveillance sont deux organes sociaux bien distincts, et il ne doit y avoir entre eux aucune confusion de pouvoirs.

Le gérant administre sous sa propre responsabilité.

Le conseil a seulement un pouvoir de contrôle des actes de la gérance.

Les membres du conseil de surveillance peuvent, quand bon leur semble, se faire communiquer par le gérant et sans déplacement, la correspondance et les documents de toute nature pouvant les aider dans l'exécution de leur mandat de contrôle. Ils peuvent même se faire délivrer toute espèce de documents qu'ils jugent utiles.

Mais ils doivent agir de façon à ne pas paralyser l'action du gérant (Rousseau, n° 2103).

**143. Rapport.** — La loi de 1867 (art. 10) prescrit au conseil de surveillance de faire, chaque année à l'assemblée générale, un rapport dans lequel il doit signaler les irrégularités et les inexactitudes qu'il a reconnues dans les inventaires et constater, s'il y a lieu, les motifs qui s'opposent aux distributions de dividendes proposées par le gérant. En un mot, ce rapport doit relater fidèlement la situation actuelle de la société.

Le rapport doit être fait au nom du conseil, en entier. En cas de dissentiment entre les membres du conseil, la majorité l'emporte ; mais les membres de la minorité ont intérêt à faire constater leur opinion pour échapper à leur responsabilité individuelle (Rousseau, n° 2104. V. *infrà*, n° 146).

Le défaut de ce rapport n'entraînerait pas la nullité de l'assemblée générale (Houpin, n° 711 ; Rousseau, n° 2105 ; Lyon-Caen et Renault, n° 1006).

**144. Convocation des actionnaires. — Dissolution.** — Aux termes de l'article 11 de la loi de 1867, le conseil de surveillance peut convoquer l'assemblée générale et, conformément à son avis, provoquer la dissolution de la société.

Il peut proposer la dissolution, non seulement dans les cas prévus par les statuts, mais encore dans tous ceux où il le jugera nécessaire dans l'intérêt des actionnaires.

**145. Délibérations.** — Les délibérations du conseil de surveillance sont prises à la majorité de ses membres ou de la manière prévue par les statuts.

Nul ne vote par mandataire au sein du conseil.

Le conseil nomme ordinairement un président et souvent même un vice-président.

**146. Procès-verbaux.** — Les délibérations sont constatées par des procès-verbaux transcrits sur un registre spécial et signés comme il est dit aux statuts.

Lorsque des délibérations ne sont prises qu'à la majorité, nous conseillons à la minorité de faire constater nominativement son vote négatif même motivé, s'il y a lieu, de manière à dégager toute responsabilité ultérieure.

**147. Responsabilité.** — Nous nous sommes expliqué (*suprà*, n° 142) sur la responsabilité du premier conseil de surveillance, relativement à la régularité des opérations de constitution.

Au cours de la vie sociale, l'étendue de la responsabilité des membres du conseil de surveillance est fixée par l'article 9 de la loi de 1867 ainsi conçu :

*Les membres du conseil de surveillance n'encourent aucune responsabilité à raison des actes de la gestion et de leurs résultats.*

*Chaque membre du conseil de surveillance est responsable de ses fautes personnelles dans l'exécution de son mandat conformément au droit commun.*

Et l'article 15 de la même loi ajoute : *Les membres du conseil de surveillance ne sont pas civilement responsables des délits commis par le gérant.*

En définitive, la responsabilité des commissaires de surveillance, dit M. Rousseau (n° 2113), est subordonnée à une double condition : il faut d'abord qu'il y ait eu négligence de leur part dans l'exercice de leurs fonctions ; il faut ensuite que cette négligence ait été la cause d'un préjudice.

L'étendue de cette responsabilité est laissée à l'appréciation des tribunaux qui, dans les motifs de leurs décisions, tiennent largement compte de la bonne foi des commissaires poursuivis (1).

___

(1) Voir sur les cas de responsabilité des commissaires de surveillance les espèces et les décisions citées par M. Rousseau dans son *Traité des sociétés*, t. I, n° 2111 et suiv.

**148. Décharge.** — A raison de la responsabilité qui leur incombe, il convient, aux commissaires de surveillance dont les fonctions ont cessé, de se faire décharger de leur mandat par décision de l'assemblée générale.

Sans doute cette décharge ne saurait les mettre à l'abri d'un cas de responsabilité dont l'existence ne serait révélée aux actionnaires que postérieurement à la décharge.

**149. Durée des fonctions. Nombre des membres. Rééligibilité.** — Conformément à l'article 5 de la loi de 1867, les fonctions du premier conseil de surveillance ne durent qu'*une année*. Ensuite les membres du conseil peuvent être nommés pour une période quelconque fixée par les statuts. Bien que la durée maxima des pouvoirs des commissaires de surveillance n'ait pas été limitée comme celle des fonctions d'administrateurs dans les sociétés anonymes, on ne saurait admettre la nomination d'un conseil de surveillance pour toute la durée de la société (Houpin, n° 702).

Les membres sortants sont indéfiniment rééligibles.

La loi a prévu un minimum de trois membres pour le conseil de surveillance, mais nous conseillons aux rédacteurs des statuts de prévoir un chiffre plus élevé, six, neuf, douze par exemple, sauf à n'en pas user et cela, non pas seulement pour parer à l'inconvénient signalé (*suprà*, n° 138), mais encore pour réserver des places disponibles au sein du conseil au profit de certaines personnalités dont la société aurait intérêt à s'assurer le concours sans que, pour cela, il soit nécessaire de recourir à une modification des statuts impossible d'ailleurs si elle n'a pas été autorisée par le contrat social (V. *infrà*, n° 367).

## SECTION II. — Sociétés anonymes.

### § 1. — Conseil d'administration.

**150.** Dans les sociétés anonymes la gérance, au lieu d'apparte-nir à une personnalité (le gérant) indéfiniment responsable, ap-partient à un comité appelé conseil d'administration composé de plusieurs actionnaires (administrateurs) n'ayant, en principe et sauf infraction ou faute de leur part, d'autre responsabilité que celle attachée à leur qualité d'actionnaires, c'est-à-dire qu'ils ne sont responsables que jusqu'à concurrence des actions qu'ils pos-sèdent.

**151. Nombre.** — Aux termes de l'article 22 de la loi du 24 juillet 1867, les sociétés anonymes sont administrées par *un* ou *plusieurs* mandataires à temps révocables, salariés ou gratuits, pris parmi les associés.

La nomination d'un seul administrateur serait-elle suffisante pour remplir le vœu de la loi ?

M. Thaller (n° 653) pense que la société est libre de se consti-tuer avec un seul administrateur, ce qui est à peu près sans exem-ple. M. Goirand (n° 510) se prononce aussi pour l'affirmative.

Mais nous éprouvons une véritable gêne pour nous ranger à cette opinion, malgré les termes cependant formels de l'article 22 de la loi de 1867.

Ces article dit bien que la société sera administrée par *un* ou *plusieurs* mandataires, mais si l'on parcourt les articles suivants, on voit qu'il est toujours question *des* administrateurs et qu'ainsi l'idée de pluralité domine. Et cette idée d'ailleurs ne se manifeste-t-elle pas déjà dans ce même article 22 où il est dit que *ces man-dataires peuvent choisir parmi eux un directeur etc...*

Au surplus quelle serait la situation d'une société qui n'aurait qu'un administrateur ? Celui-ci aurait tous les pouvoirs d'un vé-ritable gérant de commandite sans en avoir la même responsabilité et la situation serait d'autant plus périlleuse que l'administrateur unique n'aurait pas auprès de lui, pour sauvegarder les intérêts des actionnaires, cet élément de contrôle permanent que la loi a jugé nécessaire dans les commandités, en créant le conseil de surveillance. Il y a bien, il est vrai, dans les sociétés anonymes, un commissaire des comptes, mais nous verrons que les pouvoirs de cet agent social ne peuvent s'exercer qu'à certaines époques de l'année.

Or il n'est pas admissible que le législateur, après avoir pris de sérieuses précautions dans le titre 1er de la loi pour pondérer l'action du gérant dans les commandites par actions, ait voulu exposer ensuite, dans le titre II, les actionnaires de la société anonyme aux périls que pourrait faire courir à la société un administrateur unique sans responsabilité personnelle directe et que les pouvoirs limités d'un commissaire des comptes seraient dans bien des cas impuissants à enrayer.

La loi qui, dans tous ses articles, a pris tant de soins pour protéger les intérêts des actionnaires n'a certainement pas voulu les exposer à un tel danger.

Aussi les statuts, corrigeant en cela les imperfections du texte de la loi, prévoient-ils, ordinairement, la nomination de plusieurs administrateurs. En outre et bien que l'expression n'ait pas été employée par le législateur, l'usage a consacré la dénomination de « *Conseil d'administration* » pour désigner le comité formé par l'ensemble des administrateurs.

Les statuts fixent généralement un minimum et un maximum pour le nombre des administrateurs de la société.

Le minimum assez généralement adopté est de trois membres. Quant au maximum, nous conseillons aux sociétés qui se fondent de le choisir assez élevé, sauf à ne nommer que le nombre qui convient actuellement, et cela dans le but de permettre l'accès du conseil à des personnalités que la société aurait intérêt à y faire entrer, sans attendre la fin du mandat des administrateurs en exercice.

D'ailleurs, le rédacteur des statuts agira toujours sagement en rédigeant les différentes clauses dans un sens plutôt large qu'étroit.

De cette manière il permettra à la société de se mouvoir avec plus d'aisance et il évitera de recourir trop souvent à des modifications de statuts, conséquemment à des assemblées générales extraordinaires que les prescriptions impératives de l'article 31 de la loi de 1867 rendent souvent difficiles et laborieuses à réunir.

**152. Nomination. Durée.** — La loi a prévu un maximum de six années pour la durée des fonctions des administrateurs et ce maximum ne saurait être dépassé.

Les administrateurs sont nommés par l'assemblée ordinaire sauf les membres du premier conseil d'administration qui sont nommés par l'assemblée générale constitutive (la 2ᵉ s'il y a eu des apports et avantages soumis à vérification). Cette nomination et l'acceptation de leurs fonctions par les administrateurs nommés sont même une des conditions essentielles de la constitution définitive de la société.

Les administrateurs peuvent aussi être désignés statutairement, mais, dans ce cas, ils ne peuvent être nommés pour plus de trois ans, sauf à eux à soumettre leur nomination à l'assemblée constitutive qui peut alors porter de trois à six années la durée de leurs fonctions.

Lorsque la nomination statutaire porte seulement sur une partie des membres devant composer le premier conseil, il peut être utile de stipuler que l'assemblée générale constitutive ne pourra nommer les membres complémentaires pour une durée supérieure à celle des membres statutaires et cela afin de conserver plus d'homogénéité au premier conseil et de donner la même autorité morale à chacun de ses membres.

Il est admis, en pratique, que les pouvoirs des administrateurs finissent lors de l'assemblée générale ordinaire qui se réunit dans l'année aucours de laquelle doivent expirer les fonctions. Ils sont indéfiniment rééligibles.

**153. Vacances.** — Il n'appartient pas au conseil d'administration de nommer définitivement de nouveaux administrateurs pour compléter le conseil, au cas de vacances en cours d'exercice par suite de décès ou de démission. Il est cependant d'usage de stipuler dans les statuts que, dans ce cas, le conseil aura le droit de faire de nouvelles nominations à titre provisoire, sauf à faire ratifier ces nominations par la plus prochaine assemblée générale.

Depuis leur nomination jusqu'à la réunion de l'assemblée générale, ces administrateurs provisoires siègent valablement. Pendant cette période les décisions du conseil sont régulières. Pourtant celles qui devraient ne produire leur effet que postérieurement à la réunion de l'assemblée générale ne devraient pas être exécutées au cas où cette assemblée n'aurait pas ratifié la nomination des administrateurs complémentaires, alors que leur vote eût été nécessaire pour la validité des délibérations.

**154. Révocation. Démission.** — Les administrateurs sont des mandataires révocables (loi du 22 juillet 1867, art. 22) et cette révocation peut avoir lieu à toute époque sans que l'assemblée générale n'ait à justifier d'aucun motif (*ad nutum*) (V. Thaller, n° 650 ; Houpin, n° 782 ; Rousseau, n° 2182 et autorités citées).

Et la révocation peut être prononcée sans qu'il soit indispensable que cette mesure soit portée à l'ordre du jour de l'assemblée (Thaller, n° 650 ; Rousseau, n° 2182). Cependant la Cour de cassation, par un arrêt du 15 juillet 1895, a apporté un tempérament à la rigueur de ce principe admis par la jurisprudence. Elle a jugé que les assemblées générales ne peuvent délibérer valablement que sur les questions à l'ordre du jour et qu'un administrateur ne peut être révoqué, dans le silence de l'ordre du jour, que tout autant que la révocation et le remplacement sont justifiés et nécessités par des incidents imprévus survenus au cours des délibérations de l'assemblée (Rousseau, n° 2185).

Le droit de révocation est d'ordre public et toute stipulation des statuts qui tendrait à restreindre, sur ce point, le pouvoir absolu de l'assemblée générale serait nulle et de nul effet (Houpin, n° 782 ; Rousseau, n° 2183, § 3). Ainsi il ne pourrait être stipulé des dommages-intérêts au profit de l'administrateur au cas de sa révocation et, sur ce point, le pouvoir de l'administrateur diffère du mandat ordinaire pour lequel des dommages-intérêts peuvent être valablement convenus (Thaller, n° 650, § 2).

Le droit de révoquer emporte, par réciprocité, le droit, pour l'administrateur, de démissionner (Thaller, n° 650). Cependant si cette démission était intempestive ou inopportune, elle pourrait donner lieu à des dommages-intérêts envers la société (Rousseau, n° 2186 ; Houpin, n° 783 ; Lyon-Caen et Renault, n° 477).

**155. Conditions d'éligibilité.** — Les administrateurs doivent remplir les conditions suivantes dont les statuts ne peuvent les dispenser sous peine de nullité de la clause, et même de nullité de la société, s'il s'agit des premiers administrateurs.

1° Les administrateurs doivent être associés (art. 22 de la loi de 1867),c'est-à dire *actionnaires* ; mais, bien que cette condition soit impérative et qu'il convienne de s'y conformer rigoureusement, la jurisprudence a décidé qu'il suffisait à l'administrateur d'acquérir le nombre statutaire d'actions avant son entrée en fonctions (Lyon, 2 mars 1883 ; Seine, 12 juillet 1888 ; Paris, 12 décembre 1889 ; 3 février 1891 ; Alger, 20 décembre 1890 ; Seine, 25 juin 1894).

Cette solution, dit M. Houpin (n° 785), est exacte en tant qu'elle se réfère à l'article 26, mais elle est contraire à l'article 22 qui exige impérativement que les administrateurs soient pris parmi les associés, c'est-à-dire parmi les personnes déjà actionnaires lors de leur nomination.

**156. Incompatibilités professionnelles.** — Les fonctions d'administrateurs sont interdites :

1° Aux notaires (Ordonnance du 4 janvier 1843).

2° Aux militaires ou fonctionnaires de l'armée (circulaire ministérielle du 24 décembre 1869).

3° Aux sénateurs ou députés si leur nom est accompagné de l'indication de leur qualité (loi du 20 novembre 1883).

4° Aux avocats appartenant à certains barreaux dont les conseils de discipline ont interdit à leurs membres l'exercice d'aucun mandat écrit, gratuit ou salarié (Ex. : Barreaux de Paris et de Marseille).

S'il était passé outre à ces interdictions, la nomination ne serait pas nulle ; elle ne pourrait donner lieu qu'à des peines disciplinaires contre les contrevenants (Rousseau, n° 2490 ; Houpin, n° 786 ; Lyon-Caen et Renault, n° 846).

**157. Actions en garantie des fonctions d'administrateur.** — Aux termes de l'article 26 de la loi de 1867, les administrateurs doivent être propriétaires d'un nombre d'actions déterminé par les statuts. Ces actions sont affectées en totalité à la garantie de tous les actes de la gestion, même de ceux qui seraient exclusivement personnels à l'un des administrateurs. Elles sont nominatives, inaliénables, frappées d'un timbre indiquant leur inaliénabilité et déposées dans la caisse sociale. De l'examen de cet article de la loi il résulte :

1° Que les statuts doivent *nécessairement* fixer le nombre d'actions dont chaque administrateur doit être propriétaire. A défaut il appartiendrait à l'assemblée générale constitutive de réparer cet oubli par voie de modification des statuts. Cependant M. Rousseau (n° 2192) enseigne que, dans le silence des statuts, il suffirait aux administrateurs de posséder chacun une action pour que leur nomination soit valable ;

2° Que la loi n'ayant pas fixé de minimum, les statuts pourraient valablement stipuler que la possession d'une seule action est suffisante pour être administrateur (Houpin, n° 88) ;

3° Que les actions déposées par chaque administrateur forment, par leur réunion, un ensemble de biens affecté, à titre de gage et nantissement, à la garantie de tous les actes de la gestion, même de ceux qui seraient exclusivement personnels à l'un des administrateurs,ce qui établit une véritable solidarité entre les actions déposées par tous les administrateurs (Rousseau, n° 2194 ; Houpin,n° 789) et,de cette solidarité,découle cette conséquence qu'un administrateur ne peut, en démissionnant et même en obtenant son *quitus* personnel, dégrever ses actions avant la fin du mandat de ses co-administrateurs (Thaller, n° 652).

Comme conséquence encore de cette solidarité, il n'est pas douteux que si les statuts,au lieu de prescrire la possession d'un nombre déterminé d'actions pour chaque administrateur, avaient fixé seulement le chiffre total d'actions à posséder par le conseil d'administration, les membres de ce conseil pourraient être chacun propriétaires de ces actions dans des proportions inégales (Rousseau, n° 2192).

4° Que les actions des administrateurs doivent être nominatives. Il n'y aurait cependant pas nullité si les actions déposées étaient restées au porteur (Paris, 15 avril ; Seine, 1er août 1883 ; Houpin, n° 790 ; Rousseau, n° 2195).


**158. Actions d'apport.** — Les actions d'apport peuvent servir de garantie aux fonctions d'administrateurs (Houpin, n° 791 ; Bouvier-Bangillon, *Loi du 1er août 1893*, p. 143 ; Rousseau, n° 2196).

Il en est de même des actions d'apport que l'administrateur aurait acquises par les voies civiles conformément aux articles 1689 et 1690 du Code civil (Rousseau, n° 2196 ; Genevois, *Revue trimestrielle du nouv. rég. des sociétés*, article de M. Millerand, 1897, p. 7 et suiv. ; Poitiers, 6 novembre 1899 ; Lille, 11 octobre 1899. *Contrà*, Houpin, n° 791, *J. des soc.*, 1898, p. 97).

**159. Inaliénabilité. Dépôt. Saisissabilité.** — Les actions déposées en garantie sont nominatives et inaliénables et mention de cette inaliénabilité doit être faite sur les titres au moyen d'un timbre *ad hoc*.

Elles sont déposées dans la caisse sociale pendant toute la durée des fonctions.

Les actions de garantie sont saisissables par les créanciers personnels de l'administrateur. Mais leur réalisation ne peut avoir lieu qu'à partir du moment où le droit de gage existant au profit de la société a été liquidé (Rousseau, n° 2197 ; Houpin, n° 793 ; Cass., 20 mars 1898 ; Pont, t. II, n° 1625 ; Rivière, n° 219 ; Ruben de Couder, *Supp.*, n° 147. — *Contrà* : Paris, 20 novembre 1899).

Ces actions redeviennent libres, soit au profit des administrateurs dont les fonctions ont cessé, soit au profit de leurs créanciers gagistes ou autres ayants droit, dès après l'approbation des comptes du conseil par l'assemblée générale ordinaire qui donne le quitus définitif aux administrateurs sortants.

**160. Rémunération. Avantages.** — Les fonctions d'administrateurs peuvent être gratuites ou salariées (art. 22).

Les statuts fixent généralement le mode de rétribution des administrateurs. Elle est fixe ou proportionnelle ou les deux cumulativement.

1° La rétribution fixe consiste en jetons de présence dont l'importance, qui pourrait être fixée par les statuts, est le plus généralement laissée à l'appréciation de l'assemblée générale qui peut la modifier à son gré chaque année. Il est quelquefois stipulé dans les statuts que la valeur des jetons de présence fixée par la première assemblée générale sera indéfiniment maintenue jusqu'à ce qu'une nouvelle assemblée générale annuelle en ait décidé autrement. Une telle stipulation évite à l'assemblée générale de délibérer toutes les années sur ce même point.

Il est sage de fixer l'importance des jetons de présence, non pas pour chaque administrateur, mais pour l'ensemble du conseil qui, par un règlement intérieur, établit comme il l'entend la répartition de ces jetons de présence entre ses membres, en tenant compte notamment du plus ou moins d'assiduité des administrateurs aux réunions du conseil.

2° La rétribution proportionnelle consiste dans un tantième des bénéfices que les statuts stipulent assez généralement au profit du conseil d'administration. Bien entendu ce tantième ne peut être calculé que sur les bénéfices nets.

Il a été jugé que, malgré la clause des statuts qui détermine la rémunération des administrateurs, un administrateur investi par le conseil de fonctions spéciales peut recevoir une rémunération également spéciale (Rousseau, n° 2204 et autorités citées), alors surtout que les statuts attribuent au conseil le droit de nommer tous agents et employés de la société et de fixer leur traitement (Houpin, n° 796).

**161. Distribution des réserves. Droits des administrateurs.** — Lorsque les statuts stipulent qu'une portion des bénéfices sera attribuée au conseil d'administration, une question assez délicate à résoudre se pose lorsque la société, après avoir amassé d'importantes réserves, vient à mettre ces réserves en distribution.

Les administrateurs, dans ce cas, ont-ils le droit de participer à cette distribution pour la quotité de bénéfices qui leur est réservée par les statuts ?

Pour solutionner cette question, il faut envisager l'éventualité de cette répartition à deux époques distinctes de la vie sociale :

1° La répartition a lieu en fin de liquidation, soit à l'expiration de la durée de la société, soit à la suite d'une dissolution anticipée ;

2° Cette répartition est faite au cours de la vie sociale, sans qu'il y ait dissolution de la société et simplement en vertu d'une décision de l'assemblée générale extraordinaire qui aurait jugé inutile la conservation, dans la caisse sociale, de fonds provenant de réserves autres que la réserve légale, la seule obligatoire (1).

I. — Au cas de dissolution de la société, il suffira de nous reporter aux principes qui régissent la liquidation des sociétés pour découvrir, suivant nous, la solution logique de la question.

Nous verrons en effet plus loin (*infrà*, n° 225) que, lorsqu'une société se dissout et entre en liquidation, le conseil d'administration *disparaît* pour faire place aux liquidateurs.

Par conséquent, au moment de la répartition de l'actif social englobant notamment toutes les réserves accumulées, les liquidateurs chargés de cette répartition n'ont pas à tenir compte de la part réservée aux administrateurs sur les bénéfices *puisqu'il n'y a plus d'administrateurs* (V. Marseille, 25 juillet 1905 et arrêt de la Cour d'Aix du 18 décembre 1905, *J. Soc.*, 1906, p. 175).

On peut objecter, il est vrai, que dans la commandite par actions la dissolution fait disparaître la personnalité du gérant aussi bien que celle des administrateurs des sociétés anonymes et cependant il ne viendrait à l'idée de personne de refuser au gérant la part statutaire à lui réservée sur le *boni* de liquidation. Mais il y a une différence fondamentale entre les deux situations.

La société en commandite existe entre, d'une part, le gérant et, d'autre part, la masse des actionnaires (commanditaires), tandis que la société anonyme ne comprend que les actionnaires.

II. — La question nous paraît plus délicate à résoudre si la ré-

______

(1) L'assemblée ne peut se prononcer sur ce point que si elle y est autorisée par les statuts, à moins que la création elle-même du fonds à supprimer résulte, non des statuts, mais seulement d'une délibération de l'assemblée générale, celle-ci ayant le droit de défaire ce qu'elle a fait. Dans le cas contraire l'unanimité des actionnaires est nécessaire pour décider sur la question (Houpin, n° 932).

partition a lieu en dehors de toute idée de liquidation et au cours de la vie sociale dont elle n'est qu'un épisode.

Suivant l'esprit des statuts de toute société anonyme, la rémunération proportionnelle des administrateurs nous apparaît comme un simple salaire périodique qui vient se surajouter aux jetons de présence annuels s'il en a été stipulé, et il nous semble que ce serait faire dévier le sens du mot *rémunération* si, en prescrivant ou autorisant la constitution des réserves, les statuts avaient entendu, par cela même, forcer les administrateurs à laisser dans la caisse sociale une partie plus ou moins grande de ce qui devait représenter la contre-valeur de leur travail, de leur peine et de leur responsabilité, soit pour servir au but pour lequel étaient constituées les réserves, soit encore pour être distribuée un jour à d'autres administrateurs futurs qui auraient la bonne fortune d'être en fonctions à l'époque où la mise en distribution des réserves extraordinaires serait votée par l'assemblée générale ainsi que l'enseigne M. Houpin (n° 796).

Au surplus les fondateurs, en prévoyant la création de diverses réserves, ont eu l'intention, à n'en pas douter, de distraire les fonds à en provenir de toute répartition éventuelle, sauf à la dissolution de la société. Et plus les prélèvements à cet effet devaient être importants, plus ils étaient enclins, en établissant les statuts, à augmenter le pourcentage à accorder aux administrateurs pour leur assurer leur juste rémunération·

La répartition aux administrateurs en fonctions, telle que l'enseigne M. Houpin, ne nous paraîtrait pas équitable puisqu'elle permettrait à des administrateurs de nomination récente, même peut-être à de tout nouveaux venus dans la société, de recueillir, en un seul coup, le fruit de toute une série d'administrations antérieures auxquelles ils n'ont pas coopéré.

L'esprit des statuts se trouve ainsi faussé et, du reste, une telle opinion nous semble contraire au principe qui se dégage de divers arrêts, à savoir que la part de bénéfices attribuée annuellement aux administrateurs doit être calculée uniquement sur les affaires conclues et liquidées dans l'année (Paris, 9 janvier 1888 et 9 mars 1888, D. 89.1.71. — Comp. cependant Paris, 16 avril 1870, D. 70.2.121 et Cass., 7 mai 1872, D. 72.1.233. — Conf. Rousseau, n° 2203). En outre cette manière de procéder présente un réel danger. N'est-il pas à craindre, en effet, qu'en présence d'importantes réserves extraordinaires, un conseil d'administration, qui pourrait compter sur la majorité au sein de l'assemblée, ne soit tenté de provoquer une mesure qui, si elle leur est des plus profitables, pourrait très bien être contraire aux intérêts de la société ?

En admettant le principe du droit pour les administrateurs de concourir à la répartition, il serait, croyons-nous, infiniment plus équitable de calculer la part afférente aux administrateurs sur la portion mise en réserve pendant chacune des années cumulées pour en faire l'attribution aux administrateurs respectivement en fonctions pendant chacune de ces années.

Cependant en présence des arrêts de la Cour de Paris du 9 mars 1888 et de la Cour de cassation du 3 février 1890, décidant que les administrateurs n'ont pas droit à la portion des bénéfices mise en réserve (V. Houpin, n° 796), nous ne croyons pas devoir adopter ce dernier mode de distribution, pas plus d'ailleurs que le premier. Nous préférons conclure, peut-être en harmonie avec l'esprit des statuts, que les administrateurs ne peuvent exercer leurs droits que sur les bénéfices nets annuellement distribués, mais qu'ils ne peuvent concourir, en tant qu'administrateurs, à la répartition des réserves distribuées qui, suivant nous, appartiennent aux actionnaires seuls ou concurremment avec eux aux porteurs de parts bénéficiaires (parts de fondateurs) s'il existe des titres de cette nature.

En raisonnant comme nous venons de le faire, nous n'avons pas la prétention d'avoir mis au point un sujet aussi délicat. Mais comme notre devoir de praticien est de prévoir les difficultés afin de les éviter, plutôt que de chercher une solution aux problèmes juridiques, nous conseillons, lors de la rédaction des statuts, d'établir clairement de quelle façon la société entend que ses réserves seront distribuées le jour où cette distribution viendrait à être décidée. Enfin si les statuts se bornent à réserver à l'assemblée générale le droit de constituer des réserves extraordinaires, on agira sagement en stipulant que ces réserves seront prélevées sur la part des bénéfices allouée aux actionnaires. Par ce moyen tout conflit avec les administrateurs sera évité, car ceux-ci ne pourraient trouver mauvais que les actionnaires participent seuls à la distribution de réserves dont ils auraient seuls fait les frais.

**162. Délibérations.** — L'ensemble des administrateurs, comme nous l'avons dit (*suprà,* n° 151), forme le conseil d'administration.

La loi n'ayant pas réglementé le fonctionnement intérieur des conseils d'administration, il convient aux statuts de le faire.

C'est ainsi que les statuts doivent prévoir la nomination d'un président, de vice-présidents, s'il y a lieu, et d'un secrétaire qui peut être pris en dehors du conseil.

Ils peuvent valablement stipuler que la voix du président sera prépondérante en cas de partage.

Cette stipulation, qui est de style courant dans les statuts, a pour but de permettre la constitution d'une majorité au sein du conseil, quel que soit le nombre de ses membres.

Dès que les administrateurs sont nommés, ils procèdent à la formation de leur bureau et aux diverses délégations nécessaires pour assurer la marche immédiate des rouages sociaux.

Le conseil se réunit ensuite aussi souvent que le nécessite la bonne marche des affaires et même périodiquement à des époques déterminées si les statuts le prescrivent.

Les réunions ont lieu ordinairement au siège social, mais il pourrait être valablement convenu que des réunions pourront avoir lieu ailleurs à la condition que ce soit pour la commodité des administrateurs et non pour empêcher certains d'entre eux de prendre part aux délibérations.

En principe et dans le silence des statuts, les délibérations doivent avoir lieu avec la participation de tous les membres du conseil. Mais les statuts, jouissant à cet égard de toute liberté, stipulent toujours que les délibérations seront prises seulement à la majorité des voix des membres présents et fixent le nombre minimum des membres dont la présence est nécessaire à la validité des délibérations.

Lorsque les statuts ont fixé un minimum des membres dont doit être composé le conseil d'administration, il ne peut être stipulé, suivant nous, un minimum inférieur pour le nombre des administrateurs dont la présence est nécessaire à la validité des délibérations.

La nomination aux fonctions d'administrateur étant une manifestation de la confiance faite par l'assemblée à la personne même de l'administrateur, celui-ci ne saurait se faire représenter au conseil par un mandataire.

Il pourrait cependant déléguer ses pouvoirs à un autre administrateur, à la condition toutefois que la présence du mandant ne soit pas indispensable pour atteindre le quorum des membres présents prévu par les statuts.

Pour la validité des délibérations, il est nécessaire que tous les membres du conseil aient été convoqués et qu'il n'existe aucune vacance par suite de décès ou de démission. Les statuts d'ailleurs confèrent, généralement, au conseil le droit de se compléter par la nomination d'administrateurs provisoires (*suprà*, n° 153).


**163. Procès-verbaux.** — Les délibérations du conseil d'administration sont constatées par des procès verbaux inscrits sur un registre spécial tenu au siège social.

Dans certaines sociétés nous avons rencontré, à côté de ce registre, un livre annexe qui contient, pour chaque séance, une feuille de présence émargée par les membres présents. Au lieu de ce registre, la liste de présence pourrait être, d'ailleurs, établie directement sur le livre des procès-verbaux en tête de chaque procès-verbal. Nous ne saurions trop recommander cette pratique qui peut prévenir bien des contestations lorsque les procès-verbaux eux-mêmes ne doivent pas porter la signature de tous les membres présents.

Dans le silence des statuts, les procès-verbaux doivent être signés par tous les administrateurs présents à la réunion.

Cependant comme, dans la pratique, les procès-verbaux sont ordinairement rédigés postérieurement à la réunion, les statuts, afin d'éviter les irrégularités qui résulteraient du retard apporté à l'apposition d'un trop grand nombre de signatures, fixent les signatures dont devront être revêtus les procès-verbaux, par exemple celles du président et du secrétaire.

Dans ce cas il est bon de faire approuver ce procès-verbal par la plus prochaine réunion du conseil et d'y apporter, s'il y a lieu, telles rectifications qui seraient reconnues justifiées.

**164 Copies et extraits.** — Les statuts indiquent par qui doivent être signés les copies ou extraits certifiés des procès-verbaux (ex. : le président ou un administrateur) destinés à être produits en justice ou ailleurs. Cette stipulation intéressant les tiers, il convient, bien que la loi n'en ait pas fait une obligation, de la comprendre dans l'extrait des statuts à publier au journal d'annonces légales (V. *infrà*, n° 308).

Dans le silence des statuts, les copies ou extraits devraient être signés par tous les administrateurs ayant pris part à la délibération ou par ceux d'entre eux qui restent en fonction ou, encore, par tous les administrateurs en exercice ou par leur délégué (Houpin, n° 817).

**165. Devoir des administrateurs.** — La responsabilité du

premier conseil d'administration d'une société pouvant être engagée à raison de la nullité résultant d'une constitution irrégulière, le premier conseil doit, dès sa nomination, vérifier si toutes les prescriptions légales ont été accomplies pour la constitution régulière de la société.

Il doit ensuite, dans le mois de la constitution, faire les publications légales (art. 55 et suiv. de la loi de 1867) et la déclaration d'existence de la société à l'administration de l'Enregistrement.

Enfin, au cours de la vie sociale, le conseil doit veiller à la stricte exécution des obligations qui lui sont imposées par la loi et les statuts.

Ainsi il doit notamment :

1° Communiquer aux commissaires, pendant le trimestre qui précède l'assemblée générale annuelle, les livres et documents nécessaires à l'examen des opérations sociales (art. 33) ;

2° Faire dresser chaque semestre l'état de situation sommaire et, chaque année, à l'époque fixée par les statuts, un inventaire général des facultés sociales faisant ressortir les bénéfices ou les pertes ;

3° Convoquer chaque année l'assemblée générale ordinaire à l'époque, dans les formes et les délais prévus par les statuts ;

4° Mettre à la disposition des commissaires l'inventaire, le bilan et le compte des profits et pertes quarante jours au moins avant l'assemblée générale ;

5° Tenir pendant les quinze jours qui précèdent l'assemblée générale, l'inventaire et la liste des actionnaires à la disposition des actionnaires qui peuvent se faire délivrer copie du bilan et du rapport des commissaires ;

6° Procéder aux nominations provisoires d'administrateurs, s'il y a lieu, pour combler les vacances qui se seraient produites depuis la dernière assemblée et soumettre ces nominations provisoires à l'agrément de la plus prochaine réunion des actionnaires pour les rendre définitives ;

7° Prélever chaque année, sur les bénéfices, le vingtième (5 0/0) au moins, pour constituer la réserve légale ;

8° Établir le rapport détaillé qui doit être présenté à l'assemblée annuelle sur la situation de la société et qui, faisant ressortir les bénéfices ou les pertes, propose les dividendes à distribuer ;

9° Faire un rapport sur les affaires personnelles conclues avec la société pendant l'exercice écoulé par les administrateurs que l'assemblée générale de l'exercice précédent avait relevés de l'interdiction prévue par l'article 40 de la loi de 1867 (*infrà*, n° 167) ;

10° Convoquer la réunion de l'assemblée de tous les actionnaires pour statuer sur la dissolution de la société, au cas de perte des trois quarts du capital social.

11° Provoquer la dissolution de la société en justice quand, depuis une année, le nombre des actionnaires est inférieur à sept (art. 18 de la loi de 1867).


**166. Pouvoirs.** — Les administrateurs tiennent leurs pouvoirs de la loi et des statuts.

La loi (art. 22) donne, d'une manière générale, aux administrateurs le pouvoir de gérer les affaires sociales, mais il appartient aux statuts de préciser l'étendue de ces pouvoirs, ce qui a lieu habituellement d'ailleurs.

Les statuts doivent se prononcer avec netteté sur les pouvoirs qui dépasseraient les limites de l'administration courante, mais que la société a cependant jugé à propos d'accorder au conseil d'administration (ex. : emprunts, ventes immobilières, mainlevée sans paiement, etc.).

Les pouvoirs du conseil doivent être détaillés le plus possible. Par ce moyen la sécurité des tiers qui traitent avec la société sera plus grande ; et les administrateurs, sentant leur responsabilité moins engagée, seront moins hésitants et éviteront de recourir trop souvent à l'assemblée générale, ce qui est toujours une cause de gêne pour l'administration.

Comme corollaire de ses pouvoirs, le conseil d'administration exerce seul les actions qui en découlent et les assignations sont valablement données à la requête du conseil d'administration, sans qu'il soit nécessaire d'indiquer les noms de tous les administrateurs (Houpin, n° 800 et autorités citées).

**167. Prohibitions.** — Aux termes de l'article 40 de la loi de 1867, il est interdit aux administrateurs de prendre ou de conserver un intérêt direct ou indirect dans une entreprise ou dans un marché fait avec la société ou pour son compte, à moins qu'ils n'y soient autorisés par l'assemblée générale.

Suivant M. Rousseau (n° 2213) il ne faut pas entendre cette prohibition dans un sens trop rigoureux. Elle s'applique aux véritables marchés d'entreprises, mais non aux opérations isolées, même multipliées, comme par exemple les ventes de marchandises à la société, l'escompte de son papier, etc... (conf. Pont, n° 1637).

On décide même, dit toujours M. Rousseau, que la prohibition de la loi frappe seulement les marchés de gré à gré et non pas les adjudications avec publicité et concurrence.

Ce point a été mis en évidence lors de la discussion de l'article 40 de la loi au Corps législatif (Pont, n° 1638).

La sanction de cette prohibition consiste dans la responsabilité de l'administrateur (Cass., 16 juin 1891) si l'intérêt de l'administrateur était direct (Rousseau, n°s 2218-2219 ; Houpin, n° 809). Mais ces irrégularités peuvent être couvertes par l'assemblée générale.

Nous devons signaler, sur cette question, un récent arrêt de la Cour de Rennes du 6 avril 1905 rapporté et commenté par M. Houpin dans le *Journal des sociétés* (1906, p. 107), et qui interprète l'article 40 de la loi dans un sens plus rigoureux que ne l'avaient fait jusqu'alors la doctrine et la jurisprudence. D'après cet arrêt, l'autorisation *générale* donnée aux administrateurs de prendre un intérêt direct ou indirect dans toutes les opérations ou entreprises est *insuffisante*.

Il faut, dit cet arrêt, qu'une autorisation spéciale ait été donnée pour chaque entreprise,et puisque la loi a édicté que chaque année il sera rendu à l'assemblée un compte spécial de l'exécution des marchés ou entreprises par elle autorisés, ce compte rendu spécial implique nécessairement une autorisation spéciale. Avec M. Houpin nous croyons que cette décision neuve en doctrine et en jurisprudence, est absolument juridique et son importance au point de vue pratique n'échappera à personne.

La loi ne prescrit pas seulement aux administrateurs qui traitent avec la société d'être relevés de l'interdiction par l'assemblée générale, mais elle veut encore que, chaque année, il soit rendu à l'assemblée un compte spécial de l'exécution des marchés et entreprises par elle autorisés.

Toutefois l'omission de ce rapport ne suffirait pas pour faire prononcer la nullité des opérations (Rousseau, n° 2219 ; Dalloz, *Supp.*, n° 1508).

**168. Responsabilité**. — L'étendue de la responsabilité des administrateurs est définie dans les deux articles 42 et 44 de la loi de 1867 et dans l'article 32 du Code de commerce.

Art. 42. — *Lorsque la nullité de la société ou des actes et délibérations a été prononcée aux termes de l'article précédent, les fondateurs auxquels la nullité est imputable et les administrateurs en fonctions au moment où elle a été encourue, sont responsables solidairement envers les tiers et les actionnaires des dommages résultant de cette annulation.*

*La responsabilité solidaire peut être prononcée contre ceux des associés dont les apports ou les avantages n'auraient pas été vérifiés et approuvés conformément à l'article 24.*

*L'action en nullité et celle en responsabilité en résultant sont soumises aux dispositions de l'article 8 ci-dessus.*

Art. 44. — *Les administrateurs sont responsables, conformément aux règles du droit commun, individuellement et solidaire-*

*ment, suivant les cas, envers la société, ou envers les tiers soit des infractions aux dispositions de la présente loi, soit des fautes qu'ils auraient commises dans leur gestion, notamment en distribuant ou en laissant distribuer sans opposition des dividendes fictifs.*

Art. 32 du Code de commerce.

*Les administrateurs ne sont responsables que de l'exécution du mandat qu'ils ont reçu.*

*Ils ne contractent, à raison de leur gestion, aucune obligation personnelle ni solidaire relativement aux engagements de la société.*

La responsabilité des administrateurs peut-être d'origines diverses.

Elle peut résulter :

1° D'infractions aux lois sur les sociétés ;

2° De la violation des statuts ;

3° Des fautes de gestion ;

4° Des délits ou quasi-délits commis par les administrateurs.

**169. Infractions aux lois.** — Nous avons indiqué (*suprà*, n° 165) les devoirs principaux des administrateurs résultant de la loi. Ils sont de deux natures : Devoirs à la constitution ; devoirs au cours de la vie sociale.

Les premiers concernent plus spécialement le conseil d'administration nommé par l'assemblée générale constitutive et les administrateurs peuvent être déclarés responsables des nullités et irrégularités qu'ils auraient laissé commettre ; mais pour qu'il y ait responsabilité, il faut qu'il y ait eu préjudice, soit pour la société, soit pour les tiers conformément aux règles du droit commun.

**170. Violation des statuts.** — Les statuts forment la loi constitutionnelle des associés ; toute violation de la part des administrateurs peut entraîner gravement leur responsabilité de la même manière que les infractions aux lois qui régissent les sociétés.

**171. Fautes de gestion.** — Les administrateurs étant de véritables mandataires gratuits ou salariés (salariés le plus souvent), répondent de leurs fautes d'après les règles établies par l'article 1992 du Code civil. Toute faute de l'administrateur, si légère soit-elle, peut servir de base à une action en dommages-intérêts (Rousseau, n° 2239) et les tribunaux ont, sur ce point, un pouvoir souverain d'appréciation. Mais la responsabilité sera, bien entendu, atténuée par les difficultés et les aléas que présentent toujours les opérations commerciales. Et il ne suffit pas qu'une affaire ait mal tourné pour que la responsabilité soit engagée. D'ailleurs la prudence ou l'imprudence de l'administrateur, comme aussi sa négligence, seront autant d'éléments que les tribunaux retiendront pour mesurer l'étendue de la responsabilité.

L'article 44 parle de responsabilité individuelle ou solidaire suivant les cas. La solidarité résultera de la faute commune commise en vertu d'une délibération collective.

La responsabilité individuelle pourra résulter de fautes commises par certains administrateurs seulement, alors que les autres auront refusé leur vote et leur concours à la mesure incriminée.

La responsabilité du conseil d'administration peut aussi ne pas être égale pour tous les administrateurs et la jurisprudence fait toujours une distinction entre ceux qui ont commis directement la faute et ceux coupables seulement d'un excès de confiance dans leurs collègues ou d'un défaut de surveillance (Rousseau, n° 2240 ; Paris, 1er août 1868 ; Caen, 16 août 1864).

Les cas de responsabilité, notamment pour fautes de gestion, varient à l'infini et avec chaque espèce. Nous sommes donc impuissant à dire où commence et où finit la responsabilité des administrateurs et nous ne pouvons en cette matière que nous référer aux règles générales du mandat fixées par l'article 1992 du Code civil. Dans notre chapitre spécial à la responsabilité des administrateurs, nous citerons les exemples les plus récents où la responsabilité des administrateurs s'est trouvée engagée (*infrà*, n° 442):

Pour le surplus, nous renvoyons le lecteur aux auteurs qui ont donné une assez longue énumération des cas de responsabilité reconnus par la jurisprudence (V. Rousseau, n°s 244 et suiv.; Houpin, n° 824).

**172. Dividendes fictifs.** — L'article 44 de la loi de 1867 a précisé un cas de responsabilité des administrateurs et non le moins grave, dans le fait de distribuer ou de laisser distribuer des dividendes fictifs.

Doivent être considérés comme fictifs notamment :

1° Les bénéfices aléatoires non réalisables ou simplement espérés de l'agiotage auquel la société se livre sur ses propres actions (Paris, 19 mars 1883 ; Lyon, 12 mars 1885) ;

2° Les dividendes distribués s'il a été porté à l'actif des créances reconnues irrécouvrables (Lyon, 9 juin 1864 ; Rennes, 3 novembre 1887 ; Paris, 22 juillet 1893) ou si la valeur des actions individuelles existant en portefeuille a été exagérée (Paris, 30 avril 1869 ; Cass., 23 juin 1883), ou, encore, si les marchandises ont été évaluées avec exagération (Paris, 5 août 1890 et Cass., 24 avril 1891).

Suivant nous, et d'après la théorie que nous avons soutenue dans notre *Etude sur les actions de jouissance et l'amortissement du capital dans les sociétés par actions*, il peut y avoir encore distribution de dividendes fictifs au regard des tiers lorsque, dans une société à concession temporaire, devant faire retour à l'autorité concédante en fin de concession, il n'est pas tenu compte, dans les inventaires, de la dépréciation croissante que subit le capital en approchant de l'époque où doit s'éteindre la concession (V. aussi Thaller, *Traité élémentaire de droit commercial*, n° 588).

**173. Délits ou quasi-délits.** — Les administrateurs sont responsables, vis-à-vis des tiers et même vis-à-vis des actionnaires, des actes ayant le caractère du délit ou du quasi-délit tombant

sous le coup de l'article 1382 du Code civil (V. Rousseau, n⁰ˢ 2246
et suiv.).

**174. Minorité.** — La responsabilité des administrateurs'
avons-nous dit (*suprà*, n° 171), peut être solidaire ou individuelle
(art. 44 de la loi de 1867). Et comme les décisions du conseil sont
prises à la majorité des voix, nous conseillons à tout administrateur vigilant, chaque fois qu'une décision lui paraîtra susceptible
d'engager la responsabilité du conseil, d'exiger la mention dans
la délibération de son vote négatif.

**175. Décharge.** — A l'expiration de leurs fonctions les administrateurs, après avoir rendu compte de leur gestion à l'assemblée générale, doivent demander *quitus* à cette assemblée qui
peut l'accorder ou le refuser.

En cas de refus l'administrateur, comme tout mandataire,
pourrait actionner la société pour obtenir, en justice, sa décharge
définitive.

Le quitus met fin à l'action sociale contre l'administrateur dont
les fonctions ont cessé, sauf cependant pour les faits qui viendraient à se révéler postérieurement.

## SECTION II. — Direction.

**176. Administrateur délégué.** — Comme nous l'avons vu
précédemment, la gestion de la société appartient à la collectivité
des administrateurs ; mais, pour la commodité, il est d'usage,
ainsi que la faculté en est accordée par l'article 22, § 2 de la loi
de 1867, de choisir parmi les administrateurs un directeur qui
représente le conseil dans ses rapports avec les tiers et dans l'exercice de l'administration courante et journalière. Ce directeur
prend le titre d'*administrateur délégué*. En tant qu'administrateur, il partage avec les autres membres du conseil la responsabilité de la gestion, mais, en tant qu'administrateur délégué, il

est personnellement responsable de ses fautes vis-à-vis du conseil dont il est le véritable mandataire.

**177. Nomination.** — D'après la définition que nous venons de donner, c'est au conseil d'administration qu'il appartient de nommer l'administrateur délégué.

Cette nomination peut-elle être faite par les statuts ou par l'assemblée générale ?

Bien que nous estimions que l'on doive éviter ces deux modes de nomination parce qu'ils portent atteinte à l'autorité des autres administrateurs, il ne nous paraît pas douteux que le premier administrateur délégué peut être nommé par les statuts, et, dans ce cas, sa nomination ne peut être faite que pour trois ans, sauf prorogation jusqu'à six ans par l'assemblée générale constitutive (loi de 1867, art. 25).

Les autres administrateurs, en acceptant leurs fonctions, ratifient implicitement cette nomination anticipée de leur mandataire.

Suivant nous, l'assemblée générale, au cours de la vie sociale, ne peut ou, tout au moins, ne doit désigner l'administrateur délégué qu'à la condition qu'elle procède en même temps à la nomination ou au renouvellement du conseil en son entier. Dans les autres cas, c'est-à-dire lorsqu'elle procède à des nominations partielles, il nous paraît difficile qu'elle puisse imposer à des administrateurs déjà en fonctions un mandataire qui pourrait ne pas avoir leur confiance. Ce serait, ce nous semble, dénaturer le caractère de la délégation puisque, dans ce cas, l'administrateur délégué serait le mandataire de quelques-uns seulement et non du conseil tout entier. La confiance s'accorde ; elle ne s'impose pas. Du reste l'article 22 de la loi de 1867 est formel : *Ces mandataires (les administrateurs) peuvent choisir parmi eux un directeur, etc...*

**178. Directeur étranger.** — Si les statuts le permettent, le directeur peut être choisi en dehors du conseil et même en dehors de la société. Sa nomination peut être faite, soit par le conseil d'administration, soit par l'assemblée générale (Rousseau, n° 2287 ; Houpin, n° 836). Cependant nous pensons préférable, pour les raisons que nous avons exposées sous le numéro précédent, de laisser au conseil le soin de faire cette nomination. Aux termes de l'article 32, en effet, les administrateurs sont responsables du mandataire qu'ils se sont substitué. Or cette responsabilité pourrait se trouver singulièrement amoindrie, si la nomination était l'œuvre de l'assemblée et non celle du conseil (Cass., 11 juillet 1870 ; Seine, 5 mai 1884).

Le directeur étranger qui devient administrateur sans cesser ses premières fonctions, devient par ce fait administrateur délégué (Paris, 20 mai 1887).

**179. Comité de direction.** — Quelquefois, au lieu d'un directeur unique, il est nommé un comité de direction qui peut se composer d'administrateurs et même de personnes étrangères à la société si les statuts l'ont autorisé.

**180. Révocation.** — Le directeur non administrateur doit être considéré comme un simple employé supérieur. Il agit dans les limites de son mandat pour l'expédition des affaires courantes et il exécute les décisions du conseil d'administration dont il dépend.

Le directeur, qu'il soit administrateur ou non, est révocable *ad nutum* sans qu'il puisse être stipulé aucune indemnité à son profit, même au cas de révocation arbitraire (Rousseau, n° 2288 ; Houpin, n° 837 ; Cass., 30 avril 1878 ; Agen, 7 janvier 1879 ; Cass., 10 janvier 1881 ; Paris, 13 décembre 1883 ; Paris, 29 janvier 1885 ; Paris, 25 juillet 1893 ; Pont, n° 1610).

Mais si, au lieu d'un directeur général tel que nous venons de l'envisager, il s'agit d'un simple agent commercial ou d'un directeur de travaux, homme technique dirigeant uniquement l'exploitation, il y a lieu d'appliquer les règles du contrat de louage et il peut être convenu qu'il ne pourra être révoqué sans indemnité à moins que ce ne soit pour des motifs graves (Dalloz, n° 1521 ; de Courcy, p. 15 ; Boistel, n° 309 ; Alauzet, n° 334 ; Mathieu et Bourguignat, n° 173 ; Rousseau, n° 2290 ; Houpin, n° 837 et autres autorités citées par ce dernier auteur).

Avec M. Houpin (n° 837) nous pensons que le moyen pratique d'assurer la situation du directeur technique est d'éviter de le faire nommer par les statuts ou par l'assemblée générale et de donner simplement au conseil, par les statuts, le droit de nommer cet agent de la société et de déterminer ses pouvoirs et ses avantages.

Il intervient ensuite entre le conseil ou son délégué, d'une part, et le directeur, d'autre part, un contrat par lequel les parties fixent la durée des fonctions, qui peut être supérieure à six années et s'étendre même à la durée de la société (Lyon-Caen et Renault, n° 837), les attributions et les pouvoirs du directeur, son traitement, les conditions de sa révocation et de sa démission et l'importance de l'indemnité éventuelle.

Les fonctions de directeur technique ne sont pas incompatibles avec celles d'administrateur.

**181. Pouvoirs.** — Le directeur d'une société et les mandataires du conseil sont nommés avec des pouvoires ou pour des affaires déterminés. Ils n'engagent la société que dans les limites de leur mandat. Il convient donc, bien que la loi n'en fasse pas une obligation, de publier l'étendue des pouvoirs conférés au directeur afin que les tiers qui traitent avec lui ne puissent arguer de leur bonne foi, au cas où le directeur aurait traité avec eux au delà des limites autorisées.

SECTION III. — **Des commissaires de surveillance.**

**182. Mission.** — Nous venons de voir que les affaires de la société anonyme étaient gérées par un conseil composé d'administrateurs agissant, soit par lui-même, soit par l'entremise d'un agent appelé administrateur délégué ou directeur suivant le cas.

En réalité le conseil d'administration est la tête qui dirige ; l'administrateur délégué ou le directeur est le bras qui exécute.

Et tout ce rouage administratif est directement placé sous le contrôle et le pouvoir souverain de l'assemblée générale qui approuve ou désapprouve les actes de la gestion.

Mais les actionnaires appelés à former l'assemblée générale vivent éloignés du fonctionnement social ; ils ne sont appelés à exercer leurs prérogatives que lors des réunions de l'assemblée générale annuelle. Dans ces conditions, comment exerceraient-ils efficacement leurs pouvoirs s'ils n'étaient représentés auprès du conseil par des agents spéciaux chargés de les éclairer sur la marche de l'administration le jour où ils seront appelés à la juger, c'est-à-dire au jour de l'assemblée générale annuelle ?

C'est pour permettre à l'assemblée de se prononcer en connaissance de cause, que la loi de 1867, par son article 32, a institué les commissaires de surveillance dans les termes suivants :

*« L'assemblée générale annuelle désigne un ou plusieurs commissaires associés ou non, chargés de faire un rapport à l'assemblée générale de l'année suivante sur la situation de la société, sur le bilan et sur les comptes présentés par les administrateurs. La délibération contenant approbation du bilan et des comptes est nulle si elle n'a pas été précédée du rapport des commissaires. A défaut de nomination des commissaires par l'assemblée générale, ou en cas d'empêchement ou de refus d'un ou de plusieurs des commissaires nommés, il est procédé à leur nomination ou à leur remplacement par ordonnance du président du tribunal de com-*

*merce du siège de la société à la requête de tout intéressé, les administrateurs dûment appelés.* »

De la définition que la loi a elle-même donnée des commissaires de surveillance, appelés aussi parfois *censeurs* (Rousseau, n° 2298), découlent les conséquences que nous allons examiner et qui caractérisent le mécanisme de cette institution.

**183. Mandataires.** — Les commissaires nommés par l'assemblée générale en sont les véritables mandataires, et ces mandataires peuvent être gratuits ou salariés ; généralement l'assemblée qui les nomme fixe le montant de la rémunération en argent qui leur est allouée pour l'année entière.

**184. Choix. Nomination. Nombre.** — Les commissaires peuvent être choisis parmi les actionnaires et même en dehors de la société.

Les premiers commissaires sont nommés par l'assemblée générale constitutive et cette nomination est indispensable, car la société ne peut être définitivement constituée qu'après acceptation de leurs fonctions par les commissaires, nommés de la même manière qu'il a été dit (*suprà* n° 152) pour les fonctions d'administrateurs (art. 25 de la loi).

Au cours de la société cette nomination est faite par l'assemblée générale annuelle qui peut nommer, soit un seul, soit plusieurs commissaires. Mais si, dans l'intervalle de deux assemblées annuelles, un ou plusieurs des commissaires nommés venaient à démissionner ou à décéder, il appartiendrait, non à l'assemblée, mais uniquement au président du tribunal de commerce du siège social, de combler les vacances à la requête des intéressés qui sont les actionnaires et les tiers (Houpin, n° 845).

Pour éviter de recourir à l'autorité judiciaire, le cas échéant, il est recommandé de nommer un commissaire et un commissaire suppléant, ce dernier ne devant agir qu'en empêchement du premier ou bien, si l'on veut désigner plusieurs commissaires ayant les mêmes pouvoirs, d'indiquer qu'ils pourront agir ensemble ou séparément (Houpin, n° 848).

**185. Durée des fonctions. Rééligibilité.** — Le ou les commissaires ne peuvent être nommés pour plus ni moins d'une année et cette nomination a lieu à la majorité des voix.

Ils sont indéfiniment rééligibles.

**186. Devoirs. Pouvoirs.** — Les premiers commissaires nommés par l'assemblée constitutive doivent vérifier si la société a été régulièrement constituée et, dans le cas où les administrateurs ne prendraient pas eux-mêmes les mesures nécessaires pour faire cesser les causes d'irrégularité, ils devraient, pour ne pas engager leur propre responsabilité, user du droit que leur confère l'article 33 de la loi de 1867 et qui les autorise d'une manière absolue à convoquer l'assemblée générale en cas d'urgence.

Les commissaires doivent faire à l'assemblée annuelle un rapport sur la situation de la société, sur le bilan et sur les comptes présentés par les administrateurs.

Ce rapport est d'une importance capitale puisqu'il doit éclairer l'assemblée sur la situation et lui permettre de délibérer en connaissance de cause sur le bilan et les comptes des administrateurs. La loi, elle-même, l'a si bien reconnu, qu'elle déclare nulle la délibération de l'assemblée contenant approbation du bilan et des comptes si elle n'a pas été précédée du rapport des commissaires.

Nous ne saurions trop insister sur les devoirs impérieux qui incombent aux commissaires des comptes. Pour l'exécution de leur mandat, ils doivent s'entourer de tous les éléments susceptibles de les éclairer. Toute négligence, toute complaisance coupable envers le conseil d'administration pourraient engager gravement leur responsabilité vis-à-vis des actionnaires et des tiers. Et si nous attirons vigoureusement l'attention des personnes appelées à remplir ces délicates fonctions, c'est parce que nous sommes encore sous le coup de l'émotion causée par les désastres de ces derniers temps, notamment dans l'industrie sucrière, et parce que nous avons l'intime conviction que bien des catastrophes pourraient être évitées si les actionnaires étaient mieux éclairés par des commissaires plus vigilants.

Nous avons souvent entendu accuser la loi d'être insuffisante pour protéger l'épargne contre les agissements de certaines sociétés.

Nous sommes convaincu, au contraire, que la loi a suffisamment armé les tribunaux pour frapper les agents sociaux, administrateurs ou commissaires qui, par leurs actes coupables, ou seulement par un défaut de vigilance, ont laissé s'accomplir des opérations condamnables entraînant malheureusement trop souvent des catastrophes irréparables

Le devoir des commissaires ne consiste pas seulement dans la constatation matérielle de la situation de la société. Leurs investigations doivent porter sur les opérations elles-mêmes des administrateurs afin de s'assurer si elles ont été engagées en conformité des statuts et suivant les règles d'une bonne gestion (Houpin, n° 852 ; Paris, 9 avril 1878 ; Cass., 25 février 1879. — *Contrà*, Paris, 1er juin 1889).

D'ailleurs, pour permettre aux commissaires d'établir leur rapport en connaissance de cause, la loi (art. 33) a prescrit que pendant le trimestre qui précède l'époque fixée par les statuts pour la réunion de l'assemblée générale, les commissaires ont le droit, toutes les fois qu'ils le jugent convenable dans l'intérêt social, de prendre communication des livres et d'examiner les opérations de la société, ce qui comporte le droit d'examiner les livres de caisse et de dépôt de titres, la caisse elle-même, les états du matériel, les procès-verbaux du conseil et des assemblées générales, les annexes de ces procès-verbaux et généralement tous les documents susceptibles de les éclairer sur les opérations sociales (Houpin, n° 853).

**187. Pouvoirs non permanents.** — Il importe de remarquer que, contrairement à ce qui se passe pour le conseil de surveillance des commandites par actions, le droit de communication accordé aux commissaires des sociétés anonymes n'est pas permanent. Il ne peut s'exercer, en effet, que pendant les trois mois qui précèdent l'assemblée générale.

Cette disposition est évidemment regrettable ; à notre avis, il eût été préférable, dans l'intérêt des actionnaires, que le droit de contrôle des commissaires pût s'exercer à toute époque de l'année. Mais le texte de la loi est formel, il n'y a qu'à s'incliner. Toutefois, les statuts s'ils ne peuvent restreindre le droit de contrôle des commissaires, pourraient, par contre, le rendre plus étendu, par exemple, en leur conférant, comme nous conseillons de le stipuler, un droit de contrôle permanent (Rousssau, n° 2543), C'est le moyen de corriger, par une stipulation statutaire, ce qu'il y a de défectueux dans la loi (Houpin, n° 853 ; Mathieu et Bourguignat, n° 249 ; Alauzet, n° 763 ; Pont, n° 1661 ; Lyon-Caen, et Renault, n° 840 ; Ruben de Couder, V° *Soc. an.*, n° 388 ; Paris, 14 décembre 1880).

Le droit de contrôle des commissaires comporte celui de prendre copie *in extenso* de tous les documents nécessaires à ce contrôle (Rousseau, n° 2540).

**188. Responsabilité.** — Les commissaires, comme les administrateurs, sont de véritables mandataires. A ce titre, ils répondent non seulement de leur dol, mais encore de leurs fautes. — Cass., 13 janvier 1869 ; Paris, 14 novembre ou 14 décembre 1880 ; Bruxelles, 16 juin 1881 et 28 juillet 1882 ; Cass., 4 juin 1883 ; Seine, 14 septembre 1883 ; Paris, 27 décembre 1883 ; Lyon, 12 août 1884 ; Cass. crim., 28 avril 1888 ; Seine, 15 janvier 1894 ; Paris, 18 juillet 1895 ; Pont, n° 1696 ; Vavasseur, n° 980 ; Rousseau, n° 2313 ; Houpin, n° 855).

# CHAPITRE X

## ASSEMBLÉES GÉNÉRALES.

### SECTION I. — Généralités.

**189.** — L'assemblée générale est l'élément dirigeant par excellence dans les sociétés par actions ; elle délibère souverainement sur toutes les questions qui lui sont soumises, pourvu qu'elles n'aient rien de contraire aux lois et à la jurisprudence.

Elle constitue, pour ainsi dire, l'âme même de la personne morale, suivant la propre expression de M. Thaller (*Traité élémentaire de droit commercial*, n° 681).

**190. Trois sortes d'assemblées.** — Il y a trois sortes d'assemblées générales d'actionnaires caractérisées chacune par la nature des questions sur lesquelles elles ont à délibérer. Ce sont :

1° Les assemblées générales constitutives ;

2° Les assemblées générales ordinaires ;

3° Les assemblées générales extraordinaires.

Enfin la loi du 16 novembre 1903, modifiant celle du 9 juillet 1902, sur les actions de priorité, a reconnu encore deux autres catégories d'assemblées générales : ce sont celles des porteurs d'actions ordinaires ou des porteurs d'actions de priorité qui ont à délibérer sur des modifications à apporter aux droits de l'une ou de l'autre de ces deux catégories d'actionnaires.

Nous laisserons de côté, pour le moment, les assemblées constitutives sur lesquelles nous aurons à revenir plus loin (*infrà*, nᵒˢ 249 et suiv.) et nous ne nous occuperons, sous le présent titre, que des autres catégories d'assemblées.

## SECTION II. — Règles communes aux assemblées générales ordinaires et extraordinaires.

**191. Composition.** — Pour prendre part aux assemblées générales, il faut être actionnaire ou le représentant légal d'un actionnaire (mari, tuteur, etc.), c'est-à-dire, être propriétaire d'actions de numéraire (ordinaires ou de priorité), d'action d'apport ou d'actions de jouissance.

**191 *bis*. Mandataires.** — Les statuts stipulent généralement que tout actionnaire ayant le droit d'assister à l'assemblée générale pourra se faire représenter par un mandataire déjà membre de cette assemblée. Dans le silence des statuts le mandataire pourrait être choisi même en dehors de la société (Houpin, n° 871).

Le pouvoir doit être établi sur timbre de dimension, mais son enregistrement n'est pas exigé.

**192. Quorum.** — Le quorum est le nombre d'actions ou, plus exactement, la fraction du capital social qui doit être représentée à l'assemblée pour que celle-ci puisse délibérer valablement.

*A. Commandites par actions.* — La loi n'a fixé aucun quorum de présence pour les assemblées des commandites par actions. Elle a seulement stipulé (art. 4) que les délibérations de la première assemblée constitutive appelée à nommer des commissaires vérificateurs des apports et avantages, et de la deuxième assemblée appelée à se prononcer sur le rapport de ces commissaires devront réunir une majorité comprenant le quart des actionnaires, et le quart du capital numéraire (art. 4)(V. *infrà*, n° 260). Enfin la loi du 16 décembre 1903 a étendu aux commandites par actions les prescriptions de l'article 31 de la loi de 1867 lorsqu'elles auraient à émettre des actions de priorité. Par conséquent les assemblées générales ayant à délibérer sur cette question doivent, même dans les commandites par actions réunir la moitié au moins du capital social.

*B. Sociétés anonymes.* — La loi n'a exigé un quorum de *présence* que pour les sociétés anonymes et le quorum varie suivant que l'assemblée est :

*Constitutive.* — (Moitié du capital numéraire, non compris les actions d'apport) (art. 30) (V. *infrà*, n° 261).

*Ordinaire.* — (Quart du capital) (V. *infrà*, n° 358).

*Ou extraordinaire.* — (Moitié du capital social) (art. 31 de la loi) (V. *infrà*, n° 368).

Le quorum légal n'est d'ailleurs qu'un minimum que les statuts peuvent rendre plus élevé, notamment pour les assemblées qui auraient à prendre d'importantes délibérations, par exemple pour autoriser une émission d'obligations, hypothéquer les immeubles sociaux, etc.

**193. Droit de vote.** — Dans le silence des statuts, M. Thaller (*Traité de droit commercial*, n° 683) admet le principe du vote par *intérêt* et non par *tête*, de sorte que, suivant lui, chaque actionnaire a autant de voix qu'il possède d'actions.

M. Houpin, au contraire, estime que, dans ce même cas, chaque actionnaire n'a droit qu'à une seule voix, quel que soit le nombre d'actions possédées par lui (1).

Mais cette difficulté ne se rencontre généralement pas en pratique ; il est en effet d'un usage constant, par application de l'article 27 de la loi de 1867, de fixer par les statuts le nombre d'actions nécessaires pour pouvoir participer avec une voix aux assemblées générales et cette stipulation fait la loi de toutes les assemblées qu'elles soient ordinaires ou extraordinaires.

Seules, échappent à ces prescriptions statutaires, les assemblées générales constitutives de la société anonyme et celles appelées à

______

(1) Cf. Duverger, n° 288 ; Lyon-Caen et Renault, n° 854 ; Pont, n° 1676 ; Vavasseur, n° 170 ; Troplong, n° 722.

se prononcer sur la dissolution anticipée de cette même société pour cause de perte des trois quarts du capital social (art. 27, § 3 et art. 37) ; tous les actionnaires même ceux possédant une seule action, ont le droit de participer, par leur vote, à ces assemblées spéciales.

**194. Groupement.** — La loi du 1er août 1893, afin de permettre l'accès des assemblées aux petits actionnaires, a autorisé ceux qui ne possèdent pas le nombre d'actions exigé par les statuts, à se réunir et à se grouper entre eux pour former le nombre nécessaire et à se faire représenter à l'assemblée par l'un d'eux.

Mais cette faculté de groupement ne s'applique qu'aux sociétés anonymes.

Doit-elle être étendue aux commandites par actions ?

Non, si l'on s'en tient au texte de la loi (Houpin, n° 869).

Oui, si l'on consulte son esprit et les travaux préparatoires (V. Bouvier-Bangillon, p. 117 et suiv.).

MM. Lyon Caen et Renault qui traitent la question, déclarent qu'il est fâcheux que la disposition nouvelle soit faite pour les sociétés anonymes à l'exclusion des sociétés en commandite (Appendice, *Traité de droit commercial*). Mais on y suppléera par une disposition statutaire permettant le groupement dans ces sociétés.

Au surplus cette disposition de la loi de 1893 ne s'applique pas aux sociétés créées antérieurement à cette loi (Thaller, n° 683, dernier alinéa ; Houpin, n° 869 et autorités citées).

**195. Majorité.** — La majorité doit-elle être formée de la moitié plus une des voix des membres *présents* ou seulement des *membres participant au vote*, s'il se produit des abstentions ?

Nous estimons avec M. Thaller (n° 683) que la majorité doit se calculer sur le total des actions qui *participent* au vote, les actions de ceux qui pratiquent l'abstention ne devant point compter.

« Les abstentionnistes », dit M. Thaller, « s'en rapportent à ce « que la majorité décidera en dehors d'eux. Pourquoi ne concou-

« rent-ils pas à la former ? C'est la pratique générale des assem-
« blées. La loi de 1867 ne s'en est pas écartée (1).

**196. Maximum de voix.** — A l'exception des assemblées
constitutives pour lesquelles l'article 27 de la loi a fixé un maximum de dix voix pour chaque porteur d'actions, la loi n'a pas limité le nombre des voix dont peut disposer chaque actionnaire,
de sorte que les statuts pourraient valablement stipuler que chaque membre de l'assemblée aura autant de voix qu'il possédera
d'actions ou de fois tant d'actions.

Il est regrettable, à notre avis, qu'aucune limite n'ait été imposée par la loi. Il suffirait, en effet, qu'un actionnaire possédât
la moitié plus une de toutes les actions pour rendre toute assemblée illusoire. Par ce moyen le sort de la société serait à la merci
de la volonté d'un seul et on pourrait dire justement qu'il n'y a
plus d'assemblée générale.

Aussi, dans la pratique, on a l'habitude de limiter le nombre des
voix afin que le vote des gros actionnaires n'écrase pas les votes
réunis des petits porteurs.

Nous conseillons aux rédacteurs des statuts de fixer le maximum des voix de manière que tout actionnaire, quel que soit le
nombre de ses actions, puisse, mathématiquement parlant, être
mis en minorité par la coalition de tous les autres porteurs d'actions.

SECTION III. — Situation particulière de certains actionnaires. — Leur admission à l'assemblée.

**197. Usufruitier et nu-propriétaire.** — Les auteurs sont
partagés sur le point de savoir lequel, de l'usufruitier ou du nu-
propriétaire, doit figurer à l'assemblée (V. Houpin , n° 861 ;
Rousseau, n° 2326 ; Lyon-Caen et Renault, n° 845). Sans doute,

(1) Cf. Seine, 24 juillet 1883 ; Paris, 24 juin 1884. — V. cependant Houpin, n° 882 ; Rousseau, n° 2382.

si les actions sont au porteur, c'est celui au nom duquel sera effectué le dépôt prescrit par les statuts qui sera admis à l'assemblée (Wahl, *Titres au porteur*, n° 1160). Mais la difficulté surgit en présence de titres nominatifs et, à défaut d'entente entre l'usufruitier et le nu-propriétaire, nous pensons avec MM. Rousseau, Lyon-Caen et Renault que le nu-propriétaire devrait être préféré. Cependant, M. Houpin estime que l'usufruitier est mieux qualifié que le nu-propriétaire pour voter aux assemblées ordinaires annuelles appelées à délibérer sur le bilan, les comptes et la fixation du dividende (Houpin, *loc. cit.*).

**198. Nantissement.** — L'actionnaire qui a remis ses actions en nantissement, conservant son droit de propriété, doit être admis à l'assemblée et le créancier nanti doit effectuer le dépôt des titres pour permettre l'exercice de ce droit (Houpin, n° 862 ; Rousseau, n° 2328 ; Paris, 6 janvier 1899 ; Lyon, 21 novembre 1894 ; Seine, 13 février 1897 ; Lyon-Caen et Renault, n° 845).

**199. Saisie-arrêt.** — L'arrêt de la Cour de Paris du 6 janvier 1897 reconnaît ce même droit à l'actionnaire dont les titres sont frappés de saisie-arrêt (Houpin, n° 863 ; Rousseau, *loc. cit.*).

**200. Vente à terme.** — Le propriétaire des actions a le droit de vote, alors même qu'il ne devrait conserver ses titres que temporairement parce que, les ayant achetés au comptant, il les a revendus à terme (Rousseau, n° 2329 et autorités citées).

**201. Actions en report.** — Celui qui a fait une opération de report est propriétaire des titres par lui achetés ; il peut donc assister aux assemblées générales (n° 864). Il importe peu d'ailleurs que l'opération de report ait été inspirée par le désir des reporteurs de faire partie de l'assemblée générale, dès lors qu'il n'est pas établi que le but de la combinaison ait été de constituer une majorité factice (Houpin, n° 744 ; Rousseau, n°s 2330-2331 ; Paris, 6 juillet 1892 ; Cass., 18 juin 1895).

**202. Actions d'apport cédées.** — Nous avons vu que les actions d'apport qui doivent, pendant deux ans, demeurer à la souche ne peuvent, avant l'expiration de ce délai, être cédées que par les voies civiles. M. Houpin (n° 865) émet des doutes sur le droit des cessionnaires de ces actions d'assister aux assemblées générales.

Nous estimons cependant que les cessionnaires par les voies civiles d'actions d'apport doivent être, sans hésitation, admis au vote (Cf. Bouvier-Bangillon, p. 141 ; Lyon-Caen et Renault, n° 732 ; Goirand, n° 635 ; Lille, 11 octobre 1898 ; Seine, 29 juillet 1899).

Puisque la cession civile d'actions d'apport est légale (V. *suprà*, n° 15), elle doit produire tous ses effets juridiques et le titre cédé passe aux mains du cessionnaire avec tous les droits attachés à ce titre.

**203. Dépôt de titres.** — Pour permettre à la société de connaître quels sont ses actionnaires, lorsque les titres sont au porteur, il est d'usage de stipuler, par les statuts, que les actionnaires qui voudront prendre part à l'assemblée devront effectuer le dépôt de leurs actions au porteur, soit dans la caisse sociale, soit dans tout autre lieu désigné, un certain nombre de jours avant l'assemblée. Il est remis en échange une carte d'admission à l'assemblée.

Dans le silence des statuts, le dépôt pourrait être effectué jusqu'au moment même de la réunion.

Les titres nominatifs sont exemptés de cette formalité.

Au lieu des actions elles-mêmes, l'actionnaire peut déposer le récépissé d'une maison de banque à laquelle les titres ont été confiés en garde (Marseille, 22 décembre 1885) (Bruxelles, 18 janvier 1899).

**204. Dispositions particulières aux assemblées générales ordinaires et extraordinaires.** — Comme nous avons

subordonné nos explications, dans cet ouvrage, à l'ordre chronologique des faits de la vie sociale, nous étudierons les règles particulières aux différentes natures d'assemblées lorsque le moment
sera venu de leur réunion (V. *infrà*, n°⁵ 249 et suiv., 353 et
suiv.).

Il nous suffira d'indiquer ici, puisque nous nous occupons plus
spécialement de la rédaction des statuts, qu'il est prudent, dans
cette rédaction, d'énumérer les principaux pouvoirs de chacune
des assemblées, notamment en ce qui concerne les assemblées
extraordinaires.

Nous verrons en effet que, dans bien des cas et lorsqu'il s'agit
de délibérer sur des points importants non prévus aux statuts, le
défaut d'une prévision statutaire rend nécessaire l'*unanimité* de
tous les actionnaires, chose presque toujours impossible à obtenir.


# CHAPITRE XI

INVENTAIRE. — RÉPARTITION DES BÉNÉFICES.


**205. Inventaire.** — Chaque année, à la date fixée pour la
clôture de l'exercice social, il est établi un inventaire conformément à l'article 9 du Code de commerce qui contient la relation,
d'une part, de tous les éléments d'actif de la société et, d'autre
part, de toutes les dettes sociales. En outre la loi impose aux sociétés anonymes de dresser chaque semestre un état sommaire
de leur situation active et passive. Cet état est mis à la disposition
des commissaires (*infrà*, n° 349).

**206. Bénéfices.** — La différence entre l'actif et le passif constitue les bénéfices de la société.

**207. Fonds de réserve.** — Sur les bénéfices nets, la loi exige
(art. 36) qu'il soit prélevé le 1/20 (soit 5 0/0) au moins pour

constituer une réserve légale. Cette réserve est destinée à pourvoir aux besoins urgents et inattendus et à couvrir des pertes extraordinaires (Houpin, 926). Elle a été établie dans l'intérêt des créanciers et à l'effet de couvrir le déficit sur le *capital social* (Thaller, *Ann. de droit comm*, 1895, n° 241). Elle peut cesser d'être prélevée lorsque le fonds de réserve a atteint le dixième du capital social ; elle reprend son cours lorsque le fonds de réserve vient à être entamé.

Le prélèvement du 5 0/0 pour la réserve légale est obligatoire, alors même que les statuts ne l'auraient pas prévu formellement. Le défaut de ce prélèvement n'entacherait pas la société de nullité, mais il y aurait distribution de dividendes fictifs sujets à répétition, engageant la responsabilité des administrateurs et des commissaires.

**208. Bénéfices nets.** — Les bénéfices nets sur lesquels doit être effectué le prélèvement de la réserve légale comprend les bénéfices de l'exploitation, déduction faite des frais généraux.

Dans les frais généraux doivent être compris les dépenses de l'entreprise de toute nature, les intérêts des emprunts et les émoluments du personnel et autres frais de bureau.

On peut même y comprendre, suivant l'opinion la plus généralement admise, les intérêts annuels des sommes dont les actions sont libérées comme représentant le loyer naturel de l'argent à la condition, bien entendu, que ces intérêts aient été stipulés par les statuts et que leur prélèvement ait été ordonné comme devant être fait avant le calcul de la réserve légale (Rousseau, n° 2547 ; Houpin, n° 931 ; Lyon-Caen et Renault, t. II, n° 900).

**209. Sociétés à concession temporaire.** — Dans les sociétés constituées depuis la loi de 1867, exploitant des concessions temporaires et dont les établissements doivent faire retour gratuitement à l'autorité concédante en fin de concession, nous avons soutenu (Voir notre *Étude sur les actions de jouissance et l'a-*

*mortissement du capital,* p. 57), que, pour maintenir le capital social dans son intégrité, il était nécessaire de faire subir, d'une part, aux établissements destinés à disparaître une diminution annuelle proportionnelle calculée d'après la durée de la concession et, d'autre part, de compenser cette réduction par un prélèvement sur les bénéfices de pareille somme destiné à alimenter un fonds de reconstitution du capital.

Comme cette double opération n'a d'autre but que de maintenir le capital social en son entier, nous estimons que le prélèvement opéré de ce chef et qui aura pour conséquence de diminuer le chiffre des bénéfices nets doit être opéré avant le calcul de la réserve légale (V. Thaller, n° 588).

**210. Emploi des fonds.** — La loi ne prescrit pas d'emploi déterminé pour le fonds de réserve. Pour que le vœu de la loi soit rempli et si les statuts n'ont pas prescrit un emploi spécial, il suffit d'ouvrir un compte créditeur à la réserve qui figurera au passif des bilans et qui s'équilibrera nécessairement avec un actif correspondant.

De cette manière la société aura, en biens quelconques, fût-ce en valeurs demeurées dans son fonds de roulement, la représentation du fonds de réserve (Thaller, n° 660).

Le fonds de réserve ne saurait être employé, même en vertu d'une disposition des statuts, au rachat ou à l'amortissement d'une partie des actions de la société (Thaller, n° 664 ; Rousseau, n° 2548 *bis.* — *Contrà*, Lyon-Caen et Renault, n° 883).

Il peut cependant servir à combler des pertes subies par la société (Thaller, *Ann. de dr. comm.*, 1895, p. 233 ; Rousseau, n° 2568 ; Houpin, n° 986 et *Journ. Soc.*, 1901, p. 195.

**211. Commandites par actions.** — La loi n'a prescrit la nécessité d'une réserve légale que dans les sociétés anonymes. Elle est donc facultative dans les sociétés en commandite par actions.

**212. Réserves supplémentaires.** — Dans bien des sociétés il est créé, indépendamment de la réserve légale, d'autres réserves sous des rubriques différentes telles que fonds de prévoyance, fonds d'amortissement, etc.

La création de ces réserves supplémentaires résulte soit des statuts, soit même uniquement d'une délibération de l'assemblée générale. Mais dans ce dernier cas, il est nécessaire que les statuts aient accordé à l'assemblée le pouvoir de prendre une telle délibération.

Comme la création de réserves supplémentaires jugée inutile à la fondation de la société peut devenir opportune au cours de la vie sociale, nous conseillons aux rédacteurs des statuts d'accorder toujours ce droit à l'assemblée, car ce qui abonde ne peut nuire et le fondateur vigilant doit envisager toutes les éventualités qui peuvent se produire au cours de la vie sociale (V. *suprà*, n° 161).

**213. Amortissement du matériel.** — Il est d'usage dans les inventaires de faire subir annuellement aux immeubles et au matériel un amortissement de *tant* pour cent afin de tenir compte de leur dépréciation ou de leur usure.

Malgré une décision de la Cour de Lyon du 31 juillet 1897 qui admet que les amortissements n'ont pas besoin d'être prévus par les statuts, nous pensons avec M. Rousseau (n° 3563) que des statuts sagement rédigés doivent prévoir l'amortissement industriel aux inventaires, à défaut de quoi cet amortissement pourrait être critiqué quoique s'exerçant directement sur le capital et avant toute fixation des bénéfices nets puisque, en définitive, il aurait pour résultat d'abaisser d'autant le chiffre de ces bénéfices.

**214. Amortissement des actions.** — Souvent les sociétés prévoient la constitution d'un fonds d'amortissement des actions qui fait ensuite l'objet d'une distribution périodique à un certain nombre d'actionnaires désignés par le sort qui reçoivent ainsi la parité de leurs titres.

C'est ce qu'on appelle, *improprement* suivant nous, l'amortissement du capital actions, et nous nous sommes expliqué longuement
sur la portée juridique de l'opération dans notre *Etude sur les
actions de jouissance et l'amortissement du capital dans les sociétés
par actions*.

En remplacement de l'action remboursée (*apparemment du
moins*), l'actionnaire reçoit un autre titre appelé *action de jouissance* donnant à son porteur les mêmes droits que le titre primitif.

Cet amortissement est parfaitement licite ; il se pratique surtout dans les sociétés exploitant des concessions temporaires, mais,
pour qu'il puisse fonctionner, il faut qu'il ait été prévu par les
statuts ou décidé par une délibération de l'assemblée générale
prise en conformité d'une prévision statutaire.

**215. Fonds de prévoyance pour le personnel. —** Certains statuts autorisent le prélèvement d'une portion des bénéfices pour être distribuée entre les employés et ouvriers de la
société suivant décision du conseil d'administration.

C'est là un mode de participation aux bénéfices des plus loua-
bles et que nous ne saurions trop encourager ; il est même à
souhaiter qu'il se développe chaque jour davantage.

Certaines sociétés ont pu, par ce moyen, solutionner dans leur
sein la question des retraites ouvrières.

**216. Répartition du solde. Dividende distribué. —**
Ce qui reste disponible sur les bénéfices nets, après le prélèvement
de la réserve légale et des réserves extraordinaires, représente la
portion des bénéfices disponibles pour être distribués annuellement à titre de dividendes.

Sur ces bénéfices mis en distribution, les statuts ont toute
latitude pour en attribuer une fraction, comme il est d'usage de
le faire, savoir :

1° Au gérant des commandites par actions (V. *suprà*, n° 131) ;

2° Au conseil d'administration ou à ses agents dans les sociétés anonymes (*suprà*, n° 141).

Un prélèvement pourrait être stipulé aussi au profit des membres du conseil de surveillance des commandites par actions.

Enfin, lorsqu'il existe des parts de fondateurs (ou bénéficiaires), le solde disponible est réparti dans des proportions déterminées entre les porteurs de parts et les actionnaires.

Chaque action a un droit égal aux dividendes à moins que, sous l'empire de la loi du 16 novembre 1903, il ait été créé des actions de priorité auxquelles les statuts auraient accordé un droit supérieur sur les bénéfices par rapport aux actions ordinaires.

Dans certaines sociétés on stipule que les actions de numéraire seules auront droit à l'intérêt ou premier dividende. Une telle stipulation fait de ces actions de numéraire de véritables actions de priorité à l'égard des actions d'apport qui sont des actions ordinaires.

**217. Prescription.** — Les intérêts et dividendes échus et non perçus sont prescrits par cinq ans au profit de la société.


## CHAPITRE XII

### DISSOLUTION. — LIQUIDATION.


Comme nous nous proposons d'étudier, sous un chapitre spécial, les questions relatives à la dissolution et à la liquidation de la société par actions, nous nous bornerons, quant à présent, à parcourir les stipulations qu'il est utile d'insérer aux statuts concernant la dissolution anticipée et la liquidation qui en est la conséquence.

**218. Durée. Essence du contrat.** — La durée est une des

conditions essentielles de la société par actions ; par conséquent
la dissolution anticipée, sauf le cas prévu par l'article 37 de la loi
de 1867, ne saurait être prononcée, en principe, par l'assemblée
qu'à la condition que la délibération réunisse l'unanimité de tous
les actionnaires.

**219. Dissolution volontaire.** — Or, comme en dehors du
cas de perte des trois quarts du capital social prévu par l'article 37, il peut se présenter des circonstances où il y a intérêt à
décider la dissolution anticipée et la liquidation, il est prudent
de donner statutairement à l'assemblée générale extraordinaire le
droit de prononcer cette dissolution (V. sur cette question intéressante, Thaller, *Ann. de dr. comm.*, 1894, p. 177 ; Rousseau,
n° 2576 ; Houpin, n° 909.— V. aussi arrêt de la Cour de cassation
du 29 avril 1897).

**220. Sociétés constituées pour l'exploitation de lignes
de chemins de fer d'intérêt local et de tramways.** — Le
Conseil d'Etat, à l'approbation duquel sont soumis les statuts des
sociétés de cette nature pour permettre la subrogation au profit
de la société des droits du concessionnaire apporteur, ne veut pas
laisser aux sociétés la faculté de liquider à leur gré, avant la fin ou
la déchéance de la concession. En conséquence sont rejetées par
le Conseil d'Etat les clauses des statuts qui permettent la dissolution anticipée, hors le cas de perte des trois quarts du capital, et
sans que soient remplies les conditions prévues à l'article 10 de
la loi du 11 juin 1880.

Nous croyons utile de donner, ci-dessous, la clause des statuts,
sur cet objet, proposée par le service des ponts et chaussées et qui
a déjà reçu, dans diverses espèces, l'approbation du Conseil
d'Etat :

« La société ne pourra volontairement provoquer sa dissolution
« et sa mise en liquidation avant d'avoir accompli l'objet en vue
« duquel elle a été constituée ; elle ne pourra céder tout ou partie

« de la concession, louer l'exploitation des lignes ou fusionner ou
« faire alliance avec d'autres sociétés sans les autorisations exi-
« gées par l'article 10 de la loi du 11 juin 1880. Néanmoins, sur
« la proposition du conseil d'administration, une assemblée géné-
« rale extraordinaire pourra décider, à toute époque, la dissolution
« anticipée de la société, mais cette dissolution, si elle n'est pas la
« conséquence d'une disposition légale, ne pourra avoir d'effet
« qu'autant qu'elle aura été précédée, soit du rachat ou de la dé-
« chéance, soit du transfert de la concession à une autre société
« dans les conditions prévues à l'article 10 de la loi du 11 juin
« 1880. »

**221. Perte des trois quarts du capital social.** — L'article 37 de la loi de 1867 dispose qu'en cas de perte des trois
quarts du capital, dans les sociétés anonymes, les administrateurs
*sont tenus* de réunir l'assemblée générale de *tous* les actionnaires
à l'effet de décider, s'il y a lieu ou non, de prononcer la dissolution de la société. La résolution de l'assemblée, dans tous les cas,
doit être rendue publique, c'est-à-dire dûment publiée, même si
l'assemblée a décidé la continuation de la société. Cette disposition de la loi ne s'applique pas aux commandites.

A défaut de cette convocation par les administrateurs, elle peut
être faite par les commissaires (art. 33 de la loi de 1867 dernier
alinéa).

Si cette convocation n'était faite ni par les administrateurs ni
par les commissaires dont la responsabilité pourrait être alors
engagée, comme aussi dans le cas l'assemblée n'aurait pu se
constituer régulièrement, tout intéressé (actionnaire ou créancier)
peut demander la dissolution de la société devant les tribunaux.

**222. Moins de sept actionnaires.** — Sur la demande de
toute personne intéressée, les tribunaux ont le pouvoir, purement
facultatif d'ailleurs, de prononcer la dissolution anticipée de la

société lorsque depuis une année le nombre des actionnaires est tombé au-dessous de sept (art. 38).

**223. Commandites par actions.** — Dans les sociétés en commandite par actions, le conseil de surveillance peut convoquer l'assemblée générale et, conformément à son avis, provoquer la dissolution de la société (art. 11 de la loi de 1867). Mais, pour atteindre ce but, le conseil de surveillance ne pourrait s'adresser directement aux tribunaux sans consulter, au préalable, l'assemblée générale (Pont, n° 1513 ; Rousseau, n° 2592 ; Houpin, n° 763).

D'ailleurs, dans le silence des statuts, le droit de dissoudre la société en commandite par actions appartient uniquement aux tribunaux : il est donc prudent, pour éviter de recourir à l'autorité judiciaire, de conférer par les statuts à l'assemblée générale le pouvoir de prononcer la dissolution anticipée (Paris, 20 mai 1869 ; Rousseau, n° 2593).

**224. Liquidateurs.** — L'assemblée qui prononce la liquidation nomme le liquidateur unique ou les liquidateurs conjoints qui doivent procéder à la liquidation de la société. Ces liquidateurs peuvent être étrangers à la société.

Bien que cela se rencontre rarement, les statuts pourraient désigner à l'avance la personne appelée à remplir les fonctions de liquidateur.

**225. Pouvoirs.** — La dissolution de la société met fin aux pouvoirs des administrateurs qui passent aux mains des liquidateurs.

Il convient d'indiquer aux statuts les pouvoirs à conférer aux liquidateurs qui dépassent les actes de l'administration courante, tels que le pouvoir de vendre, même à l'amiable, aux enchères ou de gré à gré, les biens mobiliers et immobiliers de la société ; mais il est préférable de donner à l'assemblée générale le soin d'en décider.

L'assemblée générale, si elle y a été autorisée par les statuts, peut donner aux liquidateurs le pouvoir de fusionner avec une autre société ou de faire apport de l'actif à d'autres sociétés, même moyennant la remise d'actions d'apports de la société nouvelle (Rousseau, n° 2611 ; Cass., 17 août 1875 ; Houpin, n° 959).

**226. Responsabilité.** — Les liquidateurs, de même que les administrateurs, répondent de leurs fautes, notamment en accomplissant des actes dépassant les limites de leur mandat et des pouvoirs qui leur ont été conférés par la loi, les statuts ou l'assemblée générale.


# CHAPITRE XIII

### CONTESTATIONS.

**227.** Aux termes de l'article 17 de la loi de 1867 que l'article 39 a rendu applicable aux sociétés anonymes, des actionnaires représentant le vingtième au moins du capital social peuvent, dans un intérêt commun, charger à leurs frais un ou plusieurs mandataires de soutenir, tant en demandant qu'en défendant, une action contre les gérants (ou administrateurs) ou contre les membres du conseil de surveillance et de les représenter, en ce cas, en justice (action sociale) sans préjudice de l'action que tout actionnaire peut intenter individuellement et en son nom personne (action individuelle).

Les statuts des sociétés par actions réglementent ordinairement le mode de procédure à suivre par les actionnaires qui ont des contestations à élever contre la société ou ses agents.

Nous traiterons cette question (*infrà*, n°ˢ 431 et suiv.) en étudiant les *Actions en justice*.

# CHAPITRE XIV

## CONSTITUTION DE LA SOCIÉTÉ.

**228.** Les opérations de constitution étant d'une importance capitale pour la validité de la société, les statuts de bien des sociétés énumèrent les formalités à remplir pour parvenir à la constitution définitive.

Cette énumération, si elle n'est pas indispensable, est au moins prudente.

Elle permet à tous les intéressés, fondateurs, gérants, administrateurs, commissaires et actionnaires qui ne sont pas toujours familiarisés avec les prescriptions légales de surveiller la régularité des opérations.

A ce titre nous ne pouvons que conseiller cette relation dans les statuts.

# TITRE IV

## FORMATION DU CAPITAL SOCIAL



**229.** — Le capital social est formé, soit en totalité en espèces, soit partie par des apports en nature et partie en espèces, soit en totalité par des apports en nature.

Les apports en nature sont le plus souvent représentés par des actions entièrement libérées (loi du 1ᵉʳ août 1893, art. 2ᵉ) dites *actions d'apport* (V. *suprà*, n°ˢ 11 et suiv.)

Les apports en numéraire sont représentés par des actions dites *de numéraire* remises aux souscripteurs en échange du versement en espèces de la valeur de ces actions.

La réunion des actions d'apport et des actions de numéraire forme le *capital social*.

## CHAPITRE PREMIER

### SOUSCRIPTION DES ACTIONS DE NUMÉRAIRE.

**230. Définition.** — La souscription est le fait par une personne de se constituer preneur d'une ou de plusieurs actions (Thaller, n° 511) et de s'obliger à en verser le montant.

**231. Mode.** — Bien que la loi n'ait édicté aucun moyen pour constater la souscription aux actions d'une société qui se fonde, ou qui augmente son capital si elle est déjà fondée, la société a besoin d'avoir en mains un titre qui lui permettra, le cas échéant, de forcer l'actionnaire à exécuter l'engagement de verser qui résulte, pour lui, de sa souscription.

Il est donc nécessaire de mettre cet élément de preuve aux mains de la société qui, sans cela, se trouverait entièrement désarmée en présence de souscripteurs défaillants. C'est pourquoi, à défaut d'une prescription légale, la pratique a créé ce titre nécessaire sous la forme du *bulletin de souscription*.

**232. Forme.** — Le bulletin de souscription est un acte unilatéral, quant à la forme, établi pour chaque souscription et par lequel le futur actionnaire, en indiquant le nombre d'actions par lui souscrites, s'oblige à libérer ces actions du montant de leur valeur de la manière et aux époques fixées par les statuts auxquels il déclare adhérer.

**233. Timbre.** — Le bulletin doit être rédigé sur papier timbré (0 fr. 60) (Loi du 13 brumaire an VII, art. 12, n° 1. Loi du 2 juillet 1862, art. 17, Loi du 23 août 1871, art. 2).

Cette obligation du timbre est une gêne pour les fondateurs.

Les bulletins, surtout lorsque la souscription est ouverte au public, sont imprimés en grande quantité ; beaucoup d'entre eux seront inutilisés et ce déchet inévitable représenterait une dépense assez considérable faite en pure perte si les bulletins étaient d'avance timbrés.

Aussi, bien des fondateurs passent outre à cette obligation fiscale et laissent les bulletins de souscription sur papier libre ; c'est évidemment beaucoup plus commode, mais nous devons critiquer ce procédé, car le fondateur expose la société à des amendes de timbre le jour où elle devra poursuivre des souscripteurs en retard de leurs versements.

On ne doit pas perdre de vue d'autre part que les agents du fisc, ainsi que nous le verrons *infrà* (n° 492), ont un droit de vérification très étendu sur les documents sociaux et qu'ils ne manquent jamais de relever les infractions à la loi fiscale qu'ils découvrent au cours de leurs investigations. Sans doute les bulletins de souscription, n'étant pas prescrits par la loi pour la constitution régulière de la société, on aurait la ressource de nier leur existence, surtout si les actions étaient entièrement libérées, mais c'est là un argument auquel il ne peut convenir de s'arrêter dans une étude sérieuse.

Un moyen pratique que nous avons vu employer, basé sur une simple tolérance de l'administration de l'Enregistrement, consiste dans la façon de procéder suivante :

Les bulletins de souscription sont signés sur papier libre, mais *non datés*.

Moyennant ce défaut de date, les receveurs consentent à timbrer à l'extraordinaire les bulletins quoique signés des souscripteurs. De cette manière on est certain de ne soumettre à la formalité du timbre que les bulletins utilisés.

Il sera toujours facile, d'ailleurs, par une comptabilité séparée qu'on aura eu le soin de tenir, de rétablir la date exacte de chaque souscription qui sera indiquée après coup sur chaque bulletin utilisé et timbré.

**234. Contrat lié.** — Bien que le bulletin de souscription soit un acte unilatéral par sa forme extérieure puisqu'il ne porte que l'engagement et la signature du souscripteur, la souscription elle-même, dès qu'elle est définitive, c'est-à-dire dès que le bulletin signé est remis au fondateur ou à ses agents, devient un contrat synallagmatique conclu entre le fondateur et le souscripteur (Rousseau, n° 1627 ; Lyon-Caen et Renault, n° 686 *bis* ; Houpin, n° 452 ; Pont, n° 880 ; Trib. comm. Seine, 2 mai 1894 ; Trib. comm. Lyon, 12 février 1900).

Le fondateur, par les statuts qu'il a établis, a dressé, pour ainsi dire, le cahier des charges de la souscription que le souscripteur a ensuite accepté par la signature de son bulletin.

L'engagement du souscripteur est définitif ; celui du fondateur n'existe, cependant, que sous la condition suspensive que toutes les actions émises seront souscrites et que la société pourra être constituée définitivement.

Il est à remarquer toutefois que le fondateur, en différant, au delà d'un délai normal, de parfaire la souscription entière du capital et de procéder à la constitution définitive de la société, ne pourrait maintenir en suspens indéfiniment les intérêts du souscripteur et celui-ci serait fondé à demander l'annulation de sa souscription et le remboursement pur et simple de son versement (Houpin, n° 453 ; Rousseau, n° 1664 ; Lyon-Caen et Renault, n° 694 ; Seine, 29 mai 1880 ; Cass., 11 juin 1887).

**235. Epoque de l'émission.** — De ce que nous venons de dire, il résulte que l'émission des actions ne doit être ouverte qu'après que les statuts ont été établis. Les souscripteurs doivent connaître les bases du contrat auquel ils se lient, sinon la souscription ne serait pas sérieuse et sa nullité, suivant nous, pourrait être obtenue. La simple logique, du moins, nous fait raisonner ainsi. Cependant M. Thaller (n° 506) pense que les fondateurs pourraient transposer l'ordre des faits. D'après lui une souscription donnée sur une simple relation verbale du projet de société serait obligatoire et ainsi les fondateurs auraient le champ libre pour arrêter un tout autre texte que celui auquel le souscripteur s'attendait.

M. Thaller du reste ne fait que constater une pratique qu'il déplore et nous estimons qu'il sera toujours infiniment préférable, chaque fois que cela sera possible, que les statuts soient arrêtés avant toute chose. Ce n'est là, d'ailleurs, qu'une question d'ordre secondaire sans influence sur la régularité de la constitution et dont l'intérêt réside en entier dans le droit de poursuites, que le fondateur doit réserver, pour lui d'abord et pour la société ensuite, à l'encontre des souscripteurs défaillants.

**236. Conditions de validité.** — Les souscriptions, dit M. Thaller (n° 514), doivent être :

1° *Complètes*, c'est-à-dire qu'elles doivent s'étendre à toute la fraction du capital émise contre espèces.

2° *Loyales et sincères*. — Les actionnaires doivent être sérieux et représenter une surface suffisante, eu égard au nombre d'actions souscrites. Les souscriptions fictives entraînent la nullité de la société (Rousseau, n° 1639 et autorités citées ; Houpin, n° 450 ; Lyon-Caen et Renault, n°s 688 et 693) et la jurisprudence a annulé des sociétés qui comptaient parmi les souscripteurs de simples hommes de paille des fondateurs, employés ou accolytes, recevant des fondateurs l'argent nécessaire à la libération de leurs titres (Thaller, n° 516).

3° *Fermes et irrévocables*. — En d'autres termes, il faut que l'engagement soit formel, pur et simple et sans condition. M. Thaller ajoute que la souscription doit comprendre, pour les sociétés anonymes, sept souscripteurs au moins (n°s 514-518), mais cette condition ne nous paraît essentielle que si le capital en entier doit être souscrit en espèces. Si, comme cela a lieu souvent, il existe des apports en nature rémunérés en actions, les attributaires de ces actions doivent être comptés pour former le minimum de sept actionnaires prévu par la loi et il suffira que le nombre des souscripteurs du capital numéraire représente la différence pour compléter le minimum légal de sept actionnaires.

**237. Capacité.** — Aux conditions précitées, nous devons ajouter la capacité civile résultant des règles du droit commun.

Si les actions sont entièrement libérées à l'origine, la souscription prend les caractères d'un acte d'administration (Rousseau, n° 1694) possible, par exemple, à la femme séparée de biens ou paraphernale, au mineur émancipé, à un tuteur.

Mais si les actions ne sont pas intégralement libérées à la souscription, la capacité nécessaire doit comporter le pouvoir de s'obliger (Rousseau, n° 1696).

Une société peut souscrire des actions à une autre société pourvu que le signataire du bulletin de souscription justifie des pouvoirs nécessaires à cet effet.

**238. Syndicat d'émission ou de garantie.** — Il arrive souvent, trop souvent à notre avis, que les fondateurs, au lieu de solliciter directement les souscriptions, s'adressent à des banquiers ou établissements de crédit et forment avec eux et les personnes ayant un intérêt plus ou moins considérable au succès de l'émission, une association appelée syndicat d'émission.

Les syndicataires, financiers importants ou influents, garantissent la souscription du capital et, grâce à leur concours, la société pourra se constituer rapidement.

A cet égard il faut reconnaître que les syndicats ont pu, dans bien des cas, rendre des services à l'industrie car, sans eux, d'importantes affaires n'auraient pu réunir, en temps opportun, les capitaux nécessaires à leur constitution.

Mais, à côté de ces services réels rendus par les syndicats, que d'abus et de désastres n'a-t-on pas eu à déplorer à la suite de ces combinaisons.

Aussi nous nous déclarons l'ennemi des syndicats d'émission ou, tout au moins, nous voudrions que le législateur pût en réglementer le fonctionnement.

Sans doute si les syndicataires se contentaient de la commission normale représentant le prix d'un service rendu, comme c'est le cas des maisons de banque soucieuses de leur bon renom, tout serait pour le mieux et il n'y aurait rien à redire.

Malheureusement, il n'est pas rare de voir des financiers peu scrupuleux qui, pour écouler aux conditions les plus avantageuses auprès de leur clientèle ou en Bourse, les titres dont ils sont chargés, soutiennent les cours et provoquent une hausse factice qui fera bientôt place à une baisse rapide et même à l'effondrement complet de la valeur, dès que les titres seront entièrement passés de leurs mains en celles d'une clientèle trop confiante ou trop crédule.

C'est ainsi que l'épargne publique fait trop souvent les frais des agissements d'agioteurs ou monteurs d'affaires que l'article 419 du Code pénal est impuissant à atteindre (V. arrêt de la Cour de cassation, ch. criminelle, du 30 juillet 1885 et l'intéressant rapport du conseiller Auger reproduit *in extenso* dans Rousseau, n° 1636).

La loi du 1er août 1893, en rendant innégociables pendant deux ans les actions d'apport, a voulu protéger le public contre l'agiotage des fondateurs.

Pourquoi ce qui est défendu pour les uns serait-il permis pour les autres ? Aussi, comme nous le disions plus haut, il serait à désirer que le législateur intervienne pour réglementer le fonctionnement des syndicats d'émission, dans l'intérêt de l'épargne publique et des sociétés elles-mêmes, qui retrouveraient, dans cette réglementation, la faveur à laquelle elles doivent prétendre. Mais nous ne nous dissimulons pas que cette réglementation serait bien difficile à établir.

**239. Taux d'émission.** — En aucun cas les actions ne peuvent être émises au-dessous du pair, soit qu'il s'agisse de la souscription du capital de constitution, soit qu'il s'agisse d'une simple augmentation du capital (Rousseau, n°s 1654 ; Wahl, n° 35 à 151 ; Houpin, n° 444).

L'émission a lieu ordinairement au pair, mais l'émission au-dessus du pair ne serait pas illicite (Houpin, *loc. cit.* ; Lyon-Caen et Renault, n°s 725 *bis*).

Cette dernière hypothèse peut même présenter quelques avantages, au cas d'une augmentation de capital, soit pour mettre les actions nouvelles sur le même pied que les anciennes dont les cours seraient en hausse, soit pour tenir compte des droits des actionnaires nouveaux aux réserves amassées antérieurement.

**240. Versement. Loi.** — Aux termes de l'article 1er de la loi du 24 juillet 1867 modifiée par la loi du 1er août 1893, les actions émises contre espèces doivent être libérées avant la constitution savoir :

1° De la totalité, si les actions n'excèdent pas 25 francs ;

2° Du quart (au moins), si les actions sont de 100 francs et au dessus (V. *suprà*, n° 17, pour les actions comprises entre 25 et 100 francs).

Bien entendu la loi n'a fixé qu'un minimum et les statuts ont toute liberté pour exiger le versement d'un chiffre supérieur ou même de la totalité de la valeur des actions.

Le versement du quart prescrit par la loi doit s'entendre dans le sens du versement sur *chaque* action souscrite et pour *chaque* souscripteur.

Le vœu de la loi ne serait pas rempli si le quart versé sur le capital social provenait de la libération totale des actions de certains souscripteurs, alors que d'autres n'auraient rien versé ou n'auraient versé qu'une partie de la fraction exigible sur leurs actions.

**241. Mode.** — Le versement doit rigoureusement avoir lieu en espèces (loi de 1893, art. 1er) ; il pourrait cependant avoir lieu :

1° Par virement de compte chez un banquier si le banquier du souscripteur est également celui chargé de centraliser les fonds de la souscription (Thaller, n° 523 ; Rousseau, n° 1704 ; Lyon-Caen et Renault, n° 699 ; Houpin, n° 459) ;

2° Avec des deniers prêtés par des tiers (Houpin, *loc. cit.* ; Paris, 18 mars 1897 ; Seine, 20 avril 1889 ; Lyon-Caen et Renault, n° 701).

Les prescriptions légales, en ce qui concerne la souscription du capital et le versement à effectuer sur chaque action, sont impérieuses et leur inexécution entacherait la société d'une nullité radicale telle, que cette nullité ne saurait être couverte ultérieurement par une ratification de l'assemblée générale.

La méthode du versement par voie de virement en banque offre des applications utiles dans la pratique. L'éminent professeur de la Faculté de Paris (M. Thaller, n° 524) en donne un exemple qu'il est intéressant de retenir :

Il suppose un industriel qui, désireux de mettre son établissement en société, veut éteindre son passif en s'adjoignant ses créanciers comme souscripteurs en numéraire sans astreindre ceux-ci au versement du quart afférent à leur souscription.

« Cet industriel », dit-il, « s'entendra pour cela avec un établissement de crédit qui lui ouvrira un crédit de somme égale et auquel on ordonnera de porter cette somme, d'autre part, au compte de la société par actions.

« Par là, sans doute, l'industriel devra rembourser la maison de banque. Mais c'est à quoi il parviendra encore, par voie d'écritures, pourvu toutefois qu'il ait des marchandises à concurrence de ce chiffre. Il vendra ces marchandises à la société par actions aussitôt constituée, et il en fera passer le prix à son compte chez le banquier en donnant ordre à celui-ci d'en débiter en même temps la société.

Toutes ces opérations sont alors balancées sans qu'il ait été besoin de verser un centime, ni pour rembourser le créancier devenu actionnaire, ni pour constituer le quart des actions de celui-ci auprès du siège social, ni pour payer le prix des marchandises du fondateur, ni pour solder le compte de celui-ci auprès de la banque. Et cependant *le principe du versement du quart est satisfait.*

**242. Epoque du versement. Constatation.** — Le versement sur les actions souscrites doit avoir lieu, soit au moment même de la souscription, ce qui est le plus pratique et évite des difficultés et des lenteurs, soit postérieurement pourvu que le versement soit effectué avant la déclaration notariée que le fondateur doit en faire (*infrà*, n° 245).

Les versements sont ordinairement constatés par des reçus délivrés, soit par le fondateur, soit par le banquier chargé de recevoir les fonds. C'est ce reçu, dont il convient de conserver la souche au dossier de constitution, qui sera ultérieurement échangé contre le titre provisoire d'action lorsque la société sera constituée.

**243. Centralisation des fonds.** — La loi n'ayant pas indiqué aux mains de qui seront versés les fonds, le fondateur a toute liberté pour prescrire le paiement soit en ses mains, soit chez un notaire, ou soit, comme cela a lieu de plus en plus en pratique, dans une maison de banque.

A raison même des justifications que le fondateur pourrait être appelé à faire au cas de poursuites en nullité pour défaut de versement du quart, nous conseillons d'éviter le dépôt des fonds aux mains du fondateur de manière à écarter tous soupçons de fraude.

Le versement dans une maison de banque offre l'avantage de ne laisser aucune porte ouverte à la fraude, si la banque est sérieuse, et permet, à toute époque, de retrouver la trace des versements au moyen de la comptabilité du banquier.

Le versement pourrait être encore effectué aux mains d'un notaire dont la comptabilité officielle serait un élément de preuve, au cas où des contestations s'élèveraient sur la sincérité des versements.

Cependant nous devons signaler une délibération de la chambre des notaires de Paris en date du 26 août 1894 qui, tout en constatant que chaque notaire est libre d'agir comme bon lui semble, conseille aux notaires du ressort de refuser le dépôt.

M. Rousseau va plus loin (n° 1714) et émet l'avis que le notaire n'a aucune qualité pour recevoir ce dépôt qui constituerait pour lui une opération de banque que la loi lui interdit.

Nous ne partageons pas les craintes de M. Rousseau. Le notaire en effet, qui reçoit le versement du quart, ne fait pas fructifier les fonds à lui confiés, il n'en sert aucun intérêt et, ainsi, il ne fait pas plus acte de banquier dans ce cas, qu'il ne fait acte de banquier lorsqu'il reçoit en dépôt, par exemple, les fonds d'une femme dotale pour en assurer et suivre l'emploi. Du reste le rôle de dépositaire public pour le notaire est consacré par le décret du 31 janvier 1890 sur la comptabilité notariale.

Le dépôt chez un banquier offre, dans la pratique, un inconvénient que nous devons signaler : Les fonds déposés sont portés au compte de la société en formation. Tant que celle-ci n'est pas définitivement constituée les fonds sont, au regard de toute personne, indisponibles (Thaller, n° 515).

Et après cette constitution la maison de crédit dépositaire, pour faire un versement quelconque aux administrateurs (anonymes) ou au gérant (commandites), ne manquera pas d'exiger la production de toutes les pièces assurant la régularité de la constitution, y compris les pièces de publicité.

Or l'établissement de ces documents justificatifs demandera un certain temps et ne pourra, dans tous les cas, être fait au lendemain de la constitution définitive.

Cependant la société pourra avoir immédiatement besoin de fonds, notamment pour faire face aux droits d'enregistrement et autres frais qui suivent immédiatement la constitution.

Il était de notre devoir de signaler cet inconvénient tout de pratique ; nous avons vu parfois des sociétés bien embarrassées de ce chef et il appartient aux fondateurs de prendre les mesures nécessaires pour parer à cet inconvénient.

**244. Disposition des fonds versés.** — Il ne suffit pas que le versement légal soit effectué ; il faut encore que les fonds demeurent dans leur intégralité jusqu'à la constitution définitive de la société.

Il a été décidé que le quart n'est pas réputé versé si le banquier chargé du placement des titres est autorisé à prélever, par anticipation, sa commission sur les versements ou si les fondateurs disposent avant la constitution de tout ou partie des fonds (Houpin, n° 460 ; Rousseau, n° 1690 et autorités citées par ces deux auteurs).

Cependant l'irrégularité résultant des prélèvements anticipés serait couverte si, la société étant constituée, le conseil d'administration avait approuvé la dépense avant toute demande en nullité de ce chef (Houpin, *loc. cit.*, dernier alinéa).

# CHAPITRE II

### DÉCLARATION NOTARIÉE DE SOUSCRIPTION ET DE VERSEMENT.

**245. Définition.** — La déclaration de souscription et de versement est l'acte notarié indispensable (art. 1er et 24 de la loi de 1867) par lequel le gérant des sociétés en commandite par actions ou les fondateurs des sociétés anonymes, après avoir recueilli la souscription intégrale du capital numéraire et assuré le versement sur chaque action souscrite de la somme dont les actions doivent être libérées, constatent par acte devant notaire, cette souscription et ce versement.

A la minute de cet acte sont annexés.

1° La liste des souscripteurs et l'état des versements effectués par chacun d'eux. Ce document, qui peut n'être pas séparé de l'acte notarié et être intercalé dans cet acte pour faire corps avec lui, doit contenir :

a) *Les nom, prénoms, profession et domicile de chaque sous-cripteur.* Ces indications ne sont pas cependant absolues et le vœu de la loi est rempli si le souscripteur est suffisamment dé-signé pour ne pas être confondu avec une autre personne ;

*b*) Le nombre des actions souscrites par chacun ;

*c*) Et les versements effectués par chaque souscripteur.

Cette pièce est certifiée véritable par le déclarant.

2° Un des originaux des statuts s'ils sont sous seing privé ou une expédition s'ils sont notariés et s'ils ont été reçus par un notaire autre que celui qui reçoit la déclaration.

L'annexe des statuts n'est pas nécessaire et le vœu de la loi est suffisamment rempli si les statuts sous seing privé ont été antérieurement déposés pour minute au notaire qui reçoit la dé-claration.

**246. Importance de cet acte.** — L'acte de déclaration de souscription et de versement est le plus grave de la constitution et son défaut de sincérité, indépendamment de la nullité de la société qui en est la conséquence, entraîne pour les fondateurs les pénalités prévues à l'article 15 de la loi de 1867.

Aussi, à raison même de ces pénalités, la loi a voulu, en impo-sant à cet acte la forme notariée, qu'il pût faire foi jusqu'à inscription de faux, tant au profit de la société, qu'à l'encontre du gérant ou des fondateurs qui se rendraient coupables de déclara-tions mensongères et de souscriptions factices ou frauduleuses.

**247. Devoirs des notaires.** — Au sens strict de la loi, les notaires doivent recevoir la déclaration telle qu'elle leur est faite par les déclarants qui assument seuls la responsabilité de la sin-cérité de leur déclaration. Mais les notaires pourraient voir leur responsabilité engagée et, dans tous les cas, compromettraient leur caractère s'ils acceptaient de recevoir la déclaration en ayant connaissance des fraudes commises (Houpin, n° 441).

Les notaires ne doivent pas perdre de vue qu'en leur qualité de dépositaires des statuts leur nom est appelé à figurer sur les titres des actions. Ils doivent donc veiller à ce que la société qui se constitue ne soit entachée d'aucune fraude et ne soit pas exposée à une action en nullité pour une cause aussi grave que le défaut de sincérité de la déclaration de souscription et de versement qu'ils ont reçue.

Nous voulons bien admettre que, dans la plupart des cas, la responsabilité pécuniaire du notaire ne sera pas engagée; mais il est une responsabilité, autrement sérieuse à nos yeux c'est celle qui peut faire perdre au notaire une parcelle de la considération à laquelle il doit prétendre. Or, le public simpliste n'ira pas peser les termes de la loi pour juger le plus ou le moins de responsabilité encourue par le notaire ; il mettra notaire et fondateurs dans le même sac et le notaire n'échappera pas à ses sévérités. Il pourra éviter sa responsabilité pécuniaire, il n'évitera pas celle que le public fera peser lourdement sur sa renommée.

Aussi nous allons plus loin que les auteurs et nous disons à nos confrères :

Lorsque vous aurez à recevoir une déclaration de souscription et de versement, exigez la justification du versement effectif et assurez-vous, non seulement que les fonds existent, mais encore qu'ils ne pourront disparaître avant la constitution définitive.

De deux choses l'une :

Ou vous aurez affaire à des fondateurs sérieux et alors ceux-ci se prêteront de bonne grâce à vos exigences ; ou bien vous rencontrerez de la résistance et, par ce seul fait, vous acquerrez la conviction que vous êtes en présence d'une déclaration irrégulière, auquel cas vous devrez refuser impitoyablement votre ministère.

On vous objectera, peut-être, que le ministère du notaire est obligatoire lorsqu'il est requis pour des actes légaux. Nous ne croyons pas qu'il se trouve en France un tribunal pour vous condamner. Et d'ailleurs, nous en avons fait nous-même l'expérience, les fondateurs n'insistent pas en présence des dispositions sévères de l'article 15 de la loi de 1867.

**248. Lien de droit entre fondateurs, apporteurs et souscripteurs.** — Tant que le capital numéraire n'est pas entièrement souscrit, l'engagement des fondateurs de poursuivre la constitution de la société et celui des apporteurs de biens en nature peuvent être retirés et abandonnés, sauf aux fondateurs à rembourser, sans aucune retenue, le montant des souscriptions déjà reçues.

Mais dès que le capital numéraire est entièrement souscrit et surtout dès que la déclaration notariée est signée, le lien de droit existe entre les différents éléments ; et les fondateurs ne peuvent plus empêcher les opérations de constitution de suivre leur cours pas plus que les apporteurs ne peuvent se soustraire aux obligations qu'ils ont prises. La société, il est vrai, n'en continue pas moins à demeurer à l'état de projet, jusqu'à la constitution définitive ; mais il n'appartient plus aux fondateurs d'arrêter la marche de cette constitution et ils ne peuvent se soustraire à l'obligation de convoquer les assemblées constitutives. Ils ne sont plus maîtres des opérations de constitution subséquentes qui passent de leurs mains en celles de l'assemblée générale et les changements qui pourraient survenir désormais dans leur capacité et dans celle des apporteurs, sauf les effets légaux de la déclaration de faillite (art. 457, C. com.), ne sauraient modifier la situation et rendre impossible la constitution de la société (Houpin, n° 481 ; Dissert., *Journ. Soc.*, 1895, p. 481 et suiv. — V. aussi Thaller, n°s 499 et suiv.).

# TITRE V

## DES ASSEMBLÉES GÉNÉRALES CONSTITUTIVES



## CHAPITRE PREMIER

### CONVOCATION AUX ASSEMBLÉES CONSTITUTIVES.

**249. Epoque de la convocation.** — Aux termes de l'article 25 de la loi de 1867, l'assemblée générale appelée, dans les sociétés anonymes, à vérifier la sincérité de la déclaration notariée de souscription et de versement faite par les fondateurs (art. 24 de la même loi) doit être convoquée *postérieurement* à ces actes.

En conséquence toute convocation de l'assemblée, faite avant la signature dudit acte notarié, rendrait la société annulable à moins que l'irrégularité soit couverte par la présence de *tous* les actionnaires à l'assemblée.

L'obligation de convoquer l'assemblée générale postérieurement à la déclaration notariée s'applique seulement aux sociétés anonymes et ne saurait être étendue aux commandites par actions.

D'ailleurs, dans ces dernières sociétés, la vérification incombe, non pas à l'assemblée générale, mais seulement au premier conseil de surveillance (V. *infrà*, n° 269).

**250. Délai.** — La loi ne prescrit aucun délai pour la convocation aux assemblées constitutives; mais, si les statuts ont prévu des délais, on est tenu de s'y conformer.

Suivant nous, les fondateurs doivent arrêter les convocations, de manière que, pour la première assemblée, l'actionnaire le plus éloigné du siège social ait matériellement le temps de se rendre à l'assemblée à partir du moment où il sera touché par la convocation.

Pour la deuxième assemblée générale, le délai doit être d'au moins six jours, attendu, ainsi que nous le verrons, que le rapport du commissaire nommé par la première assemblée doit être tenu à la disposition des actionnaires cinq jours au moins avant la réunion.

**251. Convocateurs.** — Le devoir de convoquer les assemblées constitutives incombe :

Au *gérant* pour les commandites par actions.

Aux *fondateurs* pour les sociétés anonymes.

Ces convocations ne sauraient être faites par les actionnaires eux-mêmes (Amiens, 16 janvier 1875).

**252. Mode de convocation.** — La convocation aux assemblées constitutives n'est soumise à aucune forme particulière.

Ordinairement les statuts stipulent que les convocations seront faites au moyen d'une insertion dans un ou plusieurs journaux d'annonces légales du siège social. C'est, du reste, le seul mode pratique de convocation au cours de la vie sociale, lorsque les actions sont au porteur.

Mais, pour les assemblées constitutives et pour éviter toute difficulté, nous conseillons de compléter l'avis dans les journaux par une lettre circulaire adressée à tous les souscripteurs (Pont, n° 984 ; Rousseau, n° 1859 ; Houpin, n° 503 ; Bordeaux, 12 mai 1897).

Une convocation spéciale doit être faite pour chacune des deux assemblées. Une convocation unique pour les deux réunions serait irrégulière (Houpin, *loc. cit.* ; Pont, 897 ; Ruben de Couder, V° *Soc. en comm.*, n° 125).

L'avis de convocation doit mentionner le lieu, le jour et l'heure de la réunion.

En outre il est d'usage, bien que cela ne soit pas obligatoire, de joindre à la lettre de convocation pour la deuxième assemblée, un exemplaire imprimé du rapport du commissaire aux apports.

**253. Ordre du jour.** — La loi ayant fixé elle-même l'ordre du jour de chacune des assemblées constitutives, nous ne croyons pas indispensable que l'avis de convocation en fasse mention comme pour les autres assemblées générales. Cependant, dans la pratique, cet ordre du jour figure dans la convocation et c'est là un usage que nous devons recommander.

**254. Actionnaires à convoquer.** — La convocation doit s'adresser à tous les souscripteurs, même d'une seule action, et les statuts ne pourraient établir le suffrage restreint pour les assemblées constitutives (Lyon Caen et Renault, n° 710 ; Pont, n°s 982 et 983 ; Rousseau, 1858 ; Houpin, 502 ; Ruben de Couder, V° *Soc. en comm.*, n° 132 ; Monard, p. 71).

D'ailleurs, en ce qui concerne les sociétés anonymes, l'obligation de convoquer *tous* les actionnaires résulte des termes mêmes de l'article 27 de la loi de 1867 (dernier alinéa).

**255. Irrégularités couvertes.** — Toutes les irrégularités de convocation des actionnaires, notamment pour inobservation des délais statutaires, sont couvertes par le seul fait de la présence à l'assemblée de tous les actionnaires sans aucune exception. Ceci dit aussi bien pour les assemblées constitutives que pour toutes autres assemblées. Aussi nous n'y reviendrons pas.


## CHAPITRE II

RÈGLES COMMUNES AUX DEUX ASSEMBLÉES.


### SECTION I. — Constitution de l'assemblée.

**256. Feuille de présence.** — Le premier soin du gérant ou des fondateurs, lors de l'entrée en séance de chaque assemblée, sera de faire signer la feuille de présence par chacun des actionnaires présents.

Cette feuille qui est établie d'avance et n'est pas assujettie au timbre de dimension (solution de la Régie du 19 juin 1897) contient, sous forme de tableau, les énonciations suivantes :

*Première colonne.* — Numéros d'ordre des actionnaires.

*Deuxième colonne.* — Noms, prénoms et domiciles des souscripteurs.

*Troisième colonne.* — Nombre d'actions souscrites par chacun.

Ces trois premières colonnes sont remplies d'avance par les soins du gérant ou des fondateurs.

*Quatrième colonne.* — Elle est destinée à recevoir le chiffre indiquant le nombre des actions des souscripteurs présents ou dûment représentés. C'est l'addition des chiffres figurant dans cette colonne qui donne le quorum *en capital*.

*Cinquième colonne.* — Cette cinquième colonne, établie pour les *sociétés anonymes* seulement, indiquera le nombre de voix de chaque souscripteur (V. *infrà*, n° 262).

*Sixième colonne.* — Enfin la dernière colonne est réservée aux signatures d'émargement.

Ce n'est qu'après l'apposition de ces signatures que les quatrième et cinquième colonnes sont complétées.


**257. Procurations.** — Nous avons vu (*suprà*, n° 191 *bis*) que les souscripteurs peuvent être représentés à l'assemblée générale par des mandataires munis de pouvoirs réguliers.

Dans le silence des statuts, un mandataire étranger doit être admis.

Mais, ordinairement, les statuts stipulent que nul ne pourra représenter un actionnaire s'il n'est lui-même membre de l'assemblée.

Le mandat peut être donné par acte sous seing privé ; il suffit qu'il soit établi sur timbre ; son enregistrement n'est pas exigé. Il peut être donné un pouvoir unique pour les deux assemblées constitutives.

Tout mandataire qui se présente doit remettre son pouvoir au moment où il signe la feuille de présence en regard du nom de son mandant ; il doit faire précéder sa signature personnelle des mots « *par procuration* » (*pp*^on).

Les diverses procurations seront ainsi réunies pour être conservées au siège social avec la feuille de présence.

L'obligation de dresser la feuille de présence résultant de l'article 28 de la loi de 1867, semble n'être imposée qu'aux sociétés anonymes et ainsi, dans les commandites, la présence des actionnaires pourrait résulter de tous autres moyens de preuve ; mais la pratique des feuilles de présence, à cause de sa commodité, a été généralisée à toutes les assemblées générales, aussi bien pour les commandites que pour les anonymes.

**258. Formation du bureau.** — Dès que la feuille de présence est signée par tous les souscripteurs présents, l'assemblée procède à la formation du bureau en suivant les règles fixées par les statuts.

La nécessité du bureau résulte, pour les sociétés anonymes, de l'article 28 de la loi de 1867.

Le bureau comprend un président, deux assesseurs et un secrétaire.

Les statuts indiquent ordinairement la personne qui doit remplir les fonctions de président (Le président du conseil de surveillance dans les commandites ou le président du conseil d'administration dans les anonymes). Mais, comme aux assemblées constitutives, ces fonctionnaires n'ont pu être encore désignés, ces assemblées choisissent à leur gré leur président (le doyen d'âge par exemple).

Les statuts indiquent aussi que les fonctions d'assesseurs sont remplies par les deux plus forts actionnaires. Mais c'est là un simple usage et les statuts pourraient fixer le choix de toute autre manière.

Enfin le bureau choisit un secrétaire qui sera chargé de la rédaction des procès-verbaux. Toutefois la nomination d'un secrétaire n'est pas indispensable.

**259. Premier devoir du bureau.** — Dès son installation le premier devoir du bureau est de vérifier la régularité des convocations, de la feuille de présence et des pouvoirs à l'appui.

Chacun des membres du bureau certifie véritable la feuille de présence et y appose sa signature.

Et, si le quorum légal est atteint, le président constate que l'assemblée est régulièrement constituée.

Il est, immédiatement après, passé aux délibérations sur les questions à l'ordre du jour.

Mais, avant de poursuivre l'ordre du jour, voyons comment sont émis et comptés les votes dans les assemblées constitutives.

### 1° Commandites par actions.

**260. Quorum. Vote par tête.** — Pour les sociétés en commandite par actions, la loi n'a pas fixé de minimum, quant à la fraction du capital qui doit être représentée à l'assemblée ; elle exige seulement que la *majorité* qui décide sur la nomination des commissaires vérificateurs et sur l'approbation des apports et avantages comprenne le quart des actionnaires et représente le quart du capital social en numéraire (art. 4 de la loi de 1867).

En outre, dans les sociétés de cette nature, le vote a lieu par tête, c'est-à-dire que chaque actionnaire n'a qu'une *seule voix* quel que soit le nombre d'actions qu'il possède et malgré toute disposition contraire des statuts.

Rien ne s'oppose, suivant nous, à ce que, à sa voix personnelle, l'actionnaire ajoute une voix supplémentaire pour chaque souscripteur dont il est le mandataire.

Nous soulignons tout particulièrement ce mode de vote *par tête* dans les sociétés en commandite, car il diffère totalement de ce qui a lieu dans les sociétés anonymes où la pluralité des voix est admise jusqu'au maximum de 10 voix pour chaque actionnaire (Voir *infrà*, n° 262).

### 2° Sociétés anonymes.

**261. Quorum.** — Aux termes de l'article 24 de la loi de 1867, les prescriptions de l'article 4 de cette loi sont applicables aux sociétés anonymes.

En conséquence les délibérations statuant sur les apports et avantages doivent, comme pour les commandites, comporter la double majorité du quart en nombre et en somme (Rousseau, n° 1902 ; Houpin, n° 519 ; *J. Soc.*, 1892, p. 180 ; Vavasseur, n° 417 ; Angers, 27 juillet 1887 ; C. cass., 22 février 1888 ; Lyon, 16 février 1881 ; Paris, 12 janvier 1887 ; 17 novembre 1891 ; 14 avril 1892 ; 3 mars 1896).

De plus, l'article 30 de la loi dispose que les assemblées qui ont à délibérer sur la vérification des apports, sur la nomination des premiers administrateurs, sur la déclaration de souscription et de versement faite par les fondateurs, doivent être composées d'un nombre d'actionnaires représentant au moins la moitié du capital social, et le capital dont la moitié doit être représentée pour la vérification des apports et avantages se compose seulement des apports non soumis à vérification.

Il résulte de ces dispositions légales :

1° Que l'assemblée générale constitutive, qu'il y ait ou qu'il n'y ait pas d'apports et avantages soumis à vérification, doit comporter la présence de la moitié au moins du capital *souscrit*.

2° Que les délibérations ayant pour objet, soit la nomination des commissaires aux apports, soit l'approbation de ces apports et des avantages, doit obéir aux doubles exigences que nous venons de tracer résultant des articles 4 et 30 de la loi.

Enfin l'article 30, spécial aux sociétés anonymes et qui ne saurait être étendu aux sociétés en commandite (Rousseau, n° 1905 ; Houpin, n° 518 ; Pont, n° 1001 ; Lyon-Caen et Renault, n° 1017), dispose encore que si l'assemblée générale ne réunit pas un nombre d'actionnaires représentant la moitié au moins du capital social, elle ne peut prendre qu'une délibération provisoire. Dans ce cas une nouvelle assemblée générale est convoquée. Deux avis publiés à huit jours d'intervalle, au moins un mois à l'avance, dans l'un des journaux désignés pour recevoir les annonces légales, font connaître aux actionnaires les résolutions provisoires adoptées par la première assemblée et ces résolutions deviennent définitives, si elles sont approuvées par la nouvelle assemblée composée d'un nombre d'actionnaires représentant le *cinquième* au moins du capital social.

Bien entendu, le capital dont le cinquième doit être représenté s'entend du capital en numéraire non soumis à vérification (Rousseau, n° 1904 ; Lyon-Caen et Renault, n° 714).

**262. Vote. Maximum de voix.** — D'une manière assez générale, les statuts adoptent le suffrage restreint et déterminent un maximum pour le nombre de voix dont peut disposer chaque actionnaire aux assemblées générales, eu égard au nombre d'actions qu'il possède. Mais, si ces prescriptions statutaires doivent être suivies pour les assemblées tenues au cours de la vie sociale, il n'en est pas de même pour les assemblées constitutives.

Nous avons vu (*suprà*, n° 254) que tous les actionnaires sans exception avaient le droit de voter à ces assemblées ; et que, dans les commandites par actions, chaque souscripteur n'avait qu'une seule voix, quel que soit le nombre d'actions possédées par lui.

Dans les sociétés anonymes, la loi (art. 27) a adopté un moyen terme :

Chaque actionnaire a au moins une voix, mais il peut prendre part aux délibérations avec le nombre de voix déterminé par les statuts sans toutefois que ce nombre de voix puisse excéder *dix*.

**263. Mandataires.** — Nous avons émis l'opinion (*suprà*, n° 250) que, pour le vote par tête dans les commandites, un actionnaire pouvait cumuler sa voix personnelle avec celles d'autres souscripteurs dont il serait le mandataire. Doit-on décider de même pour le maximum de dix voix prévu dans les sociétés anonymes ?

Nous ne trouvons rien dans la loi qui ait interdit ce cumul. L'actionnaire régulièrement représenté est réputé présent à l'assemblée par l'entremise de son mandataire (Dalloz, V° *Sociétés*, n° 1198) et doit jouir de tous les avantages attachés à la présence réelle ; c'est le droit commun du mandat. Par conséquent l'actionnaire qui en représente d'autres peut avoir, d'abord, ses dix voix personnelles si, bien entendu, le nombre d'actions qu'il possède lui assure ce maximum et, à ces voix, s'ajoutent celles des souscripteurs qui l'ont chargé de les représenter.

Il est d'usage de stipuler dans les statuts qu'un actionnaire ne pourra, *tant en son nom personnel que comme mandataire*, dépasser un nombre déterminé de voix. Nous pensons qu'une telle clause, qui fait échec au droit commun, empêcherait un actionnaire d'avoir, dans les assemblées constitutives, un nombre de voix supérieur, quels que soient le nombre et l'importance des souscripteurs dont il serait le mandataire.

SECTION II. — **Délibérations. — Abstention obligatoire des apporteurs et autres bénéficiaires d'avantages particuliers.**

**264. Règles communes aux commandites et aux anonymes.** — Pour les délibérations de la première assemblée qui fixent les moyens à prendre (ordinairement nomination des commissaires) pour vérifier les apports et avantages, et pour les délibérations de la deuxième assemblée appelées à statuer sur les conclusions du rapport appréciant l'importance des apports et des avantages, il est *interdit* aux apporteurs et autres bénéficiaires des avantages soumis à vérification, de prendre part au vote. *Ils doivent s'abstenir* et il est utile que le procès-verbal de l'assemblée fasse mention de cette abstention.

Mais cette interdiction de voter ne les empêche pas de prendre part à la réunion et à la discussion qui précède le vote (Houpin, nº 514 ; Seine, 30 mars 1883).

D'autre part, la loi ne défend pas à un apporteur qui aurait en même temps souscrit des actions de numéraire, de prendre part aux délibérations concernant d'autres associés ayant fait des apports distincts, *non indivis* avec lui, ou ayant stipulé pour eux des avantages particuliers (Houpin, *loc. cit.* ; Pont, nº 1009 ; Rousseau, nº 1893 ; Cass., 20 janvier 1892).

**265. Nullité.** — Le fait, par les apporteurs, d'avoir pris part au vote sur l'approbation de leurs apports ou avantages entacherait la société de nullité ; mais cette nullité serait couverte si, en défalquant les voix des apporteurs, la majorité obtenue se trouvait suffisante (Houpin, n° 514 et autorités citées).

Bien que, strictement, l'apporteur mandataire d'autres associés puisse, au nom de ses mandants, voter en cette qualité sur l'approbation de ses propres apports et avantages (Cass., 20 janvier 1892), une telle pratique est critiquable et doit être évitée (Houpin, *loc. cit.* et *Journ. Soc.*, 1892, 146 ; Rousseau, n° 1899 ; Dalloz, *Suppl.*, V° *Société*, n° 1304).

**266. Apporteurs-Souscripteurs.** — Il arrive bien souvent que les apporteurs en nature ou bénéficiaires d'avantages particuliers sont, en même temps, souscripteurs d'une fraction du capital en numéraire.

Dans ces conditions et les associés de cette nature ne devant pas prendre part au vote, comment sera calculée la double majorité du quart en nombre et en somme prescrite par la loi.

Devra-t-on faire le calcul sur la totalité du capital numéraire souscrit ?

Ou bien ne devra-t-on faire ce calcul de la majorité que sur la portion du capital souscrite par les associés autres que les apporteurs et les bénéficiaires des avantages à vérifier ?

La question est controversée, mais nous pensons que le calcul doit être fait sur les actions de numéraire, défalcation faite des actions souscrites par les associés soumis à vérification, conformément aux opinions émises par M. Houpin (n° 319) et M. Thaller (n° 537) à la suite d'un arrêt de la Cour de cassation, du 6 novembre 1894 rejetant le pourvoi formé contre un arrêt de la Cour de Paris du 17 novembre 1891.

M. Thaller (n° 538) prévoit en outre l'hypothèse où il n'existerait pas de souscripteurs en dehors des apporteurs, chose qui du reste peut très bien se présenter dans la pratique.

Ce savant auteur estime que si les apports en nature appartiennent par indivis à tous les actionnaires, les dispositions de l'article 4 de la loi cessent d'être applicables (V. dernier alinéa de cet article).

Et que, si les apports sont distincts et divis, la même solution doit être admise, tout au moins pour les sociétés anonymes, en conformité de la jurisprudence, par interprétation de l'article 30 de la loi qui refuse aux apporteurs la faculté de délibérer. D'ailleurs il est un moyen qui permettra, dans bien des cas, de tourner la difficulté ; ce sera de subdiviser la délibération en autant de propositions séparées et successives qu'il y aura d'associés soumis à vérification, chacun d'eux ne votant pas dans la proposition le concernant mais, au contraire, prenant part au vote sur les propositions concernant les autres associés vérifiés.

Ce mode de procéder sera employé avec avantage lorsque, par exemple, il y aura lieu d'approuver les avantages accordés sur les bénéfices aux membres du conseil d'administration dont la nomination aura été faite par les statuts mêmes de la société.

**267. Apporteurs seuls associés.** — L'article 4 de la loi de 1867 (*in fine*) dispose qu'il n'y aura pas lieu à vérification des apports en nature lorsque la société est formée seulement entre ceux qui étaient propriétaires *indivis* de ces apports.

C'est de cette disposition de la loi que M. Thaller a fait l'application dans l'hypothèse que nous venons de relater à l'article précédent.

Après avoir exposé les règles communes aux deux assemblées générales constitutives, nous allons suivre l'ordre du jour légal de chacune de ces assemblées.

**268. Assemblée constitutive unique.** — Mais, auparavant nous devons rappeler que la tenue de deux assemblées n'est nécessaire qu'au cas où il existe des apports ou avantages soumis à vérification.

Dans le cas contraire, une assemblée unique suffit pour délibérer sur toutes les autres questions et constituer définitivement la société.

Comme le cas de la double assemblée est celui qui se présente le plus souvent dans la pratique, nous choisissons cette hypothèse pour la poursuite de nos explications.


# CHAPITRE III

### RÈGLES PARTICULIÈRES A LA PREMIÈRE ASSEMBLÉE.


Nous avons (*suprà*, n° 259) laissé le président au moment où il vient de constater que l'assemblée est régulièrement constituée.

A ce moment le président fera connaître à l'assemblée le but de la réunion et donnera lecture des articles des statuts sur lesquels il y a lieu de délibérer. Puis il mettra successivement en discussion et en délibération les questions à l'ordre du jour.

**269. Commandites par actions** — Dans les commandites par actions, la vérification de la déclaration de souscription et de versement faite par le gérant doit être opérée par le premier conseil de surveillance et non par l'assemblée générale.

En conséquence et d'après le texte même de la loi, la première assemblée constitutive n'aurait à délibérer que sur les mesures à prendre pour la vérification des apports en nature et l'appréciation des avantages stipulés aux statuts. Il y sera d'ailleurs procédé de la même manière qui va être exposée pour les sociétés anonymes.

Nous devons pourtant indiquer que, si la loi n'a pas imposé à l'assemblée la vérification de la sincérité de la déclaration notariée de souscription et de versement, la pratique a consacré l'usage de faire procéder à cette vérification par l'assemblée, et cela par analogie avec les sociétés anonymes auxquelles les commandites, du reste, empruntent, dans leurs statuts, la plupart des règles édictées par la loi pour la tenue des assemblées générales. Les statuts des sociétés en commandite comblent ainsi une lacune incompréhensible de la loi qui ne s'est occupée des assemblées générales, dans les sociétés en commandite, que dans son article 4 réglementant seulement les conditions de majorité requises pour l'approbation des apports en nature et des avantages.

**270. Sociétés anonymes.** — Le président annonce qu'il tient à la disposition de l'assemblée les pièces ci-après que les fondateurs ont eu le soin de remettre au début de la réunion savoir :

1° Une expédition de l'acte notarié de souscription et de versement et de ses annexes (état nominatif des souscripteurs et statuts s'ils sont sous seing privé) ;

2° Une expédition des statuts s'ils sont notariés ;

3° Pièce justificative du versement du quart (ordinairement, attestation du banquier constitué dépositaire.)

Si les versements avaient été effectués directement aux fondateurs (*suprà*, n° 243) et si les fonds étaient restés en leurs mains au lieu d'être déposés en banque, nous estimons qu'il serait prudent de représenter les fonds eux-mêmes pour justifier de leur existence.

Le président met ensuite et successivement, en discussion d'abord, et en délibération ensuite, les deux questions qui, d'après la loi, sont à l'ordre du jour de la réunion.

**271. Première question.** — **Vérification de la sincérité de la déclaration notariée.** — *Première hypothèse.* — La sincérité est reconnue par l'assemblée. Dans ce cas la vérification est acquise et il est passé à la deuxième question à l'ordre du jour.

*Deuxième hypothèse.* — La vérification donne lieu à un vote négatif de la sincérité de la déclaration. Dans ce cas l'œuvre de l'assemblée se trouve arrêtée et la société ne pourra se constituer. Cependant deux solutions sont à envisager :

*a*) Les irrégularités constatées sont susceptibles d'être immédiatement corrigées et alors les fondateurs, après avoir procédé à la régularisation, devront passer une nouvelle déclaration notariée et convoquer une nouvelle assemblée générale.

En somme, tout est à refaire.

Nous estimons toutefois qu'en présence de la gravité d'une telle situation et la méfiance qu'elle pourrait inspirer à l'égard des fondateurs, les souscripteurs ne seraient plus liés et auraient le droit de retirer et d'annuler leur souscription.

*b*) La régularisation n'est pas obtenue et la société ne peut se constituer. Dans ce cas les souscriptions sont nulles et les versements opérés doivent être, sans délai, intégralement remboursés aux souscripteurs, indépendamment des poursuites dont les fondateurs sont passibles en vertu de l'article 15 de la loi de 1867 aux termes duquel « *sont punis des peines portées par l'article 405 du Code pénal sans préjudice de l'application de cet article à tous les faits constitutifs du délai d'escroquerie :*

« *1° Ceux qui par simulation de souscriptions ou de versements ou par publication faite de mauvaise foi de souscriptions ou de versements qui n'existent pas, ou de tous autres faits faux ont obtenu ou tenté d'obtenir des souscriptions ou des versements.*

*2° Ceux qui, pour provoquer des souscriptions ou des versements ont, de mauvaise foi, publié les noms de personnes désignées contrairement à la vérité comme étant ou devant être attachées à la société à un titre quelconque.*

272. Deuxième question. — Mesures à prendre en vue de faire apprécier la valeur des apports en nature ou la cause des avantages particuliers. — Nomination de commissaires. — La première assemblée constitutive est entièrement libre pour le choix des moyens à employer en vue de la vérification (Pont, n° 990). Elle peut ordonner l'expertise ou faire procéder à la vérification par une commission (Houpin, n° 505).

Elle pourrait même, d'après MM. Lyon-Caen et Renault (n° 709), procéder elle-même à la vérification, séance tenante.

Mais dans cette dernière éventualité, peu en usage d'ailleurs dans la pratique, on ne pourrait se dispenser d'une deuxième assemblée dont les délibérations rendraient définitives les décisions prises par la première à titre provisoire (Rousseau, n° 1865).

Ordinairement la première assemblée se borne à désigner un ou plusieurs commissaires, associés ou non, chargés de procéder à la vérification et de consigner leurs observations et leurs décisions dans un rapport qui sera soumis à l'approbation de la deuxième assemblée.

**273. Choix des commissaires.** — La majoration des apports est une des plaies dont souffrent le plus les sociétés par actions, quand elles n'en meurent pas. Trop souvent les avantages accordés sont en disproportion avec la valeur réelle des biens apportés. Sous prétexte que les apporteurs, au lieu de demander le paiement en argent, ont accepté seulement des titres de la société en représentation de leurs apports, les souscripteurs sont portés à avoir la main trop large. Mais, en se montrant ainsi trop généreux, ils oublient qu'ils seront, les premiers, les plus intéressantes victimes de leur propre négligence. L'attribution aux apporteurs d'un nombre exagéré d'actions grossira démesurément le capital social, sans ajouter un sou aux ressources dont la société aura besoin.

Dès lors le capital social, difficile à convenablement rémunérer, ne sera qu'un énorme boulet que la société traînera péniblement après elle, et qui pèsera lourdement sur l'avenir de l'entreprise.

Nous nous sommes imposé le devoir d'éveiller l'attention des souscripteurs en numéraire, surtout des plus modestes, de ceux qui, sollicités souvent par de trop mirifiques prospectus, sont enclins à suivre le courant vers lequel les attirent parfois les appétits de fondateurs trop intéressés, et le meilleur moyen de remplir ce devoir, c'est d'étaler, en toute franchise, les abus qui, malheureusement, se consomment fréquemment au sein d'assemblées générales tenues beaucoup trop à la légère.

Les souscripteurs ne prêtent souvent qu'une oreille distraite aux délibérations, ou bien, ils subissent complaisamment des influences dont, nous le reconnaissons, il n'est pas toujours aisé de se défaire et ainsi les fondateurs peuvent enlever un vote qui fera porter la nomination des commissaires sur des personnalités entièrement à leur dévotion (V. Thaller, n° 530).

Il est donc très important que le choix des commissaires porte sur des personnes absolument indépendantes, dont l'intégrité et la compétence offrent le maximum de garanties pour la sincérité de leur mission.

**274. Apports et avantages soumis à vérification.** — D'après la doctrine et la jurisprudence, sont soumis à vérification :

1° Les apports de toute nature autres que ceux qui sont faits en argent (souscripteurs) et cela, quel que soit le mode de rémunération adopté par les statuts (V. *suprà*, n°s 98 et suiv.).

2° Et les avantages aussi de toute nature accordés aux fondateurs ou à leurs auxiliaires (Thaller, n° 533), à tous agents de la société sommairement désignés par les statuts et même à un groupe d'actionnaires.

Parmi les avantages sujets à vérification on doit comprendre :

1° L'attribution faite au gérant statutaire (commandite) d'une portion des bénéfices sociaux.

Nous pensons aussi avec M. Houpin (n° 487 ; *J. Soc.*, 1882, p. 233) que l'attribution au gérant d'un traitement fixe à prélever sur les frais généraux et dont le chiffre est établi par les statuts, doit être également soumis à la vérification. Sans doute cette rémunération est le salaire attaché aux fonctions du gérant et c'est à ce titre qu'il figure au compte des frais généraux. Mais est-ce que ce traitement n'a pas sa répercussion directe sur les bénéfices, et les actionnaires n'ont-ils pas intérêt à ce qu'il ne soit pas fixé d'une façon inconsidérée ? Cependant des auteurs très estimés se sont prononcés en sens contraire (Rousseau, n° 1832 ; Pont, n° 977 ; Mathieu-Bourguignat, n° 40 ; Thaller, *Des nouvelles pratiques financières en matière de société*, p. 16).

2° L'attribution de parts bénéficiaires ou de fondateurs.

3° L'attribution aux administrateurs d'une portion des bénéfices et même de simples jetons de présence lorsque leur valeur est statutairement fixée. Toutefois cette vérification, suivant nous, n'est indispensable que si les administrateurs sont nommément désignés par les statuts.

**275. Vote. Majorité.** — Les apporteurs et associés appelés à bénéficier des avantages soumis à vérification ne doivent pas prendre part au vote à peine de nullité de la délibération ; leur abstention doit être consignée au procès-verbal (*suprà*, n° 264).

Enfin, par application des articles 4 et 24 de la loi de 1867, la majorité nommant les commissaires doit comprendre la double majorité du quart en nombre et du quart en somme calculée sur le capital souscrit en numéraire défalcation faite des actions souscrites par les vérifiés (*suprà*, n° 266).

<h1 style="text-align:center">CHAPITRE IV</h1>

RAPPORT DES COMMISSAIRES VÉRIFICATEURS

**276. Devoirs des commissaires.** — Les commissaires préposés à la vérification des apports et des avantages doivent remplir leur mission avec le plus grand soin et ils doivent y apporter le souci le plus scrupuleux quant à l'exactitude de leurs conclusions. Il leur convient donc de n'accepter leur mission qu'à la condition d'être assurés de leur entière indépendance.

Ils pourront, pour s'éclairer, user de tous les moyens d'investigations qu'ils jugeront utiles et, s'il s'agit d'évaluer l'apport d'une maison de commerce, ils devront compulser les livres pour s'assurer que la situation antérieure justifie les avantages auxquels prétendent les apporteurs. Ils agiront en somme comme le feraient de véritables experts.

**277. Rapport.** — Ils rédigeront ensuite leur rapport qui résumera le résultat de leurs recherches, et concluront à l'adoption, à la réduction ou au rejet des attributions d'actions et autres avantages stipulés par les statuts. Rien n'empêcherait que ce rapport fût rédigé immédiatement, à l'issue de la première assemblée, mais nous devons nous élever contre une telle pratique peu en harmonie avec les devoirs d'investigations qui incombent aux commissaires.

L'original de ce rapport sera sur timbre, daté et devra porter la signature de tous les commissaires désignés par l'assemblée générale.

Il sera ensuite imprimé et tiré à un nombre suffisant d'exemplaires pour permettre la remise de l'un d'eux à chaque actionnaire, indépendamment de celui qui devra être tenu à la disposition des actionnaires cinq jours au moins avant la réunion de la deuxième assemblée.

Ce délai de cinq jours prescrit par l'article 4 de la loi étant de rigueur, on agira sagement en faisant enregistrer l'exemplaire imprimé qui doit être tenu à la disposition des actionnaires et en faisant courir le délai de cinq jours à compter de cet enregistrement qui a donné date certaine au rapport.

Le délai de cinq jours doit être franc, c'est-à-dire qu'il faut compter cinq jours entiers entre la date du rapport ou mieux celle de son enregistrement (cette journée ne comptant pas) et celle de la réunion de l'assemblée qui ne peut avoir lieu que le lendemain du cinquième jour.

Ce délai n'étant qu'un minimun, rien ne s'oppose à ce qu'il soit supérieur à cinq jours.

# CHAPITRE V

RÈGLES PARTICULIÈRES A LA DEUXIÈME ASSEMBLÉE CONSTITUTIVE.

### SECTION I. — Convocation.

**278. Délai.** — La loi n'indique pas l'intervalle qui doit séparer les deux assemblées mais, à raison du délai de cinq jours prescrit pour le dépôt du rapport des commissaires, il doit exister nécessairement un délai d'au moins cinq jours francs entre le jour de la convocation et celui de la réunion.

**279. Mode.** — La convocation est faite dans les mêmes formes que celles que nous avons indiquées pour la première assemblée.

L'avis de convocation adressé à chaque actionnaire est le plus souvent accompagné d'un exemplaire du rapport imprimé des commissaires, bien que la loi n'en fasse pas une obligation ; nous estimons aussi que la convocation doit faire mention de l'ordre du jour, à raison des délibérations accessoires qu'il y aura lieu de prendre à la suite de celles imposées par la loi, telles que l'approbation des statuts ou leur modification, s'il y a lieu, l'autorisation à donner aux administrateurs de la société anonyme de faire des affaires avec la société (art. 40 de la loi), etc.

**280. Enregistrement du journal.** — Lorsque la convocation est faite au moyen d'une insertion dans un journal d'annonces légales, nous conseillons de faire enregistrer un exemplaire de ce journal, bien que la loi ne l'exige pas. Toutefois notre insistance sur l'utilité de cet enregistrement est moins pressante qu'en ce qui concerne le rapport des commissaires. En effet, si l'antidate est aisée pour le rapport, il n'en est pas de même pour l'insertion dans un journal tiré à des milliers d'exemplaires et dont l'exactitude de la date ne peut guère être mise en doute.

## SECTION II. — Constitution de l'assemblée.

**281.** — Au jour, à l'heure, et au lieu fixés par la convocation, les actionnaires se réunissent en deuxième assemblée constitutive.

La feuille de présence est établie, le bureau est formé et l'assemblée est constituée de la même manière que nous avons indiquée pour la première assemblée (V . *suprà*, n°ˢ 256 et s.).

De même que nous l'avons fait pour la première assemblée, nous allons suivre l'ordre du jour de la deuxième, d'abord dans les commandites par actions et ensuite dans les sociétés anonymes.

## SECTION III. — Commandites par actions.

### § 1ᵉʳ. — Approbation des apports et avantages.

**282. Lecture et approbation du rapport des commissaires aux apports et avantages.** — Dès que l'assemblée est constituée et que le président a constaté qu'elle peut valablement délibérer, celui-ci donne la parole à l'un des commissaires pour la lecture du rapport établi par eux et dont tous les actionnaires ont pu prendre connaissance soit par l'exemplaire tenu à leur disposition pendant les cinq jours qui ont précédé l'assemblée (*suprà*, n° 277), soit par l'exemplaire qu'ils ont reçu en même temps que l'avis de convocation.

Le président met ensuite aux voix l'approbation de ce rapport et, à cet égard, nous devons rappeler qu'aux termes de l'article 4 de la loi, les conclusions du rapport ne peuvent être adoptées ou rejetées que par une majorité comprenant au moins le quart des souscripteurs ayant le droit de vote et le quart du capital en numéraire appartenant à ces souscripteurs (*suprà*, n°ˢ 260 et 262).

Les actionnaires soumis à vérification peuvent prendre part à la discussion, mais doivent s'abstenir de voter dans la délibération qui les concerne, sous peine de nullité de la décision et il doit être fait mention au procès-verbal de leur abstention (*suprà*, n° 264).

*Première hypothèse*. — L'assemblée approuve les apports et avantages. Dans ce cas, pas de difficultés et l'assemblée poursuit ses délibérations pour parvenir à la constitution définitive de la société.

*Deuxième hypothèse*. — L'assemblée refuse, comme étant exagérée, l'évaluation donnée aux apports en nature, soit que les commissaires aient conclu dans ce sens, soit qu'elle n'adopte pas les conclusions favorables des commissaires.

Dans ce cas la constitution de la société, sur les bases proposées par les statuts, est impossible et les fondateurs doivent restituer le montant des sommes versées par les souscripteurs, sans intérêt, mais aussi sans aucune espèce de retenue, tous les frais exposés jusque-là demeurant à la charge des fondateurs (Houpin, n° 508).

Mais l'assemblée peut-elle procéder à une réduction de la valeur des apports et poursuivre sur ces nouvelles bases la constitution de la société ?

Pour que la chose soit possible, deux consentements sont nécessaires : 1° consentement de l'apporteur qui, ayant offert son bien à la société à des conditions déterminées, ne peut être contraint d'accepter des conditions moins favorables ;

2° Consentement de l'assemblée. Or ce consentement soulève en droit une question assez délicate :

Il est bien entendu que si la délibération est prise à l'unanimité de tous les actionnaires toute difficulté disparaît et la réduction sera acquise ; il suffira à l'assemblée, pour compléter sa décision, de procéder aux modifications des statuts qui en seront la conséquence et nous verrons bientôt (*infrà*, n° 287), que l'assemblée constitutive a le droit de faire ces modifications.

Mais l'assemblée pourrait-elle décider la réduction de la valeur

des apports aux seules conditions de majorité prévues par l'arti
cle 4 de la loi ?

La question est très controversée (Voir pour l'affirmative ; Lyon-
Caen et Renault, *Précis*, n° 421 ; Pont, n° 1023 ; pour la négative :
Rousseau, n° 1882 ; Vavasseur, n° 407. — V. aussi Houpin, n° 509 ;
Thaller, n° 541) et il ne nous appartient pas dans cet ouvrage de
pure pratique d'entrer dans la discussion ni même de nous prononcer pour ou contre ; nous ne pouvons nous empêcher cependant d'indiquer que toutes nos préférences sont pour l'affirmative
quoique nous reconnaissions avec M. Thaller (n° 541) que la discussion sur cette question au Corps législatif a été très confuse.
Un point cependant des travaux préparatoires de la loi de 1867
nous paraît devoir être retenu : MM. Fabre, Picart et Marie avaient
pris la parole en faveur de la négative et réclamaient, de ce chef,
le renvoi à la commission. Mais sur les explications très claires
du rapporteur, M. Mathieu, en faveur du droit pour la majorité de
l'article 4 de procéder à la réduction, le renvoi à la commission
fut rejeté et l'article 4 fut voté le 30 mai 1867 (*Recueil Général
des lois du Journ. des notaires et des avocats*, t. XV, p. 223).

Ne doit-on pas voir dans ce rejet du renvoi une approbation,
tout au moins tacite, par le Corps législatif des conclusions du
rapporteur M. Mathieu ?

Dans tous les cas, le moyen pratique de trancher la difficulté
sera de donner par les statuts à la deuxième assemblée constitutive, votant dans les conditions prévues par l'article 4, le droit de
procéder à toute réduction de la valeur des apports en nature.
Une telle stipulation est licite et la minorité sera tenue d'accepter
les décisions de la majorité sur ce point (Vavasseur, 408, *in fine* ;
Houpin, *loc. cit.*).


**283. Dol. Fraude.** — En principe, les décisions de l'assemblée générale sont souveraines, mais elles peuvent, comme tous
les contrats, être attaquées suivant les règles du droit commun

pour dol, fraude ou erreur (art. 1109, C. civ.). Spécialement, les délibérations portant approbation des apports et avantages ne font pas obstacle à l'exercice ultérieur de l'action qui peut être intentée pour cause de dol ou de fraude (art. 4 de la loi).

**284. Mentions au procès-verbal. Droits de la minorité.** — Il est d'un usage constant, dans la pratique, de ne relater au procès-verbal de l'assemblée que les propositions mises aux voix, suivies du sens de la délibération sans y faire mention des incidents de la discussion qui a pu précéder la délibération. C'est là, croyons-nous, une pratique fâcheuse et, s'il est vrai que l'étude des travaux préparatoires du Parlement rend de sérieux services pour l'interprétation des lois, il n'est pas moins exact que la relation aux procès-verbaux des divers incidents de la discussion, en reflétant mieux la physionomie des assemblées d'actionnaires, éclairerait utilement les tribunaux lorsqu'ils auraient à connaître des conflits soulevés entre actionnaires.

Quoi qu'il en soit, et en l'absence de toute obligation légale sur ce point, la minorité de l'assemblée ou l'un de ses membres auraient-ils le droit d'*exiger* la relation au procès-verbal des motifs de son vote ?

C'est là une question qui nous a été posée à plusieurs reprises et c'est pourquoi nous avons jugé utile de la traiter ici.

Sauf erreur dans nos recherches, nous n'avons rencontré, ni dans la doctrine ni dans la jurisprudence, aucun élément susceptible de diriger notre opinion. Mais, en présence du principe de la souveraineté des décisions de l'assemblée, nous croyons que la majorité, par un vote émis sur ce point, pourrait s'opposer à toute prétention de cette nature. Nous croyons cependant qu'il y aurait un moyen détourné, pour la minorité, d'arriver à ses fins : ce serait d'agir par voie d'amendement aux questions sur lesquelles l'assemblée est appelée à délibérer, ou bien de formuler une contre-proposition.

Sans doute la majorité de l'assemblée ne manquerait pas d'accorder la priorité à la proposition qui lui convient ainsi qu'elle en a le droit (Houpin, n° 881), mais le fait seul d'avoir provoqué un vote sur cette priorité nécessiterait la relation de l'incident au procès-verbal et la minorité aurait ainsi reçu satisfaction.

**285. Constitution définitive de la société.** — A partir du moment où les apports en nature et les avantages sociaux ont été approuvés par l'assemblée, *la société se trouve en droit définitivement constituée.* Cependant l'œuvre de l'assemblée n'est pas terminée.

### § 2. — Délibérations complémentaires.

**286. Nomination du conseil de surveillance.** — Immédiatement après la constitution définitive de la société, le conseil de surveillance doit être nommé par l'assemblée.

La loi n'impose pas de faire cette nomination par la deuxième assemblée générale constitutive ; mais, comme elle doit avoir lieu immédiatement après la constitution définitive, c'est-à-dire sans délai et, qu'en outre, elle doit être faite avant toute opération sociale (art. 5 de la loi), il convient, pour permettre à la société de fonctionner, de faire nommer, par la deuxième assemblée générale, les membres de ce conseil qui ne peuvent être élus que pour une année (V. *suprà*, n° 142).

**287. Approbation des statuts.** — Bien que la loi n'en fasse pas une obligation, il est d'usage de faire approuver les statuts par l'assemblée générale et c'est à ce moment que l'assemblée y apporte telles modifications qu'elle juge utile.

Nous devons faire remarquer cependant que les statuts des commandites par actions ne peuvent être modifiés que si cette modification est autorisée par les statuts (Houpin, 743, *infrà*, n° 367). Il faut, en outre, si tous les actionnaires ne sont pas présents, que le projet de modification ait été porté à l'ordre du jour des convocations (Thaller, n° 542).

**288. Majorité.** — Les délibérations relatives à la nomination du conseil de surveillance, à l'approbation et aux modifications des statuts, sont prises à la majorité simple (c'est-à-dire la moitié plus un des votants). La double majorité du quart prévue à l'article 4 de la loi n'est pas applicable à ces délibérations.

**289. Délibération accessoire.** — La deuxième assemblée générale fixe enfin, s'il y a lieu, la valeur des jetons de présence à allouer aux membres du premier conseil de surveillance si les statuts ont prévu ce mode de rémunération.

### SECTION IV. — Sociétés anonymes.

**290. Vérification des apports et avantages.** — L'article 24 de la loi de 1867 ayant rendu applicables aux sociétés anonymes les prescriptions de l'article 4, il est procédé à cette vérification de la manière que nous avons expliquée pour les commandites (*suprà*, n° 282).

**291. Nomination des administrateurs.** — Après l'approbation des apports et avantages, il est procédé à la nomination des administrateurs, si elle n'a pas été faite par les statuts ; cette nomination ne peut être faite pour une durée supérieure à six années (*suprà*, n° 152).

En cas de nomination statutaire, l'assemblée peut, par une délibération, porter de trois à six années la durée des fonctions de ces administrateurs.

Si, indépendamment des administrateurs désignés par les statuts, l'assemblée est appelée à faire d'autres nominations pour compléter le conseil, et si, d'autre part, il ne lui convient pas de proroger les pouvoirs des administrateurs statutaires, nous conseillons, en dehors de toute question de légalité, de ne faire les nominations complémentaires que pour une durée de trois ans, afin que les premiers administrateurs aient tous la même autorité morale au sein du conseil, à moins toutefois que l'assemblée n'ait de justes motifs pour en décider autrement.

Voir *suprà* (n° 158 et suiv.) pour les conditions d'éligibilité des administrateurs.

**292. Commissaires des comptes.** — L'assemblée générale doit nommer les commissaires des comptes pour le premier exercice.

**293. Acceptation des fonctions.** — La société anonyme n'est définitivement constituée qu'après acceptation de leurs fonctions par les administrateurs et les commissaires (art. 25 de la loi).

Par conséquent cette acceptation a lieu séance tenante et le procès-verbal doit en faire mention. Toutefois, si certains administrateurs ou commissaires n'étaient ni présents ni représentés à l'assemblée, leur acceptation ultérieure devrait être constatée par un acte authentique ou sous seing privé qui serait annexé au procès-verbal à la suite des statuts (Houpin, n° 533 ; Pont, n° 1066, Mathieu de Bourguignat, n° 187). La date de la dernière acceptation fixe celle de la constitution définitive de la société (art. 25 de la loi de 1867).

L'acceptation de leurs fonctions par le minimum des membres du conseil d'administration et des commissaires fixé par les statuts serait suffisante pour assurer la constitution définitive (Houpin, n° 535).

L'acceptation, pour les administrateurs statutaires, résulte des statuts s'ils ont été signés par eux comme fondateurs et, à défaut de cette signature, nous estimons encore qu'elle résulterait suffisamment de leur bulletin de souscription si, dans ce bulletin, ils avaient déclaré adhérer aux statuts.

**294. Approbation des statuts** —Comme pour la société en

commandite, il est d'usage de faire approuver les statuts par l'assemblée qui, dans les sociétés anonymes, a toujours le droit de les modifier à la condition qu'elle satisfasse aux prescriptions de l'article 31 de la loi et que les actionnaires non présents à l'assemblée aient été prévenus du projet de modification par l'ordre du jour contenu dans les convocations (Thaller, *loc. cit.* ; V. *infrà*, n° 371).

**295. Délibérations accessoires.** — La deuxième assemblée générale prend encore ordinairement les délibérations suivantes :

1° Elle fixe la valeur des jetons de présence des administrateurs conformément aux statuts ;

2° Elle arrête la rémunération des commissaires des comptes du premier exercice ;

3° Enfin elle autorise s'il y a lieu les administrateurs, conformément à la loi (art. 40), de faire des affaires avec la société (V. *suprà*, n° 167 et arrêt de la Cour de Rennes du 6 avril 1905).

**296. Procès-verbaux.** — Il doit être dressé procès-verbal de chacune des délibérations des assemblées constitutives des sociétés en commandite et des sociétés anonymes. Ces procès-verbaux sont écrits à la suite l'un de l'autre sur un registre spécial sur lequel seront transcrits tous les procès-verbaux des assemblées générales subséquentes.

Chacun des procès-verbaux doit être revêtu des signatures des membres du bureau. En outre, dans les sociétés anonymes, il est prudent de faire signer les administrateurs et les commissaires au bas du procès-verbal de la deuxième assemblée pour l'acceptation de leurs fonctions.

Il n'est pas nécessaire que le registre des procès-verbaux soit coté et paraphé par le président du tribunal de commerce.

**297. Dépôt pour minute.** — Il est d'usage de déposer pour minute, au notaire qui a reçu les statuts de la société, des copies certifiées, écrites sur timbre de dimension, des procès-verbaux des deux assemblées constitutives, et c'est lors de ce dépôt que sont acquittés les droits d'euregistrement relatifs à la constitution de la société.

Lorsque les pièces déposées contiennent l'énonciation d'actes sous seing privé, tels que marchés et autres, il faut éviter de faire effectuer le dépôt par un représentant légal de la société, ce qui autoriserait le receveur de l'enregistrement à exiger la justification du paiement des droits sur tous les documents cités et rendrait par suite leur enregistrement nécessaire.

Le dépôt n'a pas pour but de donner l'authenticité aux pièces déposées, mais seulement d'en assurer la conservation ; il est donc préférable de faire effectuer le dépôt par une personne étrangère à la société, un clerc de notaire par exemple.

Avec les deux copies des procès-verbaux, il est bon de déposer encore aux minutes du notaire toutes les autres pièces justificatives de la constitution.

Ces pièces supplémentaires sont :

Les exemplaires de journaux contenant les deux avis de convocation.

Les deux feuilles de présence aux assemblées.

L'original du rapport des commissaires, et l'exemplaire imprimé et enregistré de ce rapport.

Et les pouvoirs des actionnaires qui se sont fait représenter aux assemblées.


**298. Constitution sous condition suspensive.** — Les sociétés par actions peuvent être constituées sous condition suspensive, par exemple, lorsque la société, ayant pour objet l'exploitation d'un chemin de fer d'intérêt local, doit obtenir une déclaration d'utilité publique (Toulouse, 5 juillet 1887 ; Cass., 30 décembre 1887 ; Rousseau, n° 1927 ; Houpin, n° 535).

# TITRE VI

## FORMALITÉS EXTRINSÈQUES

### Sommaire :



## CHAPITRE PREMIER

### PUBLICATIONS

**299.** — Dès que la société est constituée, et que les procès verbaux des assemblées, déposés pour minute au notaire, (V. *suprà*, n° 297), ont été enregistrés, il y a lieu de procéder à la publication de la société et cette publication doit être faite dans le mois de la constitution. L'obligation de publier la société incombe aux représentants légaux de la société (gérants ou administrateurs).

Les formalités à remplir pour la publication des sociétés sont établies par les articles 55 et 56 de la loi de 1867, elles sont au nombre de quatre :

1° Dépôt au greffe du tribunal de commerce du siège social des pièces prescrites par l'article 55 que nous indiquerons ci-après ;

2° Même dépôt à faire au greffe de la justice de paix du canton dans lequel se trouve le siège social.

3° Insertion dans un journal d'annonces légales du siège social ;

4° Enregistrement dans les trois mois d'un exemplaire du journal contenant l'insertion ;

Nous allons expliquer successivement ces formalités dont l'inexécution ou l'irrégularité rendraient la société annulable (Voir *infrà*, n° 321).

## SECTION I. — Dépôts aux greffes.

**300. Tribunal de commerce et justice de paix.** — Les pièces à déposer à chacun des greffes du tribunal de commerce et de la justice de paix comprennent :

1° Un des doubles ou, plus exactement, un des originaux des statuts de la société et des actes modificatifs, s'il y a lieu, si ces actes sont sous seing privé, ou une expédition délivrée par le notaire s'ils sont notariés. Lorsque les statuts sous seing privé ont été annexé à l'acte notarié de souscription et de versement il peut être déposé indifféremment un double de l'acte sous seing privé ou une expédition délivrée par le notaire. Il en est de même si ces statuts ont fait l'objet d'un dépôt antérieur spécial aux minutes du notaire ;

2° Une expédition de l'acte notarié constatant la souscription du capital et le versement du quart, y compris (pour les sociétés anonymes seulement) l'expédition de la liste des souscripteurs annexée à cet acte ;

3° Une copie certifiée des délibérations prises par l'assemblée générale dans les cas prévus par les articles 4 et 24, c'est-à-dire, en somme, une copie in-extenso et certifiée, comme cela se fait toujours en pratique, de chacune des délibérations des deux assemblées générales constitutives ou de la délibération unique de cette assemblée (sociétés anonymes seulement) lorsqu'il n'y a pas eu d'apports ou avantages soumis à vérification (V. Houpin, n° 996).

En outre, lorsque la société est anonyme, on doit annexer à l'acte constitutif la liste nominative dûment certifiée des souscripteurs contenant leurs noms, prénoms, qualités, demeures et le nombre d'actions de chacun d'eux (art. 55, 3e al.).

Ordinairement cette liste, qui doit être annexée à la déclaration notariée de souscription et de versement, est expédiée à la suite de chacune des expéditions de cet acte.

**301. Déplacement du siège dans le même arrondissement.** — Il peut arriver qu'une société, sans sortir du ressort du tribunal de commerce dont elle dépend, déplace son siège pour le fixer dans le périmètre d'un canton de justice de paix autre que celui où la publicité originaire a été faite. Doit-on dans ce cas faire effectuer le dépôt des pièces au greffe de la nouvelle justice de paix ?

Nous ne le pensons pas, par interprétation de l'article 59 (dernier alinéa de la loi de 1867), si le déplacement a lieu sans sortir de la même ville, ce qui arrivera dans les villes comprenant plusieurs cantons de justice de paix.

Mais, si le déplacement avait lieu par changement de localité dans le ressort du même tribunal de commerce, il y aurait en réalité, suivant nous, changement du siège social. Dans ce cas, la modification des statuts qui en résulterait obligerait le dépôt au greffe de la nouvelle justice de paix, de toutes les pièces énumérées à l'article 55 et, en outre, de l'extrait de la délibération de l'assemblée qui aurait déplacé le siège. Ce même extrait devrait aussi être déposé au greffe du tribunal de commerce comme pièce de publicité complémentaire et il y aurait lieu également à l'insertion légale (V. *infrà*, n° 319).

**302. Changement de siège social.** — A plus forte raison, si le changement du siège est complet, c'est-à-dire, si la société passe dans le ressort d'un autre tribunal de commerce, il doit être fait de nouvelles publications et le double dépôt à effectuer aux greffes du tribunal de commerce, et de la justice de paix du nouveau siège doivent comprendre, non seulement l'extrait de la délibération modificative, mais encore toutes les pièces prescrites pour le dépôt orignaire. L'insertion légale doit également être faite dans un journal d'annonces légales du nouveau siège. Le changement du siège social étant une modification des statuts intéressant les tiers, nous estimons que le procès-verbal de l'assemblée extraordinaire qui l'a décidé doit faire l'objet d'un dépôt aux greffes compétents du siège primitif et d'une insertion dans un journal de cette localité, sans préjudice des publications à faire concurremment au nouveau siège ainsi que nous venons de le dire.

**303. Commandites. Liste des souscripteurs.** — Nous avons vu que le dépôt de la liste nominative des souscripteurs n'est prescrit que pour les sociétés anonymes. Il est cependant d'usage assez fréquent de publier cette liste pour les commandites et, à moins de raisons sérieuses pour agir autrement (V. *suprà*, n° 61, § 3), nous conseillons de faire cette publication, ne serait-ce que pour éviter le dépôt complémentaire qu'il y aurait lieu d'en faire ultérieurement, au cas de transformation de la société en société anonyme.

**304. Par qui est fait le dépôt.** — Le dépôt doit être effectué par les représentants légaux de la société (gérant ou administrateurs) ; mais il est d'usage, soit dans les statuts, soit dans les délibérations de l'assemblée, de donner ce pouvoir à tout porteur des documents à déposer. Dans ce cas le dépôt peut être fait par toute personne même étrangère à la société (ordinairement un clerc du notaire).

SECTION II. — Insertion.

**305. Journal.** — A Paris et dans le département de la Seine, l'annonce légale doit être faite dans l'un des journaux désignés chaque année par le préfet (décret du 17 février 1852). Dans les autres départements le choix du journal est laissé aux intéressés (décret du 28 décembre 1870).

**306. Teneur de l'extrait**. — L'annonce légale à publier doit comprendre, soit par extraits *parte in qua*, soit par simple analyse, les pièces dont le dépôt aux greffes est ordonné, savoir :

**307. Statuts**. — L'extrait des statuts doit mentionner :

1° La nature sous seing privé ou notariée et la date de l'acte constitutif ;

2° La forme (commandite ou anonyme) de la société ;

3° La raison sociale (pour les commandites), la dénomination de la société (pour les sociétés anonymes) ;

4° La durée de la société avec indication de son point de départ et de l'époque où elle doit finir ;

5° Le siège social et, s'il y a lieu, le siège des principaux établissements et succursales ;

6° L'objet de la société (1) ;

7° L'étendue et l'analyse succincte des apports en nature ;

8° Le montant du capital social, sa composition tant en actions de numéraire qu'en actions d'apports.

9° Les noms, prénoms et domiciles du gérant statutaire des commandites par actions, ou des administrateurs de la société anonyme s'ils sont nommés par les statuts ;

10° Pour les sociétés anonymes seulement, la quotité (minimum légal 5 0/0) à prélever sur les bénéfices pour constituer la réserve légale.

**308. Stipulations intéressant les tiers**. — Les éléments que nous venons d'indiquer et qui sont à puiser dans les statuts

---

(1) La loi n'a pas fait une obligation de la publication de l'objet social et son omission ne serait pas une cause de nullité de la société (Houpin, 1014 ; Paris, 3 avril 1884 ; Bouvier-Bangillon, *J. Soc.*, 1900, 481). « C'est là, dit M. Thaller (n° 362), un singulier oubli de la loi. Heureusement que, dans la pratique, l'usage a réparé cet oubli et c'est pour ce motif que nous faisons figurer l'objet comme étant d'une publication nécessaire sans cela, comme le dit si justement M. Thaller, les tiers ignoreraient s'il s'agit, par exemple, d'une banque ou d'une raffinerie. »

ne sont pas les seuls qu'il convienne de comprendre dans l'insertion. Les dispositions de l'article 57 sont énonciatives et non
limitatives et, ainsi, il convient de publier encore les clauses
exceptionnelles des statuts qui modifieraient les rapports de la
société avec les tiers et les mesures extraordinaires qui restrein-
draient ou amplifieraient les pouvoirs ordinaires de l'administration.

Doivent être publiées notamment :

1o La clause qui obligerait le gérant de la commandite à faire
toutes les affaires au comptant (Cass., 22 décembre 1874) ;

2o Celle qui autoriserait le paiement d'intérêts aux actionnaires,
si ces intérêts doivent être portés au compte des frais généraux et
si leur service doit être fait même en l'absence de bénéfices à
titre de loyer naturel de l'argent.

Enfin il est d'usage de publier la clause des statuts portant
l'étendue des pouvoirs du gérant ou du conseil d'administration
et la faculté, pour le conseil, de choisir un administrateur délégué
ou un directeur. Par ce moyen les tiers sont avertis de l'autorité
qui s'attache aux actes accomplis par les représentants de la
société, ce qui évite, dans bien des cas, de produire des extraits
des statuts.

**309. Déclaration notariée de souscription et de verse-
ment.** — L'extrait de cet acte doit comprendre :

1o La date de l'acte et l'indication du notaire qui l'a reçu.

2o L'indication des personnes (gérant ou fondateurs) qui ont
fait et signé la déclaration.

3o L'indication du capital émis contre espèces et le nombre des
actions qui étaient à souscrire pour représenter ce capital.

4o L'indication que toutes les actions ont été souscrites et libérées de la quotité prescrite par la loi et les statuts ;

5o Enfin il doit être fait mention de la liste nominative annexée
à l'acte notarié, sans qu'il soit nécessaire de reproduire les noms

des actionnaires compris dans la liste (V. Houpin, n° 999).

**310. Assemblées constitutives.** — L'insertion légale doit comprendre encore l'analyse des délibérations des deux assemblées générales constitutives ou de l'assemblée unique s'il n'y a pas eu d'apports et avantages à vérifier.

**311. Première assemblée.** — L'extrait de la première délibération doit mentionner l'approbation par l'assemblée de la déclaration notariée de souscription et de versement et la nomination des commissaires chargés de vérifier les apports en nature et les avantages stipulés aux statuts, sans qu'il soit indispensable de publier les noms des commissaires désignés.

Nous avons vu (*suprà*, n° 269) que, dans les commandites par actions, la loi n'imposait pas à l'assemblée la vérification de la sincérité de la déclaration notariée faite par le gérant, mais qu'il est d'usage constant, par analogie avec les sociétés anonymes, de faire procéder à cette approbation par l'assemblée générale. Dans ce cas l'insertion en fera mention.

**312. Deuxième assemblée.** — Les délibérations de la deuxième assemblée générale qui doivent être comprises dans l'insertion sont celles qui ont pour objet, savoir :

| *Société en commandite par actions.* | *Société anonyme.* |
|---|---|
| 1° L'approbation du rapport des commissaires sur les apports et avantages vérifiés. | 1° L'approbation du rapport des commissaires sur les apports et avantages vérifiés. |
| 2° L'approbation des statuts et les modifications y apportées s'il y a lieu. | 2° La nomination des administrateurs avec indication des noms, prénoms, profession et domicile de chacun d'eux, la durée de leurs fonctions et leur acceptation. |

3° La nomination pour une année des membres du premier conseil de surveillance.

(Bien que cela ait lieu ordinairement dans la pratique, nous ne croyons pas nécessaire de publier les noms des membres du conseil de surveillance qui n'ont aucun pouvoir d'administration).

3° La nomination des commissaires des comptes du premier exercice et leur acceptation.

4° L'approbation des statuts et les modifications y apportées s'il y a lieu.

**313. Mention des dépôts.** — Enfin l'extrait doit indiquer la date des dépôts faits aux greffes du tribunal de commerce et de la justice de paix (art. 57 de la loi).

**314. Première délibération du conseil d'administration.** — Dans bien des sociétés anonymes nous avons vu publier, à la suite des documents prescrits par la loi, la délibération du conseil d'administration, prise généralement à l'issue de la deuxième assemblée, nommant le président du conseil et l'administrateur délégué ou le directeur.

C'est là une pratique excellente qui a l'avantage de faire connaître immédiatement aux tiers quels sont ceux des administrateurs dont la signature engagera la société.

**315. Signature de l'extrait.** — L'extrait doit être signé savoir :

1° Pour les actes notariés et ceux déposés pour minute, par le notaire qui les a reçus.

2° Pour les actes sous seing privé et pour les délibérations de l'assemblée générale, par le gérant (commandite) ou les administrateurs (anonymes) ou soit par celui ou ceux d'entre eux dont les signatures sont suffisantes, d'après les statuts, pour la justification des pièces à produire.

Mais, dans la pratique, les extraits sont ordinairement signés par le notaire aux minutes duquel toutes les pièces sont déposées et qui est habituellement chargé de procéder aux publications légales.

**316. Délai.** — Les dépôts aux greffes et l'insertion légale doivent être effectués dans le mois de la constitution définitive de la société calculé de quantième à quantième, sans égard à l'inégalité des jours qui composent chaque mois de l'année (Rousseau, n° 378 ; Houpin, n° 998).

Ce délai d'un mois doit être observé pour toutes les localités où la société doit être publiée (Rousseau, n° 380 ; Houpin, n° 998), sauf cependant pour les publications à faire dans les colonies, où le délai d'un mois serait matériellement insuffisant (Houpin, *loc. cit.*).

Si la constitution définitive de la société était soumise à l'avènement d'une condition suspensive, MM. Houpin et Rousseau conseillent, en présence de la controverse que cette question a soulevée, de procéder à une double publication :

1° Publication dans le mois de la date de la deuxième assemblée générale constitutive, comme si la condition suspensive n'existait pas ;

2° Publication dans le mois de la réalisation de la condition.

Évidemment, en procédant de la sorte, on évite toute difficulté, mais on s'expose, si la condition suspensive ne se réalise pas, à avoir payé, en pure perte, des frais d'expéditions d'actes, de dépôt et d'insertion dont le total est suffisamment élevé pour que l'économie éventuelle que l'on peut en faire ne soit pas négligée, surtout si la dépense se trouvait encore aggravée par des publications multiples à faire dans diverses succursales.

Il nous paraît donc nécessaire d'affirmer une opinion sur ce point, et cette opinion dépendra uniquement de celle qu'on se sera faite sur la date exacte de la constitution définitive puisque c'est à partir de cette date *seulement* que court le délai légal d'un mois (art. 55 de la loi).

Or tout le monde est d'accord pour fixer cette date à l'échéance de la condition (V. *suprà*, n° 298). Jusque-là la société reste à l'état de projet et toute publication antérieure nous paraît inutile et prématurée.

Les auteurs qui ont fait courir le délai d'un mois à partir de la deuxième assemblée, sans attendre l'arrivée de la condition, s'appuient sur les règles de droit touchant la rétroactivité de la condition suspensive (Pont, n°s 1174 et suiv. ; Ruben de Couder, n° 335. — Conf. Rennes, 3 août 1874 ; V. Lyon, 2 février 1882). Il nous semble cependant que cette rétroactivité ne doit pas avoir d'effet sur cette question particulière de délai et nous pensons qu'il faut raisonner comme en matière, par exemple, de mutation par décès. On sait en effet que lorsqu'un legs est fait sous une condition suspensive, le délai de six mois pour l'acquittement des droits de mutation ne court qu'à partir de l'avènement de la condition.

Et, d'ailleurs, si l'on se place au point de vue de l'esprit de la loi, on se demande quel intérêt pourrait présenter pour les tiers la publication prématurée d'une société qui n'existera même peut-être jamais et que, dans tous les cas, ils ne seront appelés à connaître que le jour où elle commencera à fonctionner, c'est-à-dire le jour où la condition sera réalisée.

**317. Enregistrement du journal. — Aux** termes de l'article 56 de la loi, il est justifié de l'insertion par un exemplaire du journal certifié par l'imprimeur, légalisé par le maire, et enregistré dans les trois mois de sa date.

**318. Dépôt aux minutes du notaire. —** Lors des dépôts

aux greffes, il en est dressé acte par chacun des greffiers du tribunal de commerce et de la justice de paix qui délivrent à la société des extraits ou certificats de ces dépôts.

A raison de l'importance qui s'attache à la régularité des publications, nous conseillons aux sociétés de déposer pour minute au notaire, les extraits des actes de dépôt et l'exemplaire légalisé et enregistré du journal constatant la régularité de la publication.

**319. Etablissements multiples. — Succursales.** — Si la société a plusieurs maisons de commerce ou succursales situées dans divers arrondissements, les publications légales doivent être faites de la manière que nous venons d'indiquer dans chacun des arrondissements où existent ces maisons de commerce.

Mais, dans les villes divisées en plusieurs arrondissements de justice de paix telles que Paris, Lyon, Marseille, etc., le dépôt sera fait seulement au greffe de la justice de paix du principal établissement.

Il ne faudrait pas étendre ces prescriptions aux simples agences ou chantiers d'exploitation dans lesquels les représentants de la société sont de simples employés n'ayant pas le pouvoir de traiter directement pour la société ni de l'obliger envers les tiers (Houpin, nº 1002).

A l'origine de la société, les publications légales doivent avoir lieu dans le délai d'un mois de la constitution au siège de toutes les succursales créées statutairement.

Mais lorsqu'au cours de la vie sociale, des succursales sont créées, la publicité originaire doit être complétée par de nouvelles publications de toutes les pièces constitutives au siège de chaque succursale créée en outre de la publication de l'acte ou de la délibération qui crée la succursale.

De plus, la création d'une succursale ayant tous les caractères d'une modification des statuts, la délibération qui la décide doit être publiée au lieu du siège social dans le même délai (Rousseau,

n° 367 ; Houpin, n° 1030 ; Pont, n° 1177. — *Contrà*, Vavasseur,
n° 1038).

**320. Succursales à l'étranger.** — En vertu de la règle
*Locus regit actum*, les sociétés françaises ayant des succursales à
l'étranger doivent se conformer, pour les publications concernant
ces succursales, non pas à la loi française qui n'est pas applicable, mais à la loi du pays où doit fonctionner la succursale.

En ce qui concerne le régime des sociétés françaises dans les
différents pays étrangers on consultera avec intérêt les développements donnés à cette question par M. Houpin (n°s 1184 et suivants) et par M. Rousseau qui a fait dans son *Traité des sociétés*
(t. II) une étude spéciale de la législation étrangère concernant
les sociétés.

**321. Nullité.** — Les formalités prescrites par les articles 55, 56,
57, 58 et 59 de la loi de 1867 sont d'ordre public et l'inobservation
d'une seule de ces formalités entraînerait la nullité de la société.
Mais cette nullité n'existe pas de plein droit et pour qu'elle soit
prononcée, il faut qu'elle soit demandée, soit par un associé, soit
par un tiers, et cette action en nullité est imprescriptible, sous
réserve de ce que nous dirons ci-après relativement aux publications tardives.

Elle peut être poursuivie par un actionnaire ou par les tiers
contre la société ; mais, en vertu de l'article 56 (*in fine*) de la loi
de 1867, la nullité ne saurait être opposée aux tiers par les
associés.

**322. Publicité tardive.** — Suivant l'opinion la plus généralement admise, la nullité pour défaut de publications ou pour
irrégularité des formalités sera couverte, à l'égard des associés
entre eux et à l'égard des tiers qui traiteront, dans l'avenir, avec
la société, pourvu que les formalités soient accomplies ou que les
irrégularités aient disparu *avant toute action en nullité basée sur*

*ces irrégularités* (Houpin, nᵒˢ 1021, 1022 ; Rousseau, nᵒˢ 440 et 444 ; Vavasseur, nᵒ 1026).

Mais la publicité tardive n'est pas opposable aux tiers à raison des actes passés antérieurement par eux avec la société (Houpin, *loc. cit.*; Rousseau, *loc. cit.*; Bouvier-Bangillon, p. 86 ; Lyon-Caen et Renault, t. II, p. 214 ; Pont, t. II, nᵒ 1230. — *Contrà*, Vavasseur, nᵒ 1028 ; Alauzet, t. II, nᵒ 808). Ces tiers, dit M. Rousseau, ont en effet un droit acquis à la nullité qui résulte de ce qu'ils ont traité avec une société qui n'avait point d'existence légale.

**323. Responsabilité.** — La responsabilité, quant à la publication, incombe à ceux qui, d'après la loi, étaient chargés d'accomplir les formalités, c'est-à-dire :

*a*) Au gérant et au conseil de surveillance pour les commandites par actions (Cass., 16 novembre 1887 ; Rouen, 25 janvier 1893 ; Rousseau, nᵒ 432 ; Houpin, nᵒ 1024 ; Pont, nᵒ 1288). Cependant M. Vavasseur n'admet pas la responsabilité, dans ce cas, du conseil de surveillance (nᵒ 580).

*b*) Aux administrateurs pour les sociétés anonymes.

Cette responsabilité, depuis la loi du 1ᵉʳ août 1893, ne dépasse pas les limites du préjudice causé par la nullité aux actionnaires et aux tiers.

**324. Notaire.** — Enfin nous estimons que le notaire peut être, suivant les circonstances, déclaré responsable des irrégularités commises, lorsqu'il a reçu le mandat, tout au moins tacite, de procéder lui-même aux publications.


SECTION III. — **Publicité permanente.**


**325. Loi.** — Indépendamment de la publicité originaire que nous venons d'étudier, la loi de 1867, par ses articles 63 et 64, a prescrit une publicité permanente pendant toute la durée de la société. Cette publicité consiste :

1° Dans l'affichage dans les bureaux du siège social, et d'une façon apparente, des pièces dont le dépôt a été effectué aux greffes conformément à l'article 55 de la loi.

2° Dans le droit, également pour toute personne, de prendre communication des pièces déposées et de s'en faire délivrer, à ses frais, expéditions ou extraits par le greffier ou par le notaire.

3° Dans le droit, également pour toute personne, de se faire délivrer, au siège de la société, une copie certifiée (ordinairement un exemplaire imprimé) des statuts, moyennant paiement d'une somme qui ne peut excéder un franc.

4° Dans l'obligation, pour les sociétés par actions, de faire précéder ou suivre la dénomination sociale de ces mots *société en commandite par actions* ou *société anonyme* avec l'énonciation du capital social, dans tous actes, factures, annonces, publications et autres documents imprimés ou autographiés émanant de ces sociétés (art. 64 de la loi).

**326. Pénalité.** — L'article 64 dispose, *in fine,* que toute infraction aux dispositions qui précèdent, c'est-à-dire à celles résultant de ce même article 64, sans extension à celles de l'article 63, est punie d'une amende de 50 à 1.000 francs; et cette amende est directement à la charge du gérant ou des administrateurs auteurs responsables de l'infraction (Houpin, n° 1049).


# CHAPITRE II

DÉCLARATION D'EXISTENCE.


**327.** — Les sociétés par actions, dès qu'elles sont définitivement constituées, sont tenues de faire, au bureau de l'enregistrement dans le ressort duquel se trouve le siège social, une déclaration spéciale dite *déclaration d'existence* énonçant : 1° l'objet, le siège et la durée de la société ; 2° la date des actes constitutifs ; 3° les noms des administrateurs délégués, directeurs ou gérants aux noms desquels, d'ailleurs, la déclaration doit être souscrite ; 4° le nombre et le montant des titres émis, en distinguant les actions des obligations, et les titres nominatifs des titres au porteur (Décret du 17 juillet 1857, art. 1er).

Cette déclaration doit être accompagnée : 1° D'un exemplaire des statuts imprimés ou manuscrits ; 2° d'un exemplaire du journal contenant l'insertion légale. Les receveurs, ordinairement, exigent encore une copie sur papier libre de la délibération de la deuxième assemblée générale constitutive qui fixe la date de la constitution.

**328. Délai.** — La déclaration d'existence doit être faite *dans le mois* de la constitution définitive.

A ce point de vue une observation est nécessaire :

La déclaration d'existence, en faisant connaître au fisc la date de la constitution définitive de la société, marque le point de départ des impôts annuels auxquels sont soumises les sociétés par actions (droit de transmission, taxe de 4 °/° sur le revenu).

Or, pour la perception de ces impôts, l'année est divisée en quatre tranches d'un trimestre chacune échéant les 1er janvier, 1er avril, 1er juillet et 1er octobre et nous verrons plus loin que les taxes dues, pour chaque trimestre, doivent être liquidées et acquittées dans les vingt premiers jours du trimestre suivant (*infrà*, nos 471 et 482).

Nous verrons aussi (*infrà*, n° 483) qu'une société constituée en cours de trimestre doit acquitter dans les vingt jours du trimestre suivant le prorata de taxe correspondant au nombre de jours écoulés depuis la constitution définitive de la société jusqu'à la fin du trimestre courant.

Ainsi donc une société, constituée dans les derniers jours d'un trimestre, le 25 mars par exemple, aura moins d'un mois devant elle pour remplir ses premières obligations fiscales et, conséquemment, dans cette hypothèse, la déclaration d'existence qui doit précéder toute liquidation d'impôts devra être souscrite sous un délai inférieur à un mois.

Les infractions à la loi, en ce qui concerne l'obligation de la déclaration d'existence, rendent la société passible des pénalités portées à l'article 10 de la loi du 23 juin 1857 (V. *infrà*, n° 487).

# TROISIÈME PARTIE

## DES ACTES DE LA VIE SOCIALE

Nous venons de suivre la société dans toutes les phases de la constitution. Après lui avoir assuré son existence légale, nous allons, dans cette troisième partie, étudier les événements et incidents divers de la vie sociale.

## TITRE PREMIER

### ORGANISATION ADMINISTRATIVE ET FONCTIONNEMENT DE LA SOCIÉTÉ



## CHAPITRE PREMIER

### SOCIÉTÉ EN COMMANDITE PAR ACTIONS.

**329. Conseil de surveillance.** — Dès qu'il est nommé et ordinairement à l'issue même de la deuxième assemblée générale constitutive, le conseil de surveillance doit se réunir, d'abord pour constituer son bureau, désigner son président et pour satisfaire ensuite aux prescriptions de l'article 6 de la loi de 1867.

Aux termes de cet article, le premier conseil de surveillance doit, immédiatement après sa nomination, vérifier si toutes les dispositions légales prescrites pour la constitution régulière de la société ont été observées. Il a donc le devoir de vérifier, une à une, toutes les opérations de constitution que nous avons expliquées et en cela, sa tâche se trouvera simplifiée et sa responsabilité moins engagée si, comme cela a lieu habituellement par analogie avec la société anonyme, on a pris le soin de faire vérifier par la première assemblée constitutive la sincérité de la déclaration notariée de souscription et de versement qui est, sans contredit, l'opération la plus grave de la constitution.

Cette vérification doit être une œuvre personnelle, et les membres du conseil engageraient leur responsabilité, dans les termes de l'article 8 de la loi, s'ils s'en rapportaient aux déclarations du gérant (Cass., 11 mai 1863 ; Rousseau, n° 2101 ; Houpin, n° 705. — V. *suprà*, n° 142, § 1er).

Le procès-verbal de cette première séance du conseil fera mention du résultat de la vérification et signalera, s'il y a lieu, les irrégularités constatées.

Le conseil aura ensuite le devoir de corriger ou de faire corriger, par le gérant, ces irrégularités et, en cas d'impossibilité, usant du pouvoir que lui confère l'article 11, il devra convoquer l'assemblée générale et provoquer, s'il y a lieu, la dissolution de la société.

Le conseil de surveillance devra veiller, en outre, à ce que les publications légales de la société soient faites conformément à la loi, et il en constatera la régularité dans la première séance du conseil qui suivra ces publications.

# CHAPITRE II

SOCIÉTÉ ANONYME.

**330.** — Dès son entrée en fonctions, le conseil d'administration doit se réunir pour la mise en marche des rouages administratifs de la société. Cette réunion a lieu, d'ordinaire, à l'issue de l'assemblée générale constitutive.

Dans cette séance le conseil élit son président, les vice-présidents, s'il y a lieu, et le secrétaire qui peut être un simple employé de la société.

Il procède ensuite aux délégations nécessaires en se conformant pour cela aux prescriptions des statuts.

En prévision des justifications à faire, vis-à-vis des tiers, de la délibération nommant les directeurs ou administrateurs délégués, il est nécessaire que la délibération précise avec clarté les pouvoirs que le conseil confère à ses agents, soit par une énumération complète, soit par une référence aux articles des statuts contenant ces pouvoirs.

Si les statuts ont prévu la nomination d'un directeur technique (V. *suprà*, n° 180), c'est au cours de cette séance que sera passé, ordinairement, entre les administrateurs d'une part et l'agent technique d'autre part, le contrat de louage d'industrie qui fix les conditions, les avantages et la durée de la situation faite à ce directeur par la société.

Au lieu de passer lui-même ce contrat, le conseil pourra charger de ce soin un ou plusieurs administrateurs. Il sera prudent, dans ce cas, de relater dans la délibération même contenant cette délégation, les principaux points du contrat à intervenir, de manière à dégager la responsabilité personnelle des administrateurs appelés à signer cet important contrat.

Enfin le conseil prend toutes les mesures et toutes les délibérations nécessaires pour assurer la mise en marche de l'entreprise et l'organisation des bureaux et de la comptabilité ; il décide, s'il y a lieu, les appels de fonds à faire sur les actions de numéraire.

**331. Première opération en banque.** — Ainsi que nous l'avons expliqué (*suprà*, n° 243),les fonds de la souscription sont versés, le plus souvent, dans une maison de banque et portés par celle-ci au compte de la société (en formation). Dès que la constitution de la société est définitive, il est nécessaire que ces fonds soient le plus rapidement possible à la disposition du conseil d'administration pour faire face, d'abord aux frais de constitution et ensuite aux premiers besoins de la société.

Pour cela le banquier, à la diligence des administrateurs ou de leur délégué, transformera le compte de dépôt provisoire en compte définitif au nom de la société constituée ; mais, pour la libre disposition des fonds, le banquier exigera la production des pièces justificatives suivantes :

1° Exemplaire imprimé ou manuscrit des statuts (la certification de cette pièce n'est ordinairement pas exigée).

2° Copie de la délibération de la deuxième assemblée constitutive.

3° Exemplaire non enregistré du journal contenant l'insertion légale.

4° (Pour les sociétés anonymes). Extrait sur timbre dûment certifié, de la délibération du conseil d'administration désignant la personne (administrateur délégué ou directeur) dont la signature sera suffisante pour engager la société et pour effectuer les entrées et sorties de fonds (V. *suprà*, n° 243).

# CHAPITRE III

## REGISTRE DES PROCÈS-VERBAUX.

**332.** — Il est créé, au sein de chaque société en commandite ou anonyme, un registre semblable à celui déjà établi pour les assemblées d'actionnaires, sur lequel seront rédigés, à la suite les uns des autres et par ordre de date, les procès-verbaux des délibérations du conseil de surveillance ou d'administration (V. *suprà*, n$^{os}$ 146 et 163).

Souvent, à côté de ce registre, il en existe un second appelé *registre de présence* au moyen duquel la société justifiera de la présence des membres à chaque réunion par une signature d'émargement que les administrateurs, au début de chaque séance, auront apposée sur la feuille de ce registre correspondant à la date de la réunion.

C'est là une pratique sage qui évitera bien des contestations, en cas de poursuites contre les administrateurs ou même, seulement, pour la répartition des jetons de présence ; mais son utilité ne se justifie qu'au sein des conseils dont les procès-verbaux ne doivent pas revêtir, pour leur validité, les signatures de tous les membres présents.

Au surplus, le conseil peut adopter tout autre moyen pour constater la présence de ses membres, notamment en établissant la feuille de présence en tête même du procès-verbal de chaque réunion.

**333. Délibération. Minorité.** — Comme nous l'avons dit (*suprà*, n° 174), lorsque les conseils sont appelés à voter sur des questions importantes susceptibles, à un moment donné, d'engager la responsabilité du conseil, il est prudent, pour la minorité, de faire constater au procès verbal son vote négatif et même les motifs de ce vote.

Cette relation sera d'un grand intérêt au jour où des poursuites personnelles seraient intentées contre les membres du conseil.


## CHAPITRE IV

### CRÉATION DES TITRES.


**334.** — Les actions d'une société existent indépendamment des titres appelés à les représenter et, lorsque les actions sont nominatives, il n'est pas indispensable de délivrer des titres aux actionnaires, bien qu'il soit d'usage de le faire dans la pratique, à moins d'une disposition contraire des statuts. Nous verrons *infrà*, n° 461) que l'abonnement au timbre peut n'être pas souscrit tant que les titres d'actions n'ont pas été matériellement créés.

**335. Actions d'apport**. — Les actions d'apport devant demeurer à la souche pendant deux ans, il peut être sursis à leur création matérielle jusqu'à l'expiration de ce délai (Houpin, n° 1296).

**336. Certificats provisoires.** — Ordinairement, il est remis aux actionnaires, après la constitution définitive de la société, un certificat nominatif provisoire en échange du reçu contenant le versement du quart effectué à la souscription. Sur ce titre, sont mentionnés les versements ultérieurs et, lorsque le titre sera entièrement libéré, il sera remis à l'actionnaire un titre définitif d'action qui, suivant les stipulations des statuts, pourra être nominatif ou au porteur.

**337. Abonnement au timbre.** — Dès que le conseil d'administration ou le gérant ont décidé la création des titres, ou même simplement des certificats provisoires, comme les uns et les autres doivent être timbrés, le gérant ou les administrateurs acquittent au préalable les droits de timbre qui sont de 0 fr. 50 0/0 une fois payés pour les sociétés créées pour une durée ne dépassant pas dix ans, et de 1 0/0 pour celles dont la durée est supérieure.

Mais les sociétés peuvent s'affranchir de ce droit de timbre très onéreux, en contractant, avec l'État, un abonnement pour toute la durée de la société et cet abonnement donne lieu à une redevance annuelle, pour droit de timbre sur toutes les actions, de 0 fr. 06 0/0 décimes compris.

Cet abonnement qui doit être contracté postérieurement à la déclaration d'existence et, au plus tard, au moment où les titres d'actions sont créés, est contracté pour toute la durée de la société, sans que les réductions de capital qui seraient ultérieurement décidées puissent autoriser une diminution de la redevance (V. *infrà*, n° 461).

Il n'est pas nécessaire que l'abonnement porte sur le total du capital social. Il peut n'être souscrit que pour la partie des titres dont la création est décidée, par exemple, pour les actions de numéraire à l'exclusion des actions d'apport dont la création peut être différée jusqu'à l'expiration du délai de deux ans (*suprà*, n° 334).

Lors de la souscription de l'abonnement, il est délivré par le receveur de l'enregistrement un certificat qui sert de pièce justificative permettant à l'agent du fisc préposé au service du timbre, sur le vu de ce certificat, d'appliquer l'empreinte du timbre sur les titres d'actions.

Lorsque les titres annulés sont remplacés par d'autres, sans qu'il y ait augmentation du capital social ni création d'une société nouvelle, les titres nouveaux sont timbrés sans paiement de nouveaux droits sur la seule représentation des titres annulés.

# CHAPITRE V

### ÉTAT SEMESTRIEL. — INVENTAIRE.

**338. Société en commandite.** — Nous avons vu (*suprà*, n° 136) que, pour les sociétés en commandite par actions, le conseil de surveillance exerce un pouvoir de contrôle permanent sur les actes du gérant.

Un arrêt de la Cour de cassation du 3 décembre 1872 a décidé même que les actionnaires sont fondés à demander en justice, à toute époque, que la comptabilité, le portefeuille, la caisse et les divers documents sociaux soient mis à leur disposition au siège de la société lorsqu'ils justifient d'un intérêt sérieux. Mais M. Rousseau (n° 2106) estime que cette jurisprudence doit être acceptée avec quelque réserve.

**339. Sociétés anonymes.** — Dans les sociétés anonymes, il n'y a pas de contrôle permanent. Le droit de contrôle qui appartient aux commissaires commence seulement au second semestre de l'exercice par le droit que leur donne l'article 34 de la loi de 1867 de prendre communication de l'état de situation semestriel. La loi, d'ailleurs, arrête là le droit des commissaires qui ne peuvent, à ce moment, s'immiscer dans les actes du conseil et vérifier, par conséquent, la sincérité de cet état sommaire. C'est assurément une restriction regrettable de la loi et, comme le dit fort justement M. Thaller (n° 678), le droit pour les commissaires de convoquer l'assemblée générale à toute époque a des chances, dans ces conditions, de rester lettre morte.

Ce n'est que plus tard, dans les trois mois qui précéderont l'assemblée générale, que les commissaires pourront prendre connaissance des livres et des opérations de la société.

**340. Etat semestriel.** — L'article 34 de la loi dispose que toute société anonyme doit dresser, chaque semestre, un état sommaire de sa situation active et passive et cet état est mis à la disposition des commissaires.

Ce n'est pas, à proprement parler, *tous* les semestres que cet état est exigé, mais seulement à la fin du *premier semestre* de chaque exercice puisque c'est l'inventaire lui-même qui doit être dressé à la fin du second semestre qui clôture l'exercice.

**341. A-compte sur le dividende.** — C'est d'après les résultats de l'état semestriel que, dans certaines sociétés, il est procédé à la répartition d'un à-compte sur le dividende. Mais les administrateurs ne doivent décider cette répartition anticipée qu'avec beaucoup de circonspection pour ne pas exposer les actionnaires à une restitution, dans le cas où les résultats du deuxième semestre viendraient détruire ceux du premier (Thaller, *loc. cit.*, note 1). Ce savant auteur juge au surplus très délicate la question de savoir si, dans ce cas, la distribution d'un à-compte pourrait constituer, à la charge des administrateurs, le délit de distribution de dividendes fictifs.

Nous avons donc raison de dire que les administrateurs doivent agir sur ce point avec un très grande prudence.

**342. Inventaire annuel. Bilan.** — Aux termes du même article 34 de la loi de 1867, il doit être établi chaque année, conformément à l'article 9 du Code de commerce, un inventaire contenant l'indication des valeurs mobilières et immobilières et de toutes les dettes actives et passives de la société.

Il est admis, en pratique, pour le premier inventaire social, lorsque la date de la constitution est rapprochée de celle choisie pour le commencement et la fin de chaque exercice, de renvoyer la date de ce premier inventaire à la fin de l'exercice complet qui suivra la constitution définitive.

Par exemple, une société constituée le 5 août 1906 et dont

l'année sociale commencera et finira le 31 décembre, peut renvoyer au 31 décembre 1907 l'époque du premier inventaire et, ainsi, le premier exercice sera exceptionnellement de plus d'une année (Houpin, n° 894, note 4).

L'obligation de dresser un inventaire annuel qui, pour les sociétés anonymes, résulte des dispositions de l'article 34 de la loi de 1867, résulte, pour les commandites par actions, des prescriptions des articles 10 et 12 de la même loi et de l'article 9 du Code de commerce.

L'ensemble des opérations d'inventaire comprend l'établissement de deux documents successifs :

1° L'inventaire proprement dit ; 2° le bilan.

M. Thaller (n°s 200-3°-et 201) a donné une excellente définition de ces deux éléments du fonctionnement social :

« L'inventaire est un état descriptif et estimatif de toutes les « valeurs que le négociant (la société) possède dans son exploita- « tion à la fin d'un exercice en immeubles, en matériel, en mar- « chandises, en argent. L'inventaire prépare le bilan, il en est le « préliminaire nécessaire.

« Le bilan est le tableau en deux colonnes, par actif et passif, « de ce que le commerçant (la société) possède et de ce qu'il doit. « Les articles qui le composent ne sont pas autre chose que les « soldes des comptes du grand-livre symétriquement dressés et se « faisant *balance* (d'où vient le mot *bilan* lui-même). »

**343. Comptabilité.** — Pour assurer l'exactitude des inventaires, il faut une comptabilité irréprochablement tenue. A cet égard il n'est peut-être pas inutile de rappeler ici les livres dont la tenue est prescrite dans toute maison de commerce :

1° Le livre journal ; 2° le grand-livre (ce livre est facultatif) ; 3° le livre des inventaires ; 4° le copie de lettres avec la mise en liasse des lettres reçues.

Mais c'est là un minimum légal, et, dans la pratique, les livres sont beaucoup plus nombreux ; d'ailleurs pour les sociétés par actions, il y a lieu d'ajouter encore : 5° le livre des procès-verbaux des assemblées générales ; 6° le livre des procès-verbaux du conseil de surveillance ou d'administration ; 7° le registre des transferts d'actions nominatives.

En ce qui concerne la tenue régulière des écritures, nous ne saurions mieux faire que d'inviter les sociétés à se reporter à l'intéressante étude contenue, à ce sujet, dans le *Traité élémentaire de droit commercial* de M. Thaller, professeur à la Faculté de Paris (éd. de 1904 ch. III, sect. I, n°ˢ 191 et suiv.). Et si nous préférons nous en tenir à cette référence, c'est parce que tout travail personnel de notre part sur ce point ne saurait atteindre la clarté lumineuse, autant que la simplicité, que l'on rencontre dans l'œuvre de cet éminent auteur.

**344. Visa.** — Tous les livres *obligés* du commerce doivent être préalablement cotés et paraphés par un juge du tribunal de commerce ou, à son défaut, par le maire.

De plus le livre *journal* et celui des *inventaires* sont soumis au même visa une fois par an, au début de chaque exercice.

**345. Règles de l'inventaire.** — Nous ne reviendrons pas sur le mécanisme des comptes réserves (réserve légale, réserves extraordinaires, fonds d'amortissements, etc.) pour lesquels nous nous sommes suffisamment expliqué en étudiant les statuts des sociétés (*suprà*, n°ˢ 207 et suiv.), nous jetterons seulement un rapide coup d'œil sur trois comptes importants : le compte *marchandises en magasins*, celui du *portefeuille* et le compte *amortissement du matériel*.

**346. Compte magasins.** — Les marchandises qui existent dans les magasins de la société sont un des éléments d'actif de l'inventaire, souvent un des plus importants, suivant la nature de l'objet social.

Ces marchandises ont été achetées avec les deniers de la société, et cependant elles ne peuvent figurer à l'actif pour le montant de la dépense.

Certaines d'entre elles ont pu subir une notable dépréciation, d'autres au contraire ont pu bénéficier d'une augmentation, eu égard au prix d'achat. En d'autres termes il y a hausse ou baisse sur le cours de chacune d'elles.

Les marchandises qui sont en baisse doivent être comptées pour leur valeur aux cours de fin d'exercice.

Quant à celles qui sont en hausse, M. Thaller (n° 202) enseigne qu'on ne devra pas faire état de cette hausse, car elle peut disparaître avant la vente de la marchandise et ne répond pas à un bénéfice acquis (Crim. req., 23 juin 1883).

Les gérants ou administrateurs qui méconnaîtraient les règles que nous venons de tracer, feraient un inventaire inexact et s'exposeraient à faire considérer comme fictifs les dividendes mis en distribution. Ils engageraient donc gravement leur responsabilité et commettraient le délit prévu par les articles 15-3°, 16 et 45 de la loi de 1867 (V. *suprà*, n° 172). Il appartient d'ailleurs au conseil de surveillance (commandites) et aux commissaires des comptes (anonymes) de veiller à l'observation de ces règles et au besoin de signaler, dans leurs rapports à l'assemblée, les irrégularités commises de ce chef.

**347. Portefeuille.** — Ce que nous venons de dire concernant les marchandises est applicable aux titres et valeurs de toute nature qui composent le portefeuille de la société et dont les cours sont sujets à fluctuations.

**348. Amortissement du matériel.** — En ce qui concerne les constructions et le matériel auxquels l'usure et la vétusté font subir une dépréciation progressive, il convient, pour la sincérité de l'inventaire, de tenir compte de cette dépréciation en faisant figurer ces biens avec un rabais généralement fixé à forfait à 3,

5 et 10 0/0, suivant le cas, sur leur valeur d'origine ou sur leur valeur au précédent inventaire.

Nous avons vu (*suprà*, n° 203) que cet amortissement, pour être régulièrement opéré, doit être prévu par les statuts ; mais ceux-ci se bornent ordinairement à autoriser l'opération qui s'effectue, dans tous les cas, sur l'actif brut avant fixation des bénéfices et il appartient à l'assemblée générale annuelle de fixer le taux de la dépréciation à imposer aux constructions et au matériel.

A défaut, nous estimons que le fait par l'assemblée d'approuver les comptes présentés par le gérant ou les administrateurs vaut approbation, sous forme de ratification, des amortissements opérés.

Dans l'inventaire et le bilan l'amortissement du matériel peut être réalisé de deux façons différentes :

1° En faisant figurer à l'actif les constructions et le matériel, respectivement, pour leur valeur directement diminuée de l'importance des amortissements.

2° En laissant, d'une part, figurer à l'actif ces biens avec leur valeur d'origine, mais en alignant, d'autre part, au passif, au-dessous du compte capital toujours immuable, un compte spécial d'amortissement sur lequel on inscrit chaque année le montant de la moins-value.

Cette dernière manière de procéder, préconisée par M. Rousseau (n° 2561), a toutes nos préférences parce que, comme le dit fort justement M. Rousseau, chaque personne consultant le bilan s'aperçoit, à première lecture, de l'existence de l'amortissement. Il en résulte plus de clarté et c'est là un avantage qu'on ne doit jamais négliger.

En résumé, le bilan réflètera, dans ses deux colonnes active et passive, la situation exacte de la société au jour de l'inventaire. Dans la colonne active seront portés tous les éléments constituant l'actif, les immeubles et le matériel y figurant avec leur valeur d'origine.

Et dans la colonne passive seront portés :

1° Le capital social ;

2° Les comptes réserves ;

3° Les amortissements ;

4° Les frais généraux ;

5° Enfin toutes les dettes passives de la société.

Le bilan sera ensuite balancé par le compte *profits et pertes* qui fera ressortir les bénéfices, si ce compte figure au passif, ou bien les pertes s'il figure à l'actif.

**349. Communication aux commissaires.** — Dans les commandites par actions, le conseil de surveillance ayant un pouvoir de contrôle permanent peut, à toute époque et même au cours de confection, prendre communication de l'inventaire et du bilan.

Mais, dans les sociétés anonymes, l'inventaire, le bilan et aussi le compte des profits et pertes ne sont mis à la disposition des commissaires que quarante jours au plus tard avant la date fixée pour la réunion de l'assemblée générale et ce, afin de permettre à ces derniers de puiser dans ces documents les éléments du rapport qu'ils auront à présenter à l'assemblée, avant le vote sur l'approbation des comptes (art. 34 et 32 de la loi de 1867) (V. *suprà*, n° 186).

**349 *bis*. Rapport.** — Le gérant (commandite) et les administrateurs (anonyme) doivent, avant l'assemblée annuelle, rédiger le rapport qu'ils présenteront à cette assemblée et à la suite duquel ils proposeront les dividendes à distribuer. Ce rapport devra faire connaître la marche générale des affaires et l'état actuel de la société, et présenter à l'assemblée le bilan et les comptes de l'exercice écoulé (V. *suprà*, n° 165-8°). En outre, dans les sociétés anonymes et conformément à l'article 40 de la loi de 1867, il doit être rendu à l'assemblée générale un compte spécial de l'exécution des marchés ou entreprises faits avec la société par les administrateurs qui y ont été autorisés (V. *suprà*, n° 167).

Mais les rapports du gérant ou des administrateurs ne sont pas les seuls qui doivent être établis.

**350. Société en commandite.** — Dans les commandites par actions, un rapport est dressé par les membres du conseil de surveillance (art. 10 de la loi) dans lequel ils doivent signaler les irrégularités et inexactitudes qu'ils ont reconnues dans les inventaires et constater, s'il y a lieu, les motifs qui s'opposent aux distributions de dividendes proposées par le gérant (*suprà*, n° 143).

**351. Anonyme.** — Dans les sociétés anonymes, les commissaires (art. 32 de la loi) doivent faire un rapport à l'assemblée générale sur la situation de la société sur le bilan et sur les comptes présentés par les administrateurs (*suprà*, n° 186) ; et la délibération sur l'approbation du bilan et des comptes est nulle si elle n'a pas été précédée du rapport des commissaires.

**Délai.** — La loi ne fixe aucun délai pour l'établissement des rapports du conseil de surveillance et des commissaires, mais il résulte implicitement des articles 12 et 35 de la loi de 1867 que ces rapports doivent être établis et déposés au siège social plus de quinze jours avant l'assemblée générale puisque, pendant les quinze jours précédant cette assemblée, tout actionnaire doit pouvoir en prendre connaissance au siège social.

**352. Droit de communication des actionnaires.** — a) *Commandites.* — Aux termes de l'article 12 de la loi de 1867, tout actionnaire peut, pendant quinze jours au moins avant la réunion de l'assemblée générale, prendre par lui-même ou par un fondé de pouvoir, au siège social, communication du bilan, des inventaires et du rapport du conseil de surveillance.

Par conséquent, tous ces documents doivent être déposés par le gérant au siège social dans le délai voulu.

La communication est obligatoire et si le gérant s'y refusait il pourrait y être condamné par le juge des référés (Lyon, 17 novembre 1869).

Les actionnaires peuvent aussi faire prendre, à leurs frais, des extraits et copies (Seine, 24 mars 1883 ; Pont, n° 1319).

b) *Anonymes*. — De même dans les sociétés anonymes, l'article 35 de la loi autorise tout actionnaire, pendant les quinze jours au moins qui précèdent l'assemblée, à prendre, au siège social, communication de l'inventaire et de la liste des actionnaires et à se faire délivrer copie du bilan résumant l'inventaire et du rapport des commissaires.

Mais cette communication ne peut être exigée qu'à partir de la convocation de l'assemblée et jusqu'au jour de cette assemblée (Seine, 4 juillet 1885), ce qui implique l'obligation de convoquer cette assemblée au moins quinze jours à l'avance ; et d'autre part, elle ne peut être refusée aux actionnaires qui n'ont pas le droit d'assister aux assemblées, attendu le droit que leur confère la loi du 1er août 1893, de se grouper pour acquérir le droit de prendre part à l'assemblée par la voix de l'un d'eux.

Les créanciers non actionnaires n'ont pas droit à cette communication (Rousseau, n° 2406).

Indépendamment du droit de se faire délivrer copie du bilan et du rapport des commissaires, la jurisprudence reconnaît à l'actionnaire le droit de prendre, par lui-même, copie de l'inventaire et de la liste des actionnaires (Paris, 19 février 1897 ; Bordeaux, 22 mars 1893 ; Seine, 25 octobre 1894 ; 24 mars 1883 ; 14 juin 1890 ; 15 janvier 1894 ; Lyon-Caen et Renault, n° 856 ; Rousseau, n° 2509. — *Contrà*, Houpin, n° 897 et *J. Soc.*, 1893, p. 460 ; 1897, p. 169).

Enfin, lorsqu'une assemblée générale a désigné des experts pour dresser un rapport sur les opérations et l'état des affaires sociales, tout actionnaire a le droit d'exiger communication du rapport des experts.

# TITRE II

## DES ASSEMBLÉES GÉNÉRALES



### CHAPITRE PREMIER

ASSEMBLÉE GÉNÉRALE ANNUELLE (ORDINAIRE).

### SECTION I. — Mission. — Convocation.

**353.**— Dans toutes les sociétés par actions et postérieurement à l'inventaire de fin d'exercice, une assemblée générale des actionnaires doit être tenue pour délibérer sur les propositions qui découlent des prescriptions contenues aux articles 10 (commandites) et 32 (anonymes) de la loi de 1867 et qui ont pour objet l'approbation du bilan et des comptes annuels, la nomination, s'il y a lieu, de membres du conseil de surveillance ou d'administrateurs et, pour les anonymes seulement, la nomination des commissaires des comptes pour l'exercice suivant.

Ces assemblées délibèrent, en outre, sur toutes autres questions portées à l'ordre du jour et notamment sur :

1° Le quitus à donner aux membres du conseil de surveillance ou aux administrateurs ;

2° La nomination de nouveaux membres du conseil de surveillance ou administrateurs ;

3° La fixation de la rémunération des commissaires nommés pour le nouvel exercice ;

4° La rétribution des commissaires de surveillance ou administrateurs en jetons de présence ;

5° L'autorisation à donner aux administrateurs de faire des affaires avec la société (V. *suprà*, n° 167) ;

6° Enfin sur toutes les questions subsidiaires qu'il y aurait lieu de soumettre aux votes de l'assemblée.

Il appartient à l'assemblée, non seulement de statuer sur les points qui lui sont expressément réservés par les statuts, mais encore de suppléer à l'action des administrateurs en tout ce qui, dans le domaine administratif, excéderait leurs pouvoirs (Houpin, n° 900).

**354. Epoque.** — L'assemblée annuelle doit être réunie à l'époque et au lieu fixés par les statuts.

Les statuts doivent éviter de fixer trop tôt après la clôture de l'exercice la date de l'assemblée, afin de laisser à la société le temps nécessaire pour clôturer les écritures et dresser l'inventaire, et afin de permettre au conseil de surveillance et aux commissaires de faire avec soin les vérifications qui leur incombent et d'établir leur rapport, ce qui comporte d'ailleurs pour les sociétés anonymes un délai d'au moins quarante jours à partir de la clôture de l'inventaire (art. 34). Les statuts laissent le plus souvent, et avec raison, au gérant ou aux administrateurs, le soin de choisir eux-mêmes l'époque de l'assemblée (ordinairement dans le courant du premier semestre).

**355. Convocation.** — L'assemblée générale doit être convoquée, savoir :

Dans les sociétés en commandite par actions, par le gérant ou, à défaut, par le conseil de surveillance.

Dans les sociétés anonymes, par le conseil d'administration ou, à défaut, par les commissaires.

En cas de négligence de la part de ceux à qui la loi fait une obligation de convoquer l'assemblée générale, l'autorisation de faire cette convocation pourrait être judiciairement donnée à un ou plusieurs actionnaires, ou même à un tiers désigné par justice (Paris, 16 juillet 1872, et 17 mars 1881 ; Seine, 24 février 1881, et 9 mars 1892 ; Houpin, n° 874 ; Rousseau, n° 2365).

La convocation est faite soit par lettres individuelles adressées à tous les actionnaires, soit, ce qui a lieu le plus généralement, par une insertion dans un journal d'annonces légales du siège social. Dans tous les cas, il y a lieu de se conformer aux prescriptions statutaires.

**356. Délai.** — La loi ne prescrit aucun délai pour la convocation ; mais, en présence des articles 12 et 35 de la loi, un délai de 15 jours doit être observé afin que les actionnaires touchés par la convocation puissent user du droit de communication prévu par ces articles. C'est, du reste, le délai de 15 ou 20 jours qui est ordinairement adopté par les statuts.

Le délai est franc, c'est-à-dire qu'il doit être calculé de manière que le jour de la convocation et celui de l'assemblée doivent être séparés par un nombre de jours représentant le délai prescrit ; ainsi, avec un délai de quinze jours, la convocation doit être faite au plus tard le 5 du mois pour une assemblée qui doit être tenue le 21 du même mois.

**357. Ordre du jour.** — Les avis de convocation doivent mentionner sommairement les questions sur lesquelles l'assemblée doit être appelée à délibérer (V. Houpin, n° 878, et autorités citées) et cette mention doit être faite d'une manière assez précise pour empêcher toute surprise ou tout malentendu (Houpin, *loc. cit.*).

Toutefois la convocation pure et simple à l'assemblée générale annuelle, sans indication de l'ordre du jour est suffisante lorsque l'assemblée ne doit délibérer que sur les questions prévues par les articles 10 ou 32 de la loi. En effet, dans ce cas, les prescriptions légales tiennent lieu d'ordre du jour.

La jurisprudence admet même que les administrateurs peuvent être révoqués et remplacés, bien que ces mesures ne soient pas inscrites à l'ordre du jour, si elles sont rendues nécessaires par des incidents imprévus survenant au cours des délibérations de l'assemblée (Houpin, *loc. cit.*).

Il n'est pas rare de rencontrer, dans les ordres du jour qui accompagnent la convocation, un dernier article libellé comme suit : *Questions diverses*. Ce terme vague qui peut être considéré comme suffisant pour permettre à l'assemblée de voter sur des questions accessoires de peu d'importance, ne saurait autoriser l'assemblée à délibérer sur des questions présentant un certain caractère de gravité telles, par exemple, que la vente d'un immeuble social, la réalisation d'un emprunt, etc.

Nous avons dit que la convocation aux assemblées avait lieu, ordinairement, au moyen d'une insertion dans un journal d'annonces légales. C'est d'ailleurs le seul mode possible pour les sociétés où il existe des titres au porteur.

Or, il nous est arrivé, au cours de la pratique des affaires, de constater bien souvent les inconvénients graves qui résultent de la publication de l'ordre du jour.

Une société, en effet, peut être amenée à porter à l'ordre du jour de l'assemblée des questions importantes qu'elle a intérêt à laisser ignorer aux tiers. Il en serait ainsi, par exemple, du projet d'un emprunt qui aurait pour premier résultat de dévoiler, à tous les lecteurs du journal, l'état précaire des finances de la société, alors qu'on aurait intérêt, au contraire, à ne pas faire connaître cette situation à des industries concurrentes. Nous avons vu des conseils d'administration hésiter beaucoup avant de se décider à porter à l'ordre du jour des propositions offrant un certain danger pour le crédit de la société. Et ce danger se présentera plus souvent encore pour les convocations aux assemblées extraordinaires.

N'est-il pas un moyen d'obvier à cet inconvénient ?

La jurisprudence, en imposant aux sociétés l'obligation de communiquer aux actionnaires l'ordre du jour en même temps que l'avis de convocation, a voulu par là éviter aux actionnaires toute surprise en leur faisant connaître, par avance, les questions sur lesquelles ils allaient être consultés.

Il nous semble que l'inconvénient signalé pourrait être évité en stipulant, aux statuts, que l'avis de convocation *fera simplement connaître aux actionnaires le lieu (le siège social par exemple) où ils pourront prendre connaissance de l'ordre du jour.* Par ce moyen, ceux ci auront toute facilité pour avoir communication de l'ordre du jour dont ils pourront au besoin réclamer copie, et la société aura la sécurité (sauf bien entendu les indiscrétions qu'elle ne peut empêcher), que seuls ses actionnaires seront mis au courant de ses projets.

Enfin, pour éviter toute contestation au jour de l'assemblée, il est d'usage de rappeler dans l'avis de convocation, les prescriptions statutaires en ce qui concerne le dépôt des titres nécessaire pour la délivrance de la carte d'admission à l'assemblée (*suprà*, n° 203).

SECTION II. — **Réunion de l'assemblée. — Délibérations.**

**358. Quorum.** — Au jour fixé, les actionnaires, ayant le droit d'assister à l'assemblée, se réunissent au lieu indiqué par 'avis de convocation.

Dans la deuxième partie de cet ouvrage (n°s 192 et suiv.), nous avons expliqué le mécanisme des assemblées en ce qui concerne le droit de vote des actionnaires et le quorum exigé pour la validité des délibérations. Nous croyons donc inutile d'y revenir ; nous rappellerons seulement, à cause de son importance, que pour les sociétés anonymes le quorum exigé par l'article 29 de la loi de 1867 est du quart du capital social et que, dans le cas où ce quorum ne serait pas atteint, une nouvelle assemblée est convoquée dans les délais prescrits par les statuts, et cette deuxième assemblée délibère valablement quelle que soit la portion du capital représenté par les actionnaires présents.

Nous estimons, dans cette éventualité, que la deuxième assemblée ne peut délibérer valablement que sur les questions mises à l'ordre du jour de la première.

La loi n'a réglementé la composition des assemblées générales que pour les sociétés anonymes.

Par conséquent les commandites par actions jouissent, à ce point de vue, de la plus entière liberté. Cependant, dans la pratique, les statuts appliquent ordinairement aux assemblées des sociétés en commandite par actions les règles prescrites pour les sociétés anonymes.

**359. Feuille de présence.** — Il est tenu une feuille de présence signée des actionnaires présents. Cette feuille de présence est établie dans les formes que nous avons expliquées (*suprà*, n°s 256) avec cette différence cependant que si, pour les assemblées constitutives il a été possible d'inscrire sur les feuilles de présence le nom de tous les actionnaires, il n'en est plus de même pour les assemblées tenues au cours de la vie sociale, surtout s'il existe des actions au porteur dont la société ignore les titulaires. Par conséquent on se bornera à inscrire les actionnaires sur la feuille de présence au fur et à mesure qu'ils se présenteront pour assister à l'assemblée et qu'ils justifieront de leur droit d'y prendre part, suivant les prescriptions statutaires.

**360. Bureau.** — Les dispositions de l'article 28 de la loi de 1867 indiquent la nécessité d'un bureau, mais la loi n'en ayant pas prévu la composition, l'assemblée pourrait le constituer à son gré ; cependant, comme il est d'usage de prévoir par les statuts

le mode de constitution du bureau, l'assemblée est tenue de s'y
conformer.

Le bureau est formé comme pour les assemblées constitutives
(V. *suprà*, n° 258) avec cette différence que les statuts prévoient
généralement par qui sera présidée l'assemblée (le président du
conseil de surveillance ou du conseil d'administration). L'assemblée peut, après avoir révoqué le conseil d'administration, être
régulièrement présidée par un simple actionnaire, alors même que
les statuts voudraient que le président fût un administrateur (Houpin, n° 880).

**361. Résolutions.** — Après la formation du bureau et la
constatation que l'assemblée est régulièrement constituée (V.
*suprà*, n° 259), il est passé à la lecture du ou des rapports puis à
la discussion et au vote de chacune des résolutions portées à l'ordre du jour.

Il est rappelé que, dans les sociétés anonymes, la délibération
sur l'approbation du bilan et des comptes présentés par les administrateurs est nulle si elle n'est précédée du rapport des commissaires.

**362. Intérêt personnel.** — La loi n'ayant prévu des incapa-
cités, quant à l'exercice du droit de vote, que pour les délibérations
prises dans les conditions de l'article 4 de la loi au sein des assemblées constitutives, il faut en conclure, qu'à moins d'interdiction statutaire, les actionnaires peuvent prendre part à toutes les
délibérations, quand bien même ils y auraient un intérêt personnel (Houpin, n° 886).

**363. Procès-verbaux.** — Il est dressé procès-verbal des
délibérations des assemblées ordinaires comme il a été dit pour les
assemblées constitutives. Ce procès-verbal est transcrit sur le registre des procès-verbaux des assemblées. Il est signé par les membres du bureau ou par le président et le secrétaire suivant les
prescriptions des statuts.

**364. Majorités factices.** — Aux termes des articles 13 et 45 de la loi de 1867, sont punis d'une amende de 500 à 1.000 francs et peuvent, en outre, être condamnés à la peine de l'emprisonnement de quinze jours à six mois ceux qui, se présentant comme propriétaires d'actions ou de coupons d'actions qui ne leur appartiennent pas, ont créé frauduleusement une majorité factice dans une assemblée générale, sans préjudice de tous dommages-intérêts, s'il y a lieu, envers la société ou envers les tiers ; ceux qui ont remis les actions pour en faire usage frauduleusement sont passibles des mêmes peines.

**365. — Dépôt à l'enregistrement.** — Dans les vingt jours de la date de l'assemblée générale annuelle, une copie sur papier libre de la délibération doit être déposée au bureau de l'enregistrement compétent sous peine, en cas contraire, d'une amende de 100 à 5.000 francs en principal (Loi du 29 juin 1872, art. 2 et 5). Ce dépôt a pour but d'établir l'assiette de l'impôt sur le revenu (art. 2 de la même loi) (*Infra*, n<sup>os</sup> 477 et suiv.).

# CHAPITRE II

### ASSEMBLÉES GÉNÉRALES EXTRAORDINAIRES.

**366.** — En dehors des assemblées ordinaires annuelles, d'autres assemblées générales peuvent être réunies extraordinairement.

On peut ranger ces assemblées en deux catégories :

1° Les assemblées qui, quoique réunies extraordinairement dans l'intervalle de deux assemblées annuelles, délibèrent dans les formes ordinaires, c'est-à-dire dans les conditions prévues, pour les sociétés anonymes, par l'article 29 de la loi de 1867.

Telles sont les assemblées générales que les commissaires sont autorisés à convoquer conformément à l'article 33, 2<sup>e</sup> alinéa, de la loi de 1867 et celles ayant pour but d'autoriser certains actes de la vie sociale où l'autorisation de l'assemblée générale est requise par les statuts ; par exemple, pour autoriser une aliénation, un emprunt, une émission d'obligations, etc.

Ces assemblées ne sont pas, à proprement parler, des assemblées extraordinaires, mais seulement des assemblées ordinaires réunies à titre exceptionnel (Thaller, n° 684, 1er alinéa).

2° Les assemblées générales qui ont à délibérer sur des mesures allant à l'encontre de l'ordre, de l'organisation statutaire tels que l'acte fondamental les avait établis et qui, par conséquent, ont pour résultat une retouche, une modification des statuts ; ou bien encore celles qui ont à délibérer sur des propositions de continuation de la société au delà de son terme ou de dissolution anticipée.

Ce sont là les véritables assemblées extraordinaires, celles qui, pour les sociétés anonymes, tombent sous le coup des dispositions de l'article 31 de la loi de 1867).

**367. Commandites par actions. Modification des statuts.** — L'article 31 de la loi de 1867 n'est pas applicable aux sociétés en commandite par actions, sauf le cas de création d'actions de priorité (*suprà*, n° 185) ; et celles-ci ne peuvent procéder à aucune modification de leurs statuts si elles n'y ont été autorisées formellement par le contrat social à moins, toutefois, que la décision de l'assemblée qui décide la modification réunisse l'unanimité de tous les actionnaires. Heureusement, dans la pratique, et par analogie avec les sociétés anonymes, on s'inspirera des prescriptions de l'article 31 pour donner statutairement à l'assemblée extraordinaire le pouvoir de modifier les statuts, sous la condition que cette assemblée réunisse un nombre d'actionnaires représentant au moins une fraction déterminée du capital social.

Cette fraction du capital est habituellement de moitié, mais elle pourrait être fixée à un chiffre inférieur, stipulation qui ne saurait être admise pour les sociétés anonymes où le minimum de moitié du capital est de rigueur.

Sous réserve de ce qui vient d'être dit, et dans [l'hypothèse que les statuts de la commandite ont adopté les règles de la société anonyme, quant aux délibérations des assemblées extraordinaires appelées à modifier les statuts, les développements que nous allons donner sur la question s'appliqueront aux commandites aussi bien qu'aux sociétés anonymes.

**368. Sociétés anonymes.** — Aux termes de l'article 31 de la loi de 1867, les assemblées qui ont à délibérer sur des modifications aux statuts ou sur des propositions de continuation de la société au delà du terme fixé pour sa durée ou sa dissolution avant ce terme, ne sont régulièrement constituées et ne délibèrent valablement qu'autant qu'elles sont composées d'un nombre d'actionnaires représentant la moitié au moins du capital social.

Le minimum de la moitié du capital exigé pour la composition de ces assemblées est de rigueur.

En cas d'une première réunion qui ne comprendrait pas la moitié du capital social, on pourra tenter d'autres convocations et rechercher les porteurs d'actions pour obtenir d'eux les pouvoirs nécessaires mais si, malgré tout, l'assemblée ne pouvait réunir le quorum *formellement exigé* par l'article 31, l'assemblée ne pourrait délibérer valablement et la modification des statuts serait impossible.

C'est en vain que les fondateurs, s'inspirant du dernier alinéa de l'article 29, auraient prévu statutairement la convocation d'une deuxième assemblée délibérant valablement avec la présence d'actionnaires représentant une fraction moindre du capital. Une telle clause, admissible seulement pour les sociétés en commandite par actions, mais que nous avons rencontrée cependant aussi dans quelques statuts de sociétés anonymes, ne saurait habiliter l'assemblée en présence des prescriptions formelles de la loi (Houpin, n° 903 ; Rousseau, n° 2428 ; Lyon-Caen et Renault, n° 863 *bis* ; Ruben de Couder, n° 430 ; *Suppl. Dict. Not.*, n° 149 ; Devilleneuve, Massé et Dutruc, n° 1283 ; Alauzet, n° 745 ; Rivière, n° 229 ; Mathieu et Bourguignat, n° 203 ; Pont, n° 1685 ; Seine, 7 octobre 1879. — *Contrà* : Vavasseur, n° 899).

**369. Composition de l'assemblée.** — Ne doivent être admis à l'assemblée que les actionnaires possédant le nombre d'actions nécessaires, d'après les stipulations des statuts, sauf bien entendu le droit de groupement des petits actionnaires prévu par la loi du 1er août 1893 pour les sociétés anonymes (V. *suprà*, n° 194). Chacun prend part aux délibérations avec le nombre de voix fixé par les statuts. Mais en cas d'insuffisance des actionnaires censitaires pour réunir la moitié du capital exigé, peut-on, sans une autorisation expresse des statuts, convoquer tous les actionnaires à l'assemblée ?

MM. Vavasseur (n° 900 et *R. Soc.*, 1889, p. 221) et Giraud (*Ann. de droit comm.*, 1895, p. 215), se prononcent pour l'affirmative. Mais la négative est enseignée par M. Rousseau (n° 2429), M. Houpin (n° 904 et *J. Soc.*, 1894, p. 493), MM. Lyon-Caen et Renault (n° 863, note), et c'est à cette dernière opinion que nous croyons devoir nous ranger.

Toutefois, pour parer aux difficultés que l'on peut rencontrer dans la pratique, il est sage de stipuler, par les statuts, qu'au cas d'une première réunion n'atteignant pas la moitié du capital, une deuxième assemblée sera convoquée en y appelant les actionnaires propriétaires d'un nombre d'actions moindre ou même tous les actionnaires. Cette deuxième assemblée, en vertu des principes que nous avons développés, ne délibère elle-même valablement que si la moitié du capital s'y trouve représentée.

**370. Convocations. Délibérations.** — L'assemblée générale extraordinaire est convoquée, se constitue, forme son bureau et délibère suivant les mêmes règles que nous avons exposées pour les assemblées générales ordinaires (V. *suprà*, n°ˢ 355 et suiv.). Il en est de même en ce qui concerne la rédaction et la transcription du procès-verbal sur le registre des procès-verbaux.

**371. Modification des statuts.** — Le point de savoir si, dans le silence des statuts, la société anonyme pourrait faire état de l'article 31 pour apporter des modifications au contrat social est très controversée en doctrine. Mais depuis une douzaine d'années, la jurisprudence tend de plus en plus à se prononcer dans le sens de l'affirmative. Du reste, la pratique a adopté l'habitude de prévoir, dans les statuts, le droit pour l'assemblée générale extraordinaire de modifier les statuts et même de préciser les points les plus importants sur lesquels pourront porter les modifications.

C'est ainsi qu'il est recommandé de prévoir statutairement les modifications ci-après qui, par leur caractère, touchent à l'essence du contrat :

1° Augmentation, réduction et amortissement du capital social avec ou sans création d'actions de jouissance ;

2° Changement du siège social ;

3° Modification de la raison sociale (commandites) ou de la dénomination de la société (anonymes) ;

4° Modification ou extension de l'objet social.

Toutefois l'objet social ne pourrait être complètement dénaturé, car alors on pourrait prétendre qu'il y a substitution d'une société à une autre (Thaller, n° 692). C'est ce qui explique pourquoi il est d'usage de stipuler aux statuts que l'objet ne pourra être altéré dans son essence (V. *suprà*, n° 84) ;

5° Prorogation de la société au delà de son terme, ou sa dissolution anticipée (V. *suprà*, n° 219) pour les sociétés exploitant des concessions temporaires).

6° Fusion totale ou partielle de la société avec d'autres sociétés constituées ou à constituer, ou sa transformation de société en commandite en société anonyme.

Enfin le pouvoir générique donné à l'assemblée de modifier les statuts comporte celui de les modifier dans leurs stipulations d'un intérêt secondaire, celles notamment qui touchent à l'administration de la société.

Mais, en l'absence de toute autorisation formelle des statuts, l'assemblée ne pourrait, sans le consentement unanime de tous les actionnaires, modifier les droits des actionnaires aux bénéfices sociaux (Houpin, n° 918 ', à moins que ce ne soit pour rémunérer certains concours comme celui de directeur de la société, par une participation proportionnelle (Houpin, *loc. cit.*) et à moins, encore, que cette modification ne soit la conséquence directe d'une émission d'actions de priorité que la loi du 16 novembre 1903 a formellement autorisée, ainsi que nous allons le rappeler.

Le consentement unanime des actionnaires peut résulter, non seulement de leur présence à l'assemblée, mais encore de ratifications postérieures et séparées des délibérations par les actionnaires absents (Houpin, n° 921).

**372. Actions de priorité.** — Il est un point spécial sur lequel les statuts peuvent être modifiés, en dehors de toute autorisation statutaire ; c'est lorsqu'il y a lieu à création d'actions de priorité en vue d'une augmentation de capital. La loi du 16 novembre 1903 en effet, modifiant celle du 9 juillet 1902, a autorisé la création des actions de priorité (*suprà*, n° 20) à moins toutefois que les statuts ne l'interdisent par une prohibition directe et expresse.

**373. Publications** — Les délibérations portant modification des statuts doivent être publiées suivant les règles établies (*suprà*, n°s 299 et suiv.), si ces modifications ont pour résultat d'altérer les droits des tiers dans leurs rapports avec la société ou si elles portent sur des points du contrat social dont la loi a prescrit la publication (V. *suprà*, n°s 299 et suiv.).

Mais si les modifications s'adressent à des clauses d'ordre purement intérieur n'intéressant que les rapports des associés entre eux, telles que celles touchant aux inventaires ou à la répartition des bénéfices, la publication par extraits dans un journal sera inutile ; mais nous estimons, avec plusieurs auteurs, que les dépôts aux greffes devront être effectués ; quelle que soit la nature de la modification, pour ce motif que, la loi ayant prescrit le dépôt du contrat social en entier, il est nécessaire de déposer, à titre de complément, tous les actes et délibérations qui le modifient au cours de la vie sociale.

Sous réserve des distinctions qui précèdent, la publication complète comprend le dépôt aux greffes du tribunal de commerce et de la justice de paix d'un extrait de la délibération dûment certifié et enregistré et l'insertion dans un journal d'annonces légales, tant au lieu du siège social qu'au siège des différentes succursales s'il en existe.

**374. Actions de priorité. Assemblées spéciales.** — Après avoir expliqué le fonctionnement des assemblées ordinaires et extraordinaires, nous devons dire un mot des assemblées spéciales appelées à délibérer dans les sociétés dont le capital comprend des actions ordinaires et des actions de priorité.

En effet, la loi du 16 novembre 1902, modifiant celle du 9 juillet 1902, dispose que, dans le cas où une décision de l'assemblée générale des actionnaires de la société comporterait une modification des droits attachés aux actions ordinaires ou aux actions de priorité, la décision de cette assemblée ne sera définitive qu'après avoir été ratifiée par une assemblée spéciale des actionnaires de la catégorie visée.

Cette assemblée, dit la loi, pour délibérer valablement, doit réunir au moins la moitié du capital représenté par les actions dont il s'agit, à moins que les statuts ne prescrivent un minimum plus élevé.

Il n'est pas douteux que cette assemblée spéciale est soumise, dans le silence de la loi, aux règles établies pour les assemblées extraordinaires, quant au mode de convocation et de formation de l'assemblée ; les actionnaires de la catégorie appelée à délibérer prendront part aux délibérations de la même manière et avec le nombre de voix prévus aux statuts, et le procès-verbal de la réunion sera transcrit sur le registre des procès-verbaux.

Il est à remarquer que les législateurs de 1902 et 1903 n'ont pas suivi ceux de 1867 et qu'ils n'ont fait aucune distinction entre les sociétés en commandite par actions et les sociétés anonymes pour la composition de ces assemblées spéciales.

Ainsi donc le minimum de présence de moitié du capital, pour la validité des délibérations, prescrit par l'article 31 de la loi de 1867 pour les sociétés anonymes seulement se trouve étendu par les lois de 1902 et 1903 aux sociétés en commandite par actions pour les assemblées particulières prévues par ces dernières lois. Et il en est de même pour les assemblées qui ont à délibérer sur la création d'actions de priorité (*suprà*, n° 192 *a*).

# TITRE III

## AUGMENTATION ET DIMINUTION DU CAPITAL SOCIAL
## RACHAT D'ACTIONS. — TRANSFORMATION. — FUSION

Sommaire :



## CHAPITRE PREMIER

### AUGMENTATION DU CAPITAL.

**375. Pouvoirs de l'assemblée.** — Les modifications à apporter à l'importance du capital social, soit pour son augmentation, soit pour sa diminution, sont de la compétence de l'assemblée extraordinaire autorisée à modifier les statuts.

Par conséquent l'augmentation ou la diminution du capital ne sont pas possibles dans les sociétés en commandite par actions si celles-ci n'ont pas été autorisées à modifier leurs statuts (*suprà*, nᵒ 367) à moins du consentement unanime de tous les actionnaires.

Pour les sociétés anonymes, dans le silence des statuts ou même en présence d'un simple pouvoir de modification conçu en termes généraux, l'assemblée générale extraordinaire réunie dans les conditions de l'article 31 de la loi de 1867 peut-elle décider valablement l'augmentation du capital ?

La question est controversée.

Bien des auteurs considèrent que le capital social est un des éléments essentiels de la société et M. Houpin, pour ce motif, estime que le capital social ne peut être augmenté, si cette modification n'a pas été spécialement prévue, sans le consentement unanime de tous les actionnaires. Il est cependant plus généralement admis que l'augmentation du capital ne touche pas aux bases essentielles de la société et que, dès lors, cette augmentation peut être valablement votée par l'assemblée générale extraordinaire (Cass., 13 mars 1878 et 29 janvier 1894 (motifs) ; Paris, 13 mars 1884 et 13 janvier 1885 ; Bordeaux, 25 janvier 1888 ; Rousseau, n° 2462 ; Ruben de Couder, *Suppl.*, V° *Sociétés*, n° 187 ; Wahl, *Augm. du cap.*, n°s 3, 12, 18 et suiv. — V. aussi Thaller, n° 691).

Quoi qu'il en soit, les fondateurs agiront prudemment en conférant par les statuts à l'assemblée extraordinaire le pouvoir formel d'augmenter le capital social (V. *suprà*, n° 371).

**376. Mode**. — L'augmentation peut être décidée et réalisée de diverses manières :

1° Par une émission d'actions nouvelles contre espèces, actions ordinaires ou de priorité (loi du 16 novembre 1903).

2° Par des apports en nature faits à la société en échange d'actions nouvelles entièrement libérées.

3° Par la conversion des parts de fondateurs en actions, mais seulement lorsque les parts de fondateurs ont été originairement créées en représentation d'un apport en nature et qu'ainsi elles peuvent être considérées comme ayant leur contre-partie dans le capital social (Houpin, n° 654 ; V. *suprà*, n° 43).

Mais toute augmentation qui imposerait aux premiers actionnaires l'obligation d'opérer des versements supplémentaires, ne pourrait être décidée qu'avec le consentement unanime de tous les actionnaires, à moins d'une prévision expresse dans les statuts pour ce mode particulier d'augmentation.

**377. Règles.** — L'augmentation du capital, au cours de la société, est soumise à toutes les règles de la constitution telles que la souscription intégrale des nouvelles actions émises contre espèces, le versement légal du quart, la déclaration notariée de souscription et de versement, la vérification des apports en nature et avantages nouveaux, l'obligation pour les titres des actions émises de rester nominatifs jusqu'à entière libération et la tenue des assemblées générales prescrites par les articles 4, 25 et 30 de la loi de 1867. En outre l'augmentation du capital doit être publiée dans le mois de l'assemblée qui a rendu définitive cette augmentation, suivant les règles prescrites par les articles 55 et 56 de la même loi. Enfin l'augmentation de capital doit, dans le mois, faire l'objet d'une déclaration supplémentaire à l'enregistrement et l'abonnement au timbre doit être souscrit pour les nouvelles actions émises.

**378. Versement du quart.** — Les prescriptions du paragraphe deuxième de l'article 1$^{er}$ de la loi du 1$^{er}$ août 1893 sont applicables à la souscription des actions nouvelles émises contre espèces. Cependant le versement du quart pourrait être effectué par voie de compensation avec une dette liquide et exigible de la société envers le souscripteur (V. sur ce point Houpin n° 664 ; Bouvier-Bangillon, *Loi de 1893*, p. 59 ; Dalloz, *Suppl.*, n° 1708. — *Contrà*, Goirand, n° 262).

**379. Déclaration notariée.** — La déclaration notariée de souscription et de versement doit être faite, dans les commandites, par le gérant et, dans les sociétés anonymes, par les administrateurs ; et si un seul administrateur était délégué par le conseil à l'effet de passer la déclaration, nous estimons que la délégation devrait résulter d'un pouvoir notarié.

A l'acte notarié doivent être annexées la liste nominative des souscripteurs (V. *suprà*, n° 245) et une copie certifiée de la délibération qui a autorisé l'augmentation du capital et, s'il y a lieu,

une expédition des statuts lorsque ceux-ci ne sont pas déjà dépo•
sés aux minutes du notaire qui reçoit la déclaration.

**380. Assemblées générales.** — Pour l'assemblée générale
appelée à vérifier la sincérité de la déclaration, on doit appeler
tous les actionnaires anciens et nouveaux (Seine, 20 juin 1887 ;
Paris, 20 juin 1891 ; Houpin, n° 665).

Il en est de même des assemblées qui ont à délibérer sur la
valeur des apports en nature (Houpin, n° 667). Les apporteurs en
nature et les bénéficiaires des nouveaux avantages ne doivent pas
prendre part aux délibérations qui les visent.

**381. Actions d'apport.** — Les prescriptions de la loi concernant la constitution des sociétés étant applicables aux augmen•
tations du capital, les actions attribuées en représentation de
nouveaux apports en nature doivent être entièrement libérées ;
elles ne peuvent être détachées de la souche et ne sont négociables
que deux ans après la date de l'assemblée générale qui a rendu
définitive l'augmentation du capital (loi du 1er août 1893).

**382. Sociétés antérieures aux lois de 1867 et 1893.** —
Lorsque l'augmentation du capital a lieu dans une société dont
la constitution est antérieure à la loi de 1867, doit-on suivre les
prescriptions de cette loi et, dans les sociétés constituées postérieurement à elle, mais antérieurement à celle de 1893, doit-on
satisfaire aux obligations de cette dernière loi ?

La question, dit M. Houpin (n° 658), est fort délicate et controversée.

Mais, dans le doute, nous conseillons aux sociétés qui augmen-
tent leur capital d'observer strictement les règles posées par ces
deux lois.

**383. Taux des actions.** — Les actions représentatives d'une
augmentation du capital social ne peuvent être émises au-dessous
du pair ; elles peuvent cependant être émises à un cours supé-

rieur au pair, notamment lorsque les actions primitives sont elles-mêmes en hausse.

Dans ce cas, la fraction du capital représentant l'excédent de la valeur nominale des titres doit être portée au compte réserve qu'elle vient grossir d'autant (Houpin, n° 659).

Une difficulté peut se présenter, en pratique, lorsqu'une société dont le capital originaire est inférieur à 200.000 francs va, par une augmentation de capital, atteindre un chiffre supérieur.

La loi du 1er août 1893 a permis à cette société de créer des actions de 25 francs tandis que les actions nouvelles devront être de 100 francs au moins.

Pourra-t-on conserver aux actions originaires leur taux de 25 francs, ou bien devra-t-on porter leur valeur à 100 francs par la réunion de quatre actions en une seule ? Nous estimons, avec M. Houpin (n° 659), que les actions pourront conserver leur valeur d'origine malgré l'augmentation du capital. Leur émission était en effet régulière et définitive et la création d'actions nouvelles ne peut avoir pour conséquence d'obliger les premiers actionnaires dont le nombre d'actions serait inférieur à quatre, à sortir de la société par la vente de leurs titres, ni de les forcer à acheter d'autres actions pour atteindre ce chiffre.

**384. Combinaisons critiquables.** — Pour qu'une augmentation de capital soit sérieuse, il faut qu'elle ne puisse pas être considérée comme une combinaison frauduleuse ayant pour but d'éluder la loi. Ainsi, par exemple, une société s'est constituée uniquement entre les propriétaires indivis d'apports en nature, ce qui a permis aux associés d'échapper aux vérifications prescrites par l'article 4 (*suprà*, n°s 11 et suiv.). Peu après sa constitution et avant de s'être livrée à des opérations sérieuses, la société procède à une augmentation de son capital par l'émission d'actions contre espèces. Il est bien évident, que, dans ce cas, l'augmentation venant se juxtaposer à la constitution, ne forme avec elle qu'une même opération dont elle n'est que le complément ; et il apparaît nettement que les fondateurs, en agissant ainsi, n'ont eu pour but que d'échapper aux exigences de l'article 4. Dans ce cas la nullité de la société serait sûrement prononcée pour vice de constitution.

Il en serait autrement, cependant, si l'augmentation de capital, quoique peu éloignée de l'époque de la constitution, avait eu lieu néanmoins de bonne foi et n'avait été causée que par des événements imprévus et des considérations autres que le désir d'échapper aux prescriptions légales.

**385. Nullité.** — Les irrégularités commises, en ce qui concerne l'augmentation du capital, rendraient nulle cette augmentation. La nullité entraînerait celle des augmentations ultérieures et des délibérations des assemblées générales auxquelles auraient pris part les nouveaux actionnaires dont la situation dans la société se trouverait par suite irrégulière. Mais la nullité de l'augmentation du capital n'entraînerait pas la nullité de la société (Houpin, n° 671).

**386. Droit de préférence.** — La plupart du temps les statuts, en donnant à l'assemblée extraordinaire le pouvoir d'augmenter le capital, accordent aux premiers actionnaires et même aux porteurs de parts de fondateurs, un droit de préférence à la souscription des nouvelles actions et déterminent la manière dont ce droit de préférence pourra être exercé.


# CHAPITRE II

## DIMINUTION OU RÉDUCTION DU CAPITAL.


**387. Pouvoirs de l'assemblée.** — Dans le silence des statuts, ce que nous avons dit sur le droit pour l'assemblée extraordinaire d'augmenter le capital est également vrai lorsqu'il s'agit de le réduire (V. *suprà*, n° 375).

Mais, si la doctrine ne s'est pas encore mise d'accord sur ce point, nous devons reconnaître que la jurisprudence la plus récente décide que, à moins d'interdiction statutaire, l'assemblée générale peut réaliser valablement la réduction du capital social et que le pouvoir de modifier les statuts, et notamment d'augmenter le capital, emporte celui de le réduire, sous la seule réserve des droits des créanciers sociaux (Seine, 11 avril et 1er octobre 1883 ; Paris, 13 mars 1884 et 13 janvier 1885 ; Seine, 14 novembre 1887 ; Trib. Lyon, 18 juillet 1894 ; Paris, 6 juillet 1892, 29 janvier 1894. — V. dans Rousseau, p. 705 et suiv. les remarquables conclusions de l'avocat général Desjardins données à l'occasion de ce dernier arrêt. — *Sic* : Rousseau, n° 2487 ; Wahl, *Augmentation du capital*, n°s 18 et suiv. et *J. Soc.*, 1900, p. 348 ; Bourgeois, *J. Soc.*, 1888, p. 46 et suiv. — V. aussi Thaller, n° 695. — *Contrà*, Toulouse, 14 juin 1887 ; Paris, 15 mars 1890 ; Houpin, n° 913 ; Pont, n° 1689 ; Vavasseur, n° 167 ; Lyon-Caen et Renault, n° 866).

En présence des divergences d'opinions sur un point aussi délicat, on voit combien il est prudent de donner statutairement à l'assemblée le pouvoir de réduire le capital en même temps que celui de l'augmenter, car il est des circonstances où la réduction s'impose, par exemple, s'il s'agit, par suite de pertes subies ou d'une dépréciation de l'actif, de mettre le capital social en harmonie avec l'actif qui le représente, opération souvent indispensable pour réussir ensuite une augmentation de capital.

**388. Causes de réduction.** — Les motifs pour lesquels la société pourra être amenée à réduire son capital sont d'ordres divers, mais, en définitive, les causes de réduction auront le plus souvent leur origine dans l'une des deux hypothèses ci-après :

1° La société est prospère et exempte de pertes ; cependant l'expérience lui a démontré que le chiffre de son capital est trop élevé, eu égard à l'importance des affaires sociales. Une partie de ce capital reste inutilisée et il y a lieu de le ramener à de plus justes proportions pour permettre aux actionnaires de toucher des dividendes plus rémunérateurs.

Dans cette première hypothèse, la réduction, malgré la publicité obligatoire à laquelle elle est astreinte, n'aura lieu que sous réserve des droits des créanciers qui pourront pendant cinq ans (art. 64, C. com.) répéter contre les actionnaires les sommes dont le capital a été réduit (Thaller, n° 695).

2° La société a essuyé des pertes ou bien ses établissements ont subi une importante dépréciation et il s'agit, par une réduction de capital, de rétablir l'harmonie entre l'actif et le capital social, en abaissant celui-ci au chiffre auquel il est tombé *en fait*.

Cette opération de réduction se combine d'ailleurs souvent avec une augmentation de capital. Ainsi, avant d'émettre de nouvelles actions, on rabaisse les anciennes à leur valeur d'inventaire et c'est là une mesure non seulement de toute probité sans laquelle une augmentation de capital aurait peu de chance de réussir, mais encore nous estimons, qu'à défaut de cette réduction préliminaire, l'augmentation du capital ne serait qu'apparente et les souscripteurs nouveaux se trouveraient lésés dans leurs intérêts, puisque les fonds apportés par eux auraient pour résultat de combler un déficit antérieur qui ne leur incombe en aucun manière.

**389. Modes divers de réduction.** — Pour réaliser la réduction du capital, la société a plusieurs moyens à sa disposition et la délibération de l'assemblée autorisant la réduction devra statuer sur le moyen d'exécution qu'elle aura choisi.

Premier moyen. — Lorsque les actions ne sont pas entièrement libérées, et si l'importance de la réduction correspond aux versements non appelés, il suffira d'abaisser la valeur des actions au chiffre dont elles sont libérées, ce qui exonérera les actionnaires des versements ultérieurs.

C'est là évidemment le procédé le plus simple de réduction à employer par les sociétés prospères.

Deuxième moyen. — Lorsque les actions sont entièrement libérées, ou bien si la réduction à opérer est supérieure aux versements non appelés, le procédé le plus équitable consistera à opérer un remboursement uniforme sur toutes les actions. Par exemple l'action de 500 francs sera réduite à 400, 300, 250, suivant l'importance de la réduction, et l'excédent versé sera remboursé aux actionnaires.

Bien entendu ce remboursement n'aura pas lieu si la réduction est occasionnée par des pertes sociales et, dans ce cas, l'action est ramenée purement et simplement à sa valeur d'inventaire, le surplus étant compensé avec l'importance des pertes subies.

Troisième moyen. — Il est un troisième moyen usité dans la pratique, mais qui rencontre d'assez grosses difficultés d'application (Thaller, n° 695). Il consiste dans l'échange de deux, trois ou quatre actions contre une seule, dont la valeur nominale primitive est maintenue. La difficulté réside dans la situation faite aux actionnaires qui n'ont pas le nombre d'actions nécessaires pour opérer l'échange et que l'on oblige ainsi, soit à vendre leurs titres, soit à acheter d'autres actions pour atteindre le nombre nécessaire. Ils doivent donc subir une véritable expropriation ou bien, pour échapper à cette expropriation, ils sont contraints à de nouveaux versements. Enfin certaines sociétés réduisent leur capital en remboursant un nombre déterminé d'actions par la voie du tirage au sort, ce qui détruit l'égalité entre actionnaires et aboutit encore à l'expropriation de ceux que le sort a désignés.

Ces divers procédés, fort critiquables en droit, ne sont admissibles que si les statuts ont formellement autorisé la réduction du capital (qui veut la fin veut les moyens). Et encore, malgré la tendance favorable de la Cour de cassation, bien des auteurs estiment, avec raison, que le mode de réduction qui détruit l'égalité entre actionnaires ou aboutit à l'expropriation de certains d'entre eux, ou les oblige à des versements supplémentaires, ne peut être réalisée sous l'une de ces formes qu'à la condition que le mode employé ait été prévu par les statuts (Thaller, n° 691 ; Houpin, n°ˢ 913 et 916 ; Rousseau, n° 2494 ; Lyon Caen et Renault, n° 877 ; Clément, n° 120.)

Quatrième moyen. — Enfin la réduction du capital peut être effectuée au moyen du rachat d'actions. Mais ce mode de procéder suppose un double consentement : 1° consentement de l'actionnaire qui veut vendre ses titres; 2° consentement de la société autorisée par l'assemblée à opérer le rachat. Sans ce double consentement, le rachat serait impossible. D'ailleurs le rachat d'actions soulève bien des questions que nous étudierons spécialement dans le chapitre suivant (V. *infrà*, n°ˢ 392 et suiv.).

**390. Formalités d'exécution.** — L'assemblée générale qui décide la réduction du capital doit se prononcer sur le mode à employer pour opérer cette réduction, conférer aux administrateurs (au gérant s'il s'agit d'une commandite par actions) les pouvoirs nécessaires pour y procéder; et apporter aux statuts les modifications qui sont la conséquence de la réduction.

Le tout doit être publié conformément aux prescription des articles 55 et 56 de la loi du 24 juillet 1867.

**391. Abonnement au timbre.** — L'abonnement au timbre étant souscrit à l'origine pour toute la durée de la société, les réductions de capital qui viennent à se produire, au cours de la vie sociale, n'autorisent aucune diminution du droit de timbre qui continue à être perçu chaque année sur la totalité du capital originaire, et nonobstant toute réduction de ce capital (V. *infrà*, n° 463).

# CHAPITRE III

### RACHAT D'ACTIONS.

**392. Légalité du rachat.** — Il arrive souvent que des sociétés procèdent au rachat de leurs propres actions, notamment lorsque le cours est au-dessous du pair afin d'empêcher l'avilissement du titre.

Le rachat d'actions au moyen de fonds prélevés sur le capital social est nul et entraîne la responsabilité des administrateurs, à moins que l'opération ne soit l'exécution d'une délibération de l'assemblée ordonnant la réduction du capital par ce procédé, réduction sujette, d'ailleurs, à publication. C'est même là un moyen de réduction du capital des plus avantageux et des plus recommandables (V. *suprà*, n° 384, § 4 ; Rousseau, n° 8510 ; et autorités citées, n° 2513 ; Houpin, n°ˢ 683, 913 et 935 ; Thaller, n°ˢ 664 et 665).

Mais le rachat, par une société, de ses propres actions au moyen de bénéfices ou avec son fonds de réserve, n'a rien d'illicite (Thaller, n° 666 ; Rousseau, n° 2514 ; Houpin, n° 935) et doit fatalement aboutir à l'annulation des titres rachetés (Houpin, n° 935 ; Rousseau, n° 2515 *bis*), car la société ne peut pas devenir son propre actionnaire.

**393. Report. Nantissement.** — Il n'y a pas nullité de l'opération quand la société, après avoir acheté ses propres actions même avec du capital, les a revendues pour un prix égal ou supérieur (Douai, 23 décembre 1905. — V. Lyon-Caen et Renault, t. IV, n°ˢ 988 et suiv., et t. II, n° 885 ; Thaller, n° 666 ; Rousseau, n° 2519). Il en est ainsi spécialement, lorsque le rachat d'actions résulte d'un marché lié appelé *report* de Bourse par lequel la société achète au comptant et revend instantanément à terme la même valeur (Thaller, n° 667).

L'opération de report et le prêt sur nantissement ont une bien grande affinité et il n'est pas douteux qu'une société a parfaitement le droit de prêter des fonds à ses actionnaires en exigeant la remise en gage de leurs actions (Thaller, n° 667 ; Rousseau, n° 2518).

Jugé encore qu'une société en commandite par actions peut valablement, alors qu'aucune clause des statuts ne le lui interdit, racheter un certain nombre de ses actions pour les remettre immédiatement en paiement à l'un de ses créanciers (Paris, 13 mai 1898).

**394. Rachat avec des bénéfices.** — Non seulement le rachat d'actions par la société au moyen des bénéfices est licite, mais, dans bien des cas, il pourra constituer un acte de sage administration.

Par exemple une société apprend que, par suite du décès ou de la déconfiture d'un fort actionnaire, une certaine quantité de titres va être mise en vente, soit à la Bourse si les titres sont cotés, soit, au cas contraire, aux enchères devant notaire. Dans cette hypothèse, la société peut craindre l'avilissement non justifié des cours, si le titre est peu connu ou si la société n'a pas encore fait ses preuves, et elle a tout intérêt à se porter elle-même acquéreur plutôt que de permettre à des tiers de devenir actionnaires à des conditions par trop avantageuses.

En employant ainsi les bénéfices sociaux, elle agira donc sagement. Mais l'opération terminée, que va-t elle faire des titres rachetés ?

Nous ne pensons pas qu'elle puisse indéfiniment conserver ces titres en portefeuille ni, surtout, les faire servir à une spéculation frauduleuse dont certains désastres financiers ont fourni la preuve.

L'opération de rachat a bien déterminé la confusion légale en la personne de la société, à la fois débitrice et créancière des actions rachetées, mais, suivant M. Thaller (n° 666), cette « confusion n'est pas, à vrai dire, une cause d'extinction des droits, mais une paralysie temporaire de leur exercice. En fait, la société pourra exercer sur ses actions rachetées les avantages pécuniaires qu'elles procurent, mais elle ne pourra pas exercer d'actes juridiques à leur occasion ».

Notamment la société n'aurait pas le droit de confier les actions à qui que ce soit pour participer aux assemblées générales.

Cependant le rachat d'une partie de ses actions par la société crée à celle-ci une situation anormale dans laquelle il lui convient de ne pas s'éterniser.

D'autant plus qu'elle n'a pas le droit, si les statuts ne l'y ont pas autorisée, de rendre indisponibles les bénéfices employés au rachat et que, d'autre part, suivant la quantité de titres rachetés, elle pourra se buter à des difficultés insurmontables pour la constitution régulière des assemblées générales.

Pour sortir de cette situation la société peut employer plusieurs moyens que nous allons étudier.

**395. Distribution des actions rachetées aux actionnaires.** — Le rachat, avons-nous dit, a été effectué avec des bénéfices. Toutefois admettons, par hypothèse, que ces bénéfices n'appartiennent ni au fonds de réserve ni au fonds d'amortissement.

Dans ces conditions, les actions rachetées sont venues prendre, dans la caisse sociale, la place des bénéfices employés au rachat.

Normalement, ces actions appartiennent donc aux actionnaires, c'est-à-dire, à ceux non rachetés et doivent leur être distribuées tout comme l'auraient été les bénéfices eux-mêmes et il appartiendra, à l'assemblée générale, de fixer le mode de cette distribution qui pourra avoir lieu de deux façons différentes :

1° Par la remise proportionnelle aux actionnaires de coupures d'actions établies suivant les règles prescrites par l'article 1er de la loi du 1er août 1893 et représentant dans leur ensemble la valeur totale des actions rachetées. Ce sera, en somme, une distribution des bénéfices sous forme de capitalisation.

2° Par l'élévation du taux des actions non rachetées qui seules, dorénavant, doivent représenter l'intégralité du capital social non réduit, la valeur de chacune de ces actions étant augmentée d'une fraction uniforme dont le numérateur est le capital nominal représenté par l'ensemble des actions rachetées et le dénominateur le nombre de ces actions.

Dans l'un comme dans l'autre cas, le résultat de l'opération aura pour conséquence : 1° d'annuler les actions rachetées ; 2° de modifier les statuts quant à la division du capital social. En conséquence l'assemblée qui délibèrera sur cette question devra être une assemblée générale extraordinaire et la délibération devra être publiée (*suprà*, n° 373).

Pour cette assemblée, le calcul de la moitié du capital qui doit être représentée doit être basé uniquement sur les actions non rachetées ; il découle en effet de ce que nous venons d'expliquer que, par suite de la confusion opérée à concurrence de la valeur des actions rachetées (*suprà*, n° 394) et de l'accroissement de droits qui en est résulté pour les actionnaires restant, la totalité du capital social appartient uniquement à l'ensemble des actions non rachetées et qu'ainsi la moitié de ces dernières représente bien la moitié du capital, malgré des apparences contraires.


**396. Réduction. Amortissement.** — Le plus souvent la société qui aura racheté un nombre important de ses actions régularisera sa situation en procédant à la réduction d'autant de son capital en suivant les règles légales que nous avons exposées plus haut (*suprà*, n° 387).

Rappelons seulement que l'amortissement du capital au moyen

des bénéfices ne peut être décidé qu'à la condition d'avoir été prévu par les statuts, car la répartition des bénéfices étant une des bases essentielles de la société, il ne peut y être apporté aucune restriction sans une prévision statutaire. Mais si l'amortissement est autorisé, la société y recourra avec fruit pour annuler les actions rachetées et cet amortissement aboutira aussi à une réduction effective du capital. Il ne pourra être en effet question, comme pour les autres modes d'amortissement, de délivrance d'actions de jouissance puisque les actions rachetées auront totalement disparu en réduisant le nombre des actionnaires (Caen, 19 juin 1877; C. cass., 2 juillet 1878 (motifs); Dalloz, *Rép. Suppl* , V° *Sociétés,* n° 1792 ; Alauzet, n° 450 ; Houpin, n⁰ˢ 683 et 860 ; Lyon-Caen et Renault, n° 882 ; Mathieu et Bourguignat, n° 151 ; Rousseau, n° 2514).

# CHAPITRE IV

### TRANSFORMATION DE LA SOCIÉTÉ.

**397. Pouvoir.** — La transformation d'une société en commandite par actions en société anonyme ou inversement constitue une modification dans la nature juridique du contrat et ne peut être décidée que par l'unanimité des actionnaires si elle n'a pas été spécialement prévue aux statuts (Thaller, n° 696 ; Houpin, n° 635).

**398. Sociétés antérieures à 1867.** — La loi du 24 juillet 1867 a réglementé trois espèces de transformations en sociétés anonymes des sociétés antérieures à sa promulgation.

1° La transformation des sociétés en commandite par actions dont *les statuts permettent la transformation en sociétés anonymes autorisées* (art. 19 de la loi de 1867) ;

2º La transformation en sociétés anonymes libres, des sociétés anonymes qui étaient soumises à l'autorisation du gouvernement ; mais cette transformation ne peut avoir lieu qu'avec l'autorisation du gouvernement et en observant les formes prescrites pour la modification de leurs statuts (art. 46) ;

3º La transformation en sociétés anonymes libres, des sociétés à responsabilité limitée qui devront se conformer pour cela aux conditions stipulées pour la modification de leurs statuts.

**399. Sociétés civiles.** — Enfin la loi du 1ᵉʳ août 1893 a autorisé la transformation des sociétés civiles en sociétés commerciales en commandite ou en sociétés anonymes, si leurs statuts ne s'y opposent pas, en vertu d'une décision de l'assemblée générale convoquée et réunissant les conditions tant de l'acte social que de l'article 31 de la loi (moitié du capital obligatoirement représentée).

**400. Société nouvelle.** — Si la transformation d'une société en commandite en société anonyme a été prévue par ses statuts et si elle ne s'opère pas avec des éléments nouveaux, tels qu'une augmentation importante du capital social ou des modifications aux statuts changeant complètement l'objet social, il n'y a pas constitution d'une société nouvelle.

Dans le cas contraire et surtout si, à défaut d'une prévision statutaire, la transformation a lieu avec le consentement unanime de tous les actionnaires, il y a constitution d'une société nouvelle.

Cette distinction est importante au point de vue fiscal, car la constitution d'une société nouvelle rend exigibles à nouveau les droits d'enregistrement et de timbre.

**401. Continuation.** — Les sociétés anonymes antérieures à la loi de 1867 ne peuvent modifier leurs statuts sur l'un des éléments essentiels (notamment la prorogation de leur durée).

Si donc elles veulent continuer à exister au delà de leur terme, elles doivent se transformer en sociétés libres conformément aux dispositions de l'article 46 de la loi.

**402. Formalités.** — Les sociétés qui se transforment doivent refaire ou modifier leurs statuts pour les mettre en harmonie avec le nouveau régime sous lequel elles veulent se placer.

Elle doivent satisfaire, en outre, à toutes les obligations prescrites par la loi ; ainsi la société en commandite par actions qui se transforme en anonyme, ce qui est le cas le plus fréquent, doit procéder à la nomination des administrateurs et des commissaires, comme il a été dit *suprà* (n°s 291 et 292).

Enfin toutes les pièces modificatives doivent être publiées conformément aux articles 55 et 56 de la loi, y compris la liste des premiers souscripteurs si sa publication, non obligatoire pour les commandites, n'avait été opérée à l'origine.

En outre, si la société à transformer avait essuyé des pertes, il serait nécessaire de procéder à une réduction du capital pour le ramener à ses justes proportions (Houpin, n° 638).

Enfin les sociétés anonymes antérieures à 1867 qui veulent se transformer en sociétés anonymes libres doivent en obtenir l'autorisation de M. le ministre du commerce.

La demande d'autorisation doit être accompagnée des pièces suivantes :

1° Extrait de la délibération décidant la transformation ;

2° Deux exemplaires des journaux contenant l'avis de convocation ;

3° La liste des actionnaires présents à l'assemblée ;

4° Copie ou extrait du rapport présenté par le conseil d'administration à cette même assemblée ;

5° Les bilans annuels pendant les cinq dernières années ;

6° Des exemplaires imprimés des statuts anciens.

L'autorisation du gouvernement est accordée par décret.

# CHAPITRE V

## FUSION.

**403. Définition.** — La fusion, dit M. Thaller (n° 702), est « le fait par la société de se laisser absorber dans une autre entreprise également montée par actions, soit que celle-ci ait une existence plus ancienne, soit qu'elle se crée en vue de poursuivre l'exploitation de la société fusionnée et de recueillir son actif ».

De là, trois modes de fusion :

1° Fusion par voie d'absorption de la société par une autre société ;

2° Fusion par voie d'apport à une nouvelle société qui se fonde ;

3° Fusion par voie d'alliance de deux ou plusieurs sociétés pour former un être moral nouveau (Rouseau, n° 2623).

**404. Pouvoirs de l'assemblée.** — La fusion, touchant aux bases essentielles du contrat, ne peut être décidée par l'assemblée extraordinaire que si elle a été prévue aux statuts. Sinon le consentement unanime des actionnaires est indispensable à l'opération.

**405. Liquidation.** — La fusion de la société dans une société différente, ou de plusieurs sociétés entre elles, peut être décidée sans qu'il y ait eu dissolution préalable (Thaller, n° 702 ; De Noaillat, *Etude sur la fusion des sociétés*, 1899). Mais la fusion une fois opérée, la liquidation des sociétés fusionnantes ou de la société absorbée s'impose, et il ne restera plus aux liquidateurs des sociétés disparues qu'à répartir aux actionnaires de ces sociétés les actions à elles attribuées comme boni final de liquidation (Thaller, *loc. cit.*).

**406. Vérification des apports.** — Lorsque les sociétés fusionnantes se bornent à confondre leurs biens sans faire appel à de nouveaux capitaux, nous ne pensons pas qu'il soit indispensable de faire procéder à la vérification des apports et avantages prévue par les articles 4 et 24 de la loi de 1867. Dans ce cas, comme le dit fort bien M. Thaller (n° 703), le personnel des actionnaires en numéraire fait défaut et, sans lui, la procédure des articles 4 et 30, au moins dans les sociétés anonymes, n'a plus lieu d'être suivie.

Toutefois l'exception prévue par l'article 4 n'ayant visé que les apports appartenant aux apporteurs *par indivis*, H. Houpin (n° 628) juge prudent, malgré un arrêt favorable de la Cour de cassation du 26 avril 1880, de faire procéder quand même à la vérification et M. Rousseau (n° 2628) estime que la vérification doit être opérée lorsque la fusion engendre la création d'une société nouvelle.

**407. Actions d'apport immédiatement négociables.** — Les lois récentes du 9 juillet 1902 et du 16 novembre 1903 sur les actions de priorité ont, par leur article 2, stipulé qu'en cas de fusion de sociétés par voie d'absorption ou de création d'une société nouvelle englobant une ou plusieurs sociétés préexistantes, l'interdiction de détacher les actions de la souche et de les négocier ne s'applique pas aux actions d'apports attribuées à une société par actions ayant lors de la fusion plus de deux ans d'existence.

Par conséquent si, parmi les sociétés fusionnantes, une ou plusieurs d'entre elles ont moins de deux ans d'existence, les actions d'apport qui leur seront attribuées, dans l'opération de fusion, seront frappées de l'indisponibilité légale et le délai de deux ans courra à partir du jour où la fusion est devenue définitive sans qu'il puisse être déduit de ce délai, le temps parcouru antérieurement par ces sociétés depuis l'époque de leur création (V. Decugis, *Les actions de priorité et les actions d'apport négociables en cas de fusion*, p. 52).

**408. Extinction du passif.** — Lorsqu'une société qui fusionne a des créanciers, la société absorbante doit, en principe, prendre ce passif en charge et alors l'apport constitue une vente jusqu'à concurrence de ce passif (V. *suprà*, nᵘ 90). Et si la fusion entraîne la constitution d'une société nouvelle, l'opération n'est pas opposable aux créanciers et peut se trouver compromise, par exemple, si les créanciers poursuivent la déclaration de faillite de leur débiteur.

Pour éviter ce gros danger et si la société absorbante ne veut pas assumer la charge d'acquitter le passif de la société qui vient à elle, elle devra exiger que cette société ait éteint tout son passif ou ait composé avec ses créanciers avant d'opérer la fusion.

**409. Formalités. Publications.** — La fusion, suivant le mode par lequel elle s'opère, entraîne l'accomplissement de tout ou partie des formalités de constitution prévues par les articles 1, 4, 25, 26 et 30 de la loi de 1867. Et les prescriptions des articles 55 et suivants pour la publication doivent être observées.

## TITRE IV

### EMPRUNTS DES SOCIÉTÉS. — OBLIGATIONS

Sommaire :

## CHAPITRE PREMIER

DES EMPRUNTS.

**410. Ressources.** — Les ressources dont une société a besoin pour l'exploitation de son objet, ont pour origine :

1° Son capital social ;

2° Ses réserves ;

3° Ses augmentations de capital ;

4° Ses emprunts.

Nous avons jusqu'ici étudié comment se forment le capital et les augmentations du capital. Quant aux réserves qui sont constituées par des prélèvements annuels sur les bénéfices, on peut dire qu'elles procèdent du capital dont elles représentent une partie des fruits. Elles s'alimentent d'une manière automatique et leur importance progressive est en raison directe des succès de l'entreprise. Il nous reste donc à étudier le mécanisme des emprunts.

**411. Forme des emprunts.** — La société par actions, de même qu'un particulier quelconque, peut se procurer des fonds au moyen d'emprunts chirographaires, hypothécaires ou privilégiés contractés directement, envers tous tiers, suivant les règles du droit commun.

Il suffira à la société, pour assurer la régularifé des actes d'emprunts de se reporter à ses statuts pour en suivre les prescriptions quant aux autorisations préalables à obtenir (conseil d'administration, assemblée générale).

Mais il est un mode d'emprunt auquel les sociétés recourent le plus souvent, c'est l'*émission d'obligaiions* dont nous allons nous occuper plus particulièrement.


## CHAPITRE II

ÉMISSION D'OBLIGATIONS.


**412. Caractères de l'obligation.** — Nous avons étudié (*suprà*, n<sup>os</sup> 49 et suiv.) les caractères de l'obligation tant au point de vue juridique qu'au point de vue de la forme des titres qui la représentent. Rappelons-les brièvement avec les conséquences qui en découlent :

1° L'obligataire, contrairement à l'actionnaire, n'est pas un *associé*, mais simplement un *créancier* de la société. Il n'a par conséquent pas le droit, à ce titre, de concourir aux assemblées générales, ni à l'administration de la société ; il ne viendra pas non plus au partage de l'actif en fin de liquidation. Par contre, sa qualité de créancier lui permettra de produire à la faillite de la société pour obtenir le remboursement de son titre d'obligation et il aura droit à ce remboursement avant tout partage de l'actif et quel que soit le sort de la société dont il ne partage pas les risques.

2° Si l'actionnaire a droit à un *dividende* essentiellement variable suivant l'importance des bénéfices distribués, l'obligataire reçoit seulement un revenu fixe ou *intérêt*. La loi du 12 janvier 1886 qui a rendu libre le taux d'intérêt en matière commerciale permet aux sociétés de fixer ce taux comme elles l'entendent lorsqu'elles procèdent à des émissions d'obligations.

La règle de l'*intérêt fixe* n'est pas cependant sans exception. Le droit de l'obligataire, en effet, peut être représenté par un coupon *variable* ne donnant droit qu'à une part dans les bénéfices sans qu'il devienne pour autant associé, si d'ailleurs aucune immixtion dans les affaires sociales ne lui est reconnue (Thaller, n° 709).

3° L'obligation étant une fraction d'un emprunt social, la stipulation de son amortissement ou de son remboursement est indispensable et, le remboursement une fois opéré, le droit du porteur est définitivement éteint.

4° Les titres représentatifs des obligations sont indivisibles pour chaque obligation émise ; ils peuvent être, comme les actions, nominatifs ou au porteur et sont transmissibles suivant les modes inhérents à leur forme extrinsèque (Houpin, n° 406).

**413. Remboursement ou amortissement.** — Nous venons de dire que le remboursement des obligations était une condition indispensable à leur émission ; mais il n'est pas nécessaire que le remboursement ait lieu pour toutes les obligations en même temps à une date déterminée ; ordinairement l'opération est échelonnée sur un grand nombre d'années pendant chacune desquelles la société rembourse un certain nombre d'obligations dont les numéros sont appelés à l'amortissement par la voie du tirage au sort.

Toutefois, que le remboursement doive avoir lieu en bloc en une seule fois, ou que l'amortissement ait été réparti sur un certain nombre d'années, le délai doit être établi et l'amortissement organisé de manière que toutes les obligations émises soient remboursées avant la fin de la société et au plus tard lors de sa liquidation.

Le délai choisi pour le remboursement est opposable aux obligataires et à la société et celle-ci ne pourrait procéder à un remboursement anticipé (Houpin, n° 416 ; Thaller, n° 718 ; Rousseau, n°s 1353 et 1354).

Rien ne s'oppose d'ailleurs à ce que la société rachète elle-même ses propres obligations (Houpin, *loc. cit.*).

**414. Remboursement anticipé.** — On conçoit que le remboursement anticipé soit accepté très facilement par les obligataires lorsque ceux-ci bénéficient d'une prime.Dans le cas de cette acceptation, toutes les obligations sont remboursées au chiffre fixé. Cependant s'il s'agit d'obligations à lots, on ne peut priver le porteur des chances attachées à son titre. Dans ce cas il doit être procédé au tirage immédiat de tous les lots sauf à réserver les sommes nécessaires pour assurer le paiement des lots aux époques où ils auraient dû normalement être délivrés.

Mais on est aisément d'accord avec M. Rousseau (n° 1355) pour reconnaître que ces opérations présentent des difficultés considérables d'application.

**415. Primes et lots.** — Il est très courant, en pratique, lorsqu'une société émet des obligations, de ménager, au profit des souscripteurs ou porteurs, une *prime* qu'ils toucheront en sus de leurs versements,le jour où l'obligation sera remboursée. Pour cela on procède de la manière suivante :

Les obligations sont *émises au-dessous du pair* ; c'est-à-dire, que le souscripteur, pour devenir propriétaire d'une obligation, aura à verser une somme inférieure à sa valeur nominale. Lorsque cette obligation viendra plus tard au remboursement, son porteur touchera la valeur nominale du titre et la différence entre le taux d'émission et la somme touchée constituera la *prime* de remboursement. Cette opération est parfaitement licite et ne tombe nullement sous le coup de la loi du 21 mai 1836, prohibant les loteries (Rousseau, n° 1350. — V. Cass., 14 janvier 1876).

Il n'en est pas de même des lots accordés par les grandes compagnies à un nombre limité d'obligations que le tirage au sort favorise. Ici, il s'agit bien d'avantages spéciaux accordés seulement à un groupe d'obligataires heureux, à l'exclusion des autres, ce qui caractérise parfaitement la loterie interdite par la loi de 1836. Aussi les sociétés qui se proposent d'émettre des obligations à lots, ne peuvent le faire qu'à la condition d'y être autorisées par une loi (Thaller, n° 724 ; Houpin, n° 411 ; Rousseau, n° 1352).

**416. Faillite. Liquidation.** — La faillite ou la liquidation judiciaire de la société lui font perdre le bénéfice du terme et toutes les dettes passives, conséquemment les obligations émises, deviennent exigibles.

Dans cette hypothèse, les obligataires auxquels aucune hypothèque, ou gage quelconque, n'a été conférée par le contrat d'émission de l'emprunt, sont des créanciers chirographaires au même titre que les autres créanciers, avec lesquels ils auront à dividender, sans qu'ils puissent exciper d'aucune priorité à leur profit. Les obligataires seront admis au passif : 1° pour le capital de l'obligation calculé *au taux d'émission* ; 2° pour le prorata de l'intérêt annuel calculé jusqu'au remboursement effectif ; 3° et si l'emprunt a eu lieu à prime, pour une part proportionnelle de la prime, à raison du temps écoulé depuis l'emprunt comparé au temps restant à courir jusqu'à l'époque de l'exigibilité (V. Houpin, n° 417 et autorités citées ; Rousseau, n° 1357 ; Thaller, n° 723).

La liquidation anticipée, amiablement décidée par l'assemblée générale, n'a pas pour conséquence de rendre toutes les créances immédiatement exigibles et cette particularité soulève des difficultés quant au remboursement des obligations à prime sur lesquelles les auteurs et la jurisprudence sont encore loin d'être d'accord.

M. Thaller (n° 456) estime qu'on doit, dans ce cas, raisonner comme en matière de faillite, la société fût-elle *in bonis* (conf.

Lecourtois, *Le remboursement des obligations de chemins de fer*, 1881 ; Lévy Ullmann, *Des obligations à prime et à lots*, nº 710).

M. Houpin, au contraire (nº 417), pense qu'il n'est pas admissible que la société débitrice restreigne sa dette à volonté ; et que, puisqu'il y a un actif suffisant pour rembourser les obligations avec prime, les obligataires peuvent demander que cet actif serve à faire fonctionner l'amortissement, à moins qu'on les rembourse immédiatement suivant les conditions promises.

La Cour de cassation a décidé, sur ce point, le 2 février 1887 et le 10 mai 1887, que la cessation de la société était incompatible avec l'amortissement qui suppose des opérations sociales faisant réaliser des bénéfices qui permettent de le faire fonctionner. M. Rousseau, qui cite ces décisions (nº 1360), conclut ainsi : « les obligataires ne peuvent réclamer que la déchéance du terme ou la résiliation du contrat, mais ils peuvent insister pour que la société continue d'exister pour les besoins de sa liquidation (*Contrà*, Lyon, 13 mars 1900).

**417. Obligations hypothécaires négociables.** — Souvent, pour attirer plus facilement les capitaux qu'elle désire emprunter, la société confère à ses obligataires une hypothèque sur des immeubles sociaux et cette affectation hypothécaire produit, au profit de la masse des obligataires, tous les effets reconnus à l'hypothèque par la loi.

Mais, comme il n'est pas possible de faire intervenir tous les obligataires au contrat d'hypothèque, la société, pour atteindre ce but, agit de la manière suivante.

Le contrat notarié d'hypothèque est passé par la société, soit avec un banquier qui se sera chargé, à ses risques et périls, de toute l'émission et aura ainsi souscrit personnellement toutes les obligations, soit, ce qui est le cas le plus ordinaire, avec un tiers quelconque considéré *comme gérant d'affaires de tous les souscripteurs*. Ce gérant d'affaires acceptera l'hypothèque au nom et pour le compte de tous les porteurs futurs d'obligations ; c'est à son nom que l'inscription sera prise au bureau des hypothèques de la situation des biens et que les renouvellements ultérieurs seront opérés (V. Thaller, n° 710, note 1).

« Quelle que soit la qualité du représentant des obligataires, il est indispensable », dit M. Rousseau (n° 1389), « que les conditions et l'étendue de cette représentation soient déterminées dans l'acte de constitution de l'hypothèque. Sans cela, en effet, elle deviendrait impossible, ou tout au moins fort difficile à établir, car elle exigerait une manifestation des volontés de tous les obligataires, et le concours de toutes ces volontés.

« Pour la même raison, les pouvoirs attribués dans l'acte aux représentants des obligataires devront être aussi larges que possible, et leur permettre d'exercer tous les droits attachés aux obligations : droit d'accepter l'hypothèque, de prendre inscription au profit commun, de donner mainlevée de cette inscription, d'en consentir la radiation ou la réduction après amortissement total ou partiel des obligations, de recevoir toutes notifications, de poursuivre en délaissement tous tiers détenteurs, d'exercer toutes poursuites et actions judiciaires, etc.

« Il y aura même lieu, pour éviter toute difficulté, d'indiquer, dans les contrats portant constitution de mandataires, que les actes de ces mandataires seront opposables même aux incapables.

« Le représentant des obligataires pourra être unique. Il vaut mieux cependant en désigner plusieurs, quoique l'un d'eux soit toujours en état d'exercer le mandat commun. Il sera bon également de prévoir les cas de décès ou d'empêchements des représentants ; on pourra, pour ces cas, confier le choix des mandataires nouveaux soit aux premiers désignés, soit à l'assemblée des obligataires, statuant à la majorité. »

Le mode de constitution de l'hypothèque au profit des obligataires, en présence des prescriptions formelles de l'article 2148 du Code civil, a fait l'objet des préoccupations de bien des auteurs qui ont écrit d'intéressantes dissertations sur cette question  délicate.

Mais, comme nous l'avons déjà dit, la jurisprudence ayant définitivement consacré la régularité du procédé que nous venons d'indiquer, nous ne croyons pas utile d'entrer, ici, dans des développements qui nous obligeraient à sortir du cadre que nous nous sommes tracé en écrivant ce livre de pure pratique. Pour ces développements nous ne pouvons que renvoyer le lecteur aux ouvrages qui ont traité plus complètement la question (V. Houpin, n°s 421 et suiv., *Journal des notaires et des avocats*, art. 21.750, 1877, p. 641 ; Rousseau, n°s 1376 et suiv. ; Lyon-Caen et Renault, n°s 584 et suiv. ; Wahl, *J. Soc.*, 1878 ; Baudry-Lacantinerie, *Hypothèques*, t. II, n° 1280 ; Goirand, n° 71 ; Garnot, *Des oblig. hyp.*, p. 141 ; Thaller, *loc. cit.* et *Bulletin de la Société de législation comparée*, 1901, p. 304 et suiv. — Conf. Cass. civ., 20 octobre 1897, etc.).

**418. Pouvoir d'émission.** — Les emprunts que peuvent contracter les sociétés par actions et, notamment, les émissions d'obligations dépassent les pouvoirs ordinaires d'administration. En conséquence, le conseil d'administration ne peut prendre une décision de cette nature que si les statuts l'y ont habilité. Sinon les emprunts et les émissions d'obligations ne peuvent être effectués par le conseil qu'avec le consentement de l'assemblée générale tenue dans les formes ordinaires.

Depuis la loi du 1er août 1893 il n'est plus nécessaire, pour les emprunts et émissions portant hypothèque, que les délibérations du conseil ou de l'assemblée aient lieu devant notaire et par acte notarié.

Mais l'acte constitutif d'hypothèque établi suivant les règles ci dessus prévues (*suprà*, n° 417) doit être nécessairement notarié conformément à l'article 2127 du Code civil et à l'article 69 (nouveau) de la loi de 1867.

**419. Syndicat d'obligataires.** — Les porteurs d'obligations d'une société peuvent se grouper et former entre eux une société civile pour défendre et exercer les intérêts communs des obligataires (Houpin, n°ˢ 409 et 424 ; Vavasseur, n°ˢ 542 et 550 ; Deloison. n° 303 ; Garnot, p. 125 ; Dalloz, *Suppl.*, n° 965 ; Goirand, n° 73 ; Paris, 5 décembre 1885 ; Trib. Bourges, 8 mars 1888).

# TITRE V

## DISSOLUTION. — LIQUIDATION

### CHAPITRE PREMIER

DISSOLUTION.

**420. Cause de la dissolution.** — La société par actions se dissout comme toutes les sociétés en général (art. 1865, C. civ.).

1° Par l'expiration du temps pour lequel elle a été constituée si la durée n'a pas été prorogée.

2° Par l'extinction de la chose ou la consommation de la négociation.

Les autres cas de dissolution indiqués par le Code civil (art. 2865) ne sont pas applicables aux sociétés par actions ; mais, par contre, la loi du 24 juillet 1867 a prévu d'autres cas de dissolution anticipée :

*a*) Dissolution en cas de pertes des trois quarts du capital social (pour les sociétés anonymes seulement). La loi de 1867 stipule en effet (art. 37) qu'en cas de perte des trois quarts du capital social, les administrateurs sont tenus de réunir l'assemblée générale de *tous* les actionnaires à l'effet de décider s'il y a lieu de prononcer la dissolution anticipée (*suprà*, n° 221).

Le capital dont la loi suppose les trois quarts perdus est le capital nominal global, et non pas seulement le capital numéraire (Rousseau, n° 2580 ; Mathieu et Bourguignat, n° 226 ; Pont, n° 1918 ; Lyon-Caen et Renault, n° 906).

*b*) Droit pour toute personne intéressée de demander judiciairement la dissolution d'une société anonyme lorsque l'assemblée convoquée, dans le cas du paragraphe précédent (perte des trois quarts du capital), n'a pu être constituée régulièrement suivant les règles de l'article 31 de la loi et aussi lorsque un an s'est écoulé depuis l'époque où le nombre des associés est réduit à moins de sept (*suprà*, n° 221).

*c*) Droit pour le conseil de surveillance d'une société en commandite par actions de provoquer la dissolution de la société, après avis favorable d'une assemblée générale obligatoirement convoquée par lui au préalable (art. 11) (V. *suprà*, n° 144).

L'action en dissolution ne saurait être écartée par une fin de non-recevoir tirée d'un article des statuts stipulant que toutes les contestations entre associés touchant l'intérêt général et collectif doivent être soumises à l'assemblée générale et peuvent être repoussées par elle sans qu'aucun actionnaire puisse les reprendre dans un intérêt particulier (Paris, 6 février 1894 ; Houpin, n° 947 ; Rousseau, n° 2583).

Indépendamment des cas légaux où la dissolution anticipée peut être prononcée, il existe d'autres cas de dissolution.

Elle peut avoir lieu pour des motifs graves et légitimes, par exemple, si le fonctionnement de la société est devenu impossible ou bien encore si les statuts d'une commandite n'ont pas prévu le remplacement du gérant statutaire disparu (V. *suprà*, n° 127).

Enfin la dissolution anticipée est possible en toutes circonstances, lorsqu'elle est décidée par l'assemblée générale extraordinaire. À cet égard MM. Houpin, n°s 909 et 945 et Rousseau, n° 2576), d'accord en cela avec un arrêt de la Cour de cassation du 29 avril 1897, enseignent que la dissolution volontaire, dans le silence des statuts, ne pourrait être votée à la simple majorité et que le consentement unanime des actionnaires est nécessaire. D'autre part, M. Thaller (n° 700) combat vigoureusement cette opinion et prétend que la Cour de cassation hésiterait aujourd'hui probablement à reproduire sa solution de 1897.

Quoi qu'il en soit et bien que les arguments de M. Thaller soient faits pour nous séduire, les fondateurs vigilants d'une société éviteront l'écueil en conférant statutairement à l'assemblée extraordinaire le pouvoir de décider, en toutes circonstances, cette dissolution. Par ce moyen toute difficulté d'interprétation de la loi sera écartée.

La décision de l'assemblée votant la dissolution de la société et nommant les liquidateurs doit être publiée (art. 61 de la loi de 1867).

**421. Faillite.** — En terminant cette question, disons que ni la faillite ni la liquidation judiciaire de la société n'entraînent pas de plein droit sa dissolution. Mais, dans ce cas, on nomme souvent un liquidateur pour représenter les intérêts des actionnaires dans les opérations de la faillite (Rousseau, n° 2573. — V. aussi Houpin, n° 956 ; Pic, *Ann. de droit comm.*, 1887, p. 130 ; Duvivier, p. 194).

**422. Irrévocabilité de la dissolution.** — L'assemblée générale extraordinaire qui a voté la dissolution de la société peut revenir sur sa décision par une deuxième assemblée, tant que la dissolution n'a pas été publiée (Besançon, 28 mai 1890 ; C. cass., 8 juillet 1891).

Mais cette publication une fois accomplie, la dissolution est définitive.

Faire revivre postérieurement la société, c'est en réalité constituer une société nouvelle, ce qui implique l'accomplissement des formalités de constitution.

# CHAPITRE II

## LIQUIDATION.

**423. Liquidateurs.** — Nous avons dit (*supra*, n° 224) que la dissolution de la société met fin aux éléments administratifs pour faire place aux liquidateurs nommés, soit par l'assemblée générale si la liquidation est amiable, soit par le tribunal si la dissolution est prononcée en justice. Une seule autorité survit à la dissolution, c'est l'assemblée générale des actionnaires à laquelle les liquidateurs recourront lorsqu'ils le jugeront utile, notamment pour obtenir leur *quitus* définitif quand les opérations de liquidation seront terminées. Il peut être nommé un ou plusieurs liquidateurs.

**424. Pouvoirs.** — Les pouvoirs des liquidateurs diffèrent de ceux du gérant ou des administrateurs à raison même du but à atteindre. Ils pourront bien continuer l'exploitation, à titre simplement provisoire, pour maintenir le fonds commercial ou industriel jusqu'à la vente, mais ils devront agir de manière à clore les opérations le plus tôt possible pour convertir l'actif en argent et arriver ainsi au partage qui est l'épilogue de toutes les opérations de la liquidation.

En principe, les liquidateurs n'ont que des pouvoirs d'administration (Thaller, n° 448) ; mais, dans le silence de la loi, ces pouvoirs s'étendent à tout ce qui est nécessaire pour la réalisation de l'actif et l'acquit du passif, y compris le pouvoir de vendre le fonds, même à l'amiable, que les usages du commerce ont consacré (Houpin, n° 208).

La question de savoir si, en principe, le liquidateur a le droit de vendre les immeubles est très controversée (V. Houpin, *loc. cit.*).

Ordinairement les statuts prévoient les pouvoirs des liquidateurs ou confèrent à l'assemblée le droit de les déterminer à son gré. Dans ce dernier cas, le liquidateur, pour mettre sa responsabilité à couvert et pour assurer la régularité absolue de ses actes, ne doit pas hésiter à demander à l'assemblée générale, délibérant dans la forme des assemblées ordinaires, de l'habiliter aux actes pouvant sortir de son mandat.

Sur cette question assez complexe des pouvoirs des liquidateurs on consultera utilement les ouvrages de MM. Thaller (n°ˢ 448 et suiv.), Houpin (n°ˢ 208 958), Rousseau (n°ˢ 721 et suiv., 2609 et suiv.).

**425. Nomination.** — Lorsque la dissolution est prononcée par l'assemblée générale, la décision est immédiatement suivie de la nomination du ou des liquidateurs et la délibération nommant ces liquidateurs qui sont des *liquidateurs amiables* fixe en même temps l'étendue de leurs pouvoirs.

Mais si la dissolution est prononcée en justice, il appartient au tribunal de désigner le liquidateur. C'est le cas du *liquidateur judiciaire.*

**426. Pouvoirs du liquidateur judiciaire.** — En principe, les pouvoirs du liquidateur judiciaire sont ceux du liquidateur amiable. Toutefois, comme sa mission est toute judiciaire, c'est le jugement qui l'a nommé et non les statuts de la société qu'il faut consulter pour connaître et déterminer l'étendue de ses attributions.

Ce dernier a qualité pour actionner, s'il y a lieu, les anciens administrateurs en responsabilité soit solidairement, soit individuellement pour les fautes commises.

**427. Apport à une nouvelle société.** — Les liquidateurs amiables peuvent faire l'apport global de l'actif et du passif, ou, ce qui est préférable au point de vue fiscal, de l'actif seulement à une autre société, et les conséquences de cet apport seront les mêmes que celles que nous avons envisagées en parlant de la fusion (*suprà*, n<sup>os</sup> 406 et 408).

Si cet apport est effectué à prix d'argent, il constituera une vente et la régularité de l'opération dépendra des pouvoirs conférés au liquidateur.

Mais si cet apport donne lieu à une attribution d'actions de la nouvelle société, nous estimons que l'opération n'est possible que si elle est autorisée par les statuts ou par l'unanimité des actionnaires parce qu'elle dénature le but de la liquidation en obligeant les actionnaires à entrer dans une nouvelle société (Houpin, n° 959 ; Rousseau, n<sup>os</sup> 2610, 2611 et 2612).

Quant au liquidateur judiciaire, M. Houpin, après avoir refusé aux tribunaux le droit de lui conférer ce pouvoir exorbitant est revenu sur sa première opinion et s'est prononcé pour l'affirmative que les tribunaux avaient d'ailleurs adoptée dans deux espèces particulières (*Petit Journal* et *Société Immobilière*, V. jugement Seine, 4 février 1889 ; V. aussi Cass., 12 novembre 1896).

Cependant nous estimons avec M. Rousseau (n° 2614 et 2616) que, dans le silence des statuts, les tribunaux, pas plus que l'assemblée générale, n'ont le droit d'autoriser ce mode de liquidation.

**428. Créances à terme.** — La mise en liquidation autorise la société à effectuer le paiement immédiat de ses dettes à terme en *ramenant celles-ci à leur valeur actuelle* et il en est ainsi même à l'égard des *obligations à primes et à lots* (Thaller, n° 456. — *Contrà* : Lyon, 13 mars 1900).

Mais si la société dissoute est libre de renoncer aux bénéfices du terme, dans les conditions d'escompte ci-dessus indiquées, les créanciers ne sont pas, par cela même, autorisés à exiger leur paiement immédiat. Il n'y aurait réciprocité à cet égard que tout autant que les liquidateurs procéderaient au paiement d'autres dettes, le paiement de quelques-uns des créanciers entraînant le

droit pour les autres de se faire immédiatement désintéresser de
la valeur actuelle de leurs créances (Thaller, n⁰ˢ 457 et 458).

**429. Répartition.** — Le produit de la liquidation doit être
employé en premier lieu à éteindre le passif. Aucune répartition
aux actionnaires ne peut être faite avant que les créanciers sociaux
aient été totalement désintéressés, et les liquidateurs engageraient
gravement leur responsabilité s'ils agissaient autrement.

Lorsque l'actif est entièrement réalisé et le passif complètement
payé, il est procédé au remboursement du capital des actions (1).

L'excédent constitue le bénéfice de liquidation qui est réparti
entre tous les actionnaires, au prorata de leurs actions ou bien
entre ces derniers et les porteurs de parts de fondateurs en suivant
le taux de répartition établi par les statuts.

**430. Quitus.** — A la fin des opérations de la liquidation, les
liquidateurs doivent convoquer l'assemblée générale pour l'approbation de leurs comptes et pour obtenir leur *quitus* définitif.

C'est le dernier acte de la liquidation.

---

(1) V. sur ce point notre *Etude sur les actions de jouissance et l'amortissement du capital*, p. 21 et suiv.

# TITRE VI

## ACTIONS EN JUSTICE. — RESPONSABILITÉ

### CHAPITRE PREMIER

DES ACTIONS EN JUSTICE.

**431. Nature des actions.** — Les actions judiciaires aux-quelles peuvent donner lieu la constitution et le fonctionnement des sociétés par actions sont de deux ordres :

1° Actions sociales ;

2° Actions individuelles.

**432. Actions sociales.** — Les actions sociales, comme le nom l'indique, appartiennent à la société. Par conséquent elles ne peuvent être exercées, en son nom, soit contre le gérant ou les administrateurs, soit contre le conseil de surveillance ou les commissaires, qu'en vertu d'une délibération de l'assemblée générale, pendant la durée de la société ou, après sa dissolution ou sa faillite, par le liquidateur ou le syndic (Rousseau, n° 2552 ; Houpin, n° 761 ; Lyon-Caen et Renault, n° 827).

Cependant la loi, voulant faciliter l'accès de la justice aux mi-norités d'actionnaires agissant dans un intérêt commun, a sti-pulé (art. 17 de la loi de 1867) *que des actionnaires représentant le vingtième au moins du capital social peuvent, dans un intérêt commun, charger à leurs frais un ou plusieurs mandataires de sou-tenir, tant en demandant qu'en défendant, une action contre les gérants ou contre les membres du conseil de surveillance, et de les représenter, en ce cas, en justice sans préjudice de l'action que chaque actionnaire peut intenter individuellement.*

Cet article de la loi que l'article 39 a rendu applicable aux sociétés anonymes consacre une exception à l'ancienne maxime « *Nul en France ne plaide par procureur* ». En outre le dernier membre de phrase établit la possibilité et la légalité de l'action individuelle de chaque actionnaire contre la société.

**433. Actions individuelles.** — Les actions individuelles sont celles que des actionnaires peuvent intenter en leur propre et privé nom ou au nom d'une collectivité quelconque d'actionnaires ayant formé entre eux un syndicat ou une société civile à cet effet (Paris, 22 avril 1870 ; Cass., 9 mai 1872 et 26 mars 1878 ; Houpin, n° 760 ; Rousseau, n° 2680).

**434. Distinction.** — La distinction entre les actions ayant un caractère social et celles ayant un caractère individuel n'est pas toujours aisée à établir et donne lieu entre les auteurs à de nombreuses divergences (V. Rousseau, n° 2663).

Suivant M. Rousseau, l'action sociale est celle qui intéresse la société ou l'universalité de ses membres. Elle découle d'un fait ou d'une faute qui lèse les intérêts *collectifs* des actionnaires.

L'action individuelle est celle qui, par la diversité de sa cause et du but poursuivi, intéresse *un*, *plusieurs* ou même la totalité des associés pris *personnellement et individuellement.*

La jurisprudence a considéré comme actions sociales :

1° L'action en dommages-intérêts formée par des actionnaires ou créanciers contre les gérants, fondateurs ou administrateurs, basée sur la nullité de la société à son origine ;

2° L'action en dommages-intérêts contre les gérants, administrateurs ou liquidateurs, pour fautes commises dans l'accomplissement de leur mandat ou pour violation des statuts (V. dans ce sens, Paris, 2 février 1900) ;

3° L'action contre les administrateurs pour manœuvres ou dissimulations coupables ;

4° L'action en révocation du gérant ;

5° L'action en dissolution et en nomination d'un liquidateur ;

6° L'action en dommages-intérêts pour inexactitudes dans les bilans et pour distribution de dividendes fictifs ;

7° L'action contre des administrateurs à raison de marchés passés par eux avec la société sans observation des prescriptions de l'article 40 de la loi (V. Houpni, n° 161).

D'autre part, voici quelques exemples d'actions individuelles :

1° L'action en réparation d'un dommage distinct de celui éprouvé par la société, à raison de faits frauduleux et illégaux ;

2° L'action intentée par des actionnaires amenés à souscrire des titres par des faits illicites tels que distribution de dividendes fictifs, hausse factice, rapports mensongers ;

3° L'action intentée par des actionnaires amenés à vendre leurs actions avec perte par suite de manœuvres dolosives ;

4° La demande en dissolution de la société basée sur de justes motifs conformément à l'article 1871 du Code civil.

Sur cette question des actions judiciaires nous avons le devoir de signaler une intéressante dissertation que M. Decugis, avocat à la Cour d'appel de Paris, secrétaire du *Journal des sociétés*, a publiée dans ce journal (année 1902, p. 337 et suiv.).

D'après cet auteur, tout le monde est d'accord pour reconnaître à l'assemblée générale des actionnaires, le droit d'étendre l'action sociale aux simples fautes de gestion des administrateurs.

Mais lorsque la responsabilité découle d'une violation formelle de la loi ou des statuts, la question est plus délicate.

La Cour de Paris, par un arrêt du 6 février 1896, a décidé que les infractions aux statuts donnent naissance, au profit de chaque actionnaire, à une action individuelle qui peut encore être exercée quand l'action sociale est éteinte. MM. Lyon-Caen et Renault se sont prononcés dans le même sens. Mais la Cour de Paris, par un nouvel arrêt du 20 mars 1901, conforme à l'opinion déjà émise par elle dans un précédent arrêt du 5 mai 1891, n'a plus établi de distinction entre les fautes de gestion et les fautes commises en violation de la loi ou du pacte statutaire et a décidé que l'action individuelle comme l'action sociale était éteinte lorsque l'assemblée générale a transigé sur le préjudice et donné décharge, à la condition cependant que l'actionnaire pris individuellement n'ait pas souffert un préjudice distinct de celui de la masse.

Enfin M. Decugis pense que la décision de l'assemblée ne met fin au droit individuel de l'actionnaire que lorsque aucune atteinte n'a été portée aux bases essentielles du pacte social.

**435. Restrictions statutaires.** — Les statuts stipulent souvent qu'aucune demande en justice ne peut être formée par un actionnaire contre la société, sans avoir été préalablement soumise à l'assemblée générale dont l'avis doit être soumis aux tribunaux en même temps que la demande.

Cette clause est parfaitement licite (Houpin, n° 757).

Une autre clause restrictive que l'on rencontre assez généralement dans les statuts des sociétés par actions, est celle par laquelle les demandes en justice touchant l'intérêt général de la société devront être formées au nom de la masse des actionnaires et en vertu d'une délibération favorable de l'assemblée générale.

La validité d'une telle clause a été reconnue par la jurisprudence (Paris, 19 février 1875, 12 février 1881, 11 juillet 1882 ; Cass., 3 décembre 1883 ; Paris, 9 février 1887).

Il a été décidé pourtant qu'elle ne pouvait être opposable : 1° à la demande formée contre un ou plusieurs actionnaires par la société elle-même (Paris, 19 juillet, 19 février 1875) ;

2° A l'action intentée par un actionnaire ayant pour objet la dissolution de la société (Seine, 4 février 1887) ;

3° A la demande en nullité de la société (Agen, 19 mars 1886 ;
Seine, 24 juin 1887) ;

4° A l'action en nullité des délibérations de l'assemblée générale (Seine, 6 août 1879) ;

5° A l'action en responsabilité intentée contre les administrateurs au cours de la liquidation (Bourges, 15 avril 1891).

M. Rousseau (n° 2688) estime avec raison que la clause des statuts portant atteinte au droit de poursuite doit être interprétée
très restrictivement et n'est pas opposable, dans tous les cas où
il s'agit d'une action que l'assemblée générale n'a pas le pouvoir
d'entraver. Et il en est ainsi notamment lorsque la demande a
pour objet de faire prononcer la nullité de la société pour violation des règles d'ordre public (Trib. com. Lyon, 31 décembre
1903 ; Paris, 1er juin 1904).


## CHAPITRE II

### RESPONSABILITÉ.

**436.** — En étudiant la constitution et le fonctionnement des
sociétés par actions, nous avons signalé les responsabilités qui
pèsent sur les divers éléments dirigeants.

C'est ainsi que nous avons attiré l'attention sur les responsabilités spéciales qui pèsent, savoir :

1° Sur le gérant des commandites par actions (*suprà*, n°s 133
et suiv.) ;

2° Sur le conseil de surveillance de ces sociétés (*suprà*, n°s 142
et 147) ;

3° Sur les administrateurs des sociétés anonymes (*suprà*, n°s 168
et suiv.) ;

4° Et sur les commissaires de surveillance de ces sociétés (*suprà*,
n° 188) ;

Mais à raison de l'intérêt qui s'attache à cette importante question, nous avons cru devoir y revenir en groupant sous un chapitre spécial les développements qui n'ont pas trouvé place dans nos explications antérieures.

Il faut, en effet, que toute personne qui accepte une fonction administrative ou même de simple contrôle dans une société par actions sache bien quelle est l'étendue des responsabilités qu'elle peut encourir.

Mieux elle sera éclairée sur les dangers qui la guettent, plus sa vigilance sera tenue en éveil et la société elle-même ne pourra que bien se ressentir d'être aux mains de personnalités prudentes et avisées.

**437. Deux sortes de responsabilités.** — La loi a prévu deux sortes de responsabilités :

1° La responsabilité pécuniaire qui se traduit par des dommages-intérêts ;

2° La responsabilité pénale punie par l'amende et même par l'emprisonnement.

**438. Responsabilité pécuniaire.** — Cette responsabilité dont l'importance est laissée à l'appréciation des tribunaux peut résulter de causes diverses :

1° Elle peut être la conséquence d'un préjudice causé soit aux actionnaires, soit aux créanciers sociaux par un vice de constitution ayant entraîné la nullité de la société ;

2° Elle peut résulter de fautes commises au cours de la vie sociale.

**439. Nullité de la société.** — Les articles 8 et 42 de la loi de 1867 ont indiqué quelles sont les personnes responsables de la nullité de la société. Ce sont d'abord :

1° *Le gérant*, dans les commandites, considéré comme fondateur de la société. La responsabilité du gérant se confond, du reste, au regard des créanciers, avec celle qui lui incombe en sa qualité et qui l'oblige à payer indéfiniment l'intégralité du passif social,

2º *Les fondateurs*, dans les sociétés anonymes.

Le gérant et les fondateurs sont les premières personnes responsables des irrégularités commises dans les opérations de constitution dont la loi les a spécialement chargés. Mais la responsabilité des fondateurs d'une société anonyme s'arrête, en tant que *fondateurs*, à la constitution définitive de la société et ne saurait être encourue, notamment, à raison d'irrégularités qui ne leur étaient pas imputables.

3º *Les apporteurs* de biens en nature ou les bénéficiaires d'avantages particuliers qui, en négligeant de soumettre leurs apports et avantages à la vérification prescrite par l'article 4 de la loi, ont causé la nullité de la société.

En outre des personnes que nous venons d'indiquer, dont la responsabilité est engagée en premier lieu, la loi tient encore pour responsables de la nullité.

4º *Les membres du premier conseil de surveillance* des commandites par actions qui, obligés de vérifier immédiatement après la constitution, la régularité des opérations (V. *suprà*, nº 142), n'ont pas rempli sérieusement cette obligation et ont ainsi laissé fonctionner la société en l'état d'irrégularités qui ont ensuite entraîné la nullité de la société (art. 8 de la loi de 1867).

Mais les membres du conseil de surveillance condamnés, de ce chef, à des dommages-intérêts ont un recours contre le gérant, premier auteur responsable de la nullité encourue (Houpin, nº 598).

5º *Les premiers administrateurs* des sociétés anonymes, solidairement responsables avec les fondateurs, de la nullité de la société ou des actes et délibérations nécessaires à sa constitution ou, encore, de la nullité résultant de l'inobservation des règles fixées pour la publication originaire (Houpin, nº 1024).

En principe cette responsabilité pèse uniquement sur les administrateurs originaires, qu'ils soient nommés par les statuts ou par l'assemblée constitutive. Mais cette responsabilité peut atteindre des administrateurs nommés postérieurement, si ceux-ci ont concouru, ou se sont associés à des actes dolosifs (Houpin, n° 584). C'est à raison de cette lourde responsabilité des administrateurs, que nous avons conseillé (*suprà*, n° 165) au premier conseil d'administration, dès son entrée en fonctions, de procéder à la vérification de toutes les opérations de constitution, bien que la loi n'en ait fait l'obligation que pour le conseil de surveillance des commandites.

**440. Prescription de l'action en nullité.** — Aux termes de l'article 8 de la loi de 1867 que l'article 42 a rendu applicable aux sociétés anonymes (dispositions légales résultant de la modification apportée par la loi du 1er août 1893) l'action en nullité de la société ou des *actes et délibérations postérieurs à sa constitution* n'est plus recevable lorsque, avant l'introduction de la demande, la cause de nullité a cessé d'exister et en outre, lorsque trois ans se sont écoulés depuis le jour où la nullité a été encourue. Mais l'action pénale n'en persiste pas moins (Paris, ch. corr., 16 novembre 1905).

Si, pour couvrir la nullité, une assemblée générale devait être convoquée, l'action civile ne serait plus recevable à partir de la date de la convocation régulière de cette assemblée.

Les actions en nullité contre les actes constitutifs des sociétés sont *prescrites par dix ans*.

**441. Fautes de gestion.** — La responsabilité pour fautes de gestion qui découle des règles du mandat, ou qui a pour cause des infractions aux lois qui régissent les sociétés ou aux statuts sociaux peuvent atteindre :

1° Le gérant des commandites (*suprà*, n° 134);

2° Les administrateurs pris soit solidairement entre eux, soit personnellement (*suprà*, nos 171 et 172) ;

3° Les membres du conseil de surveillance dans les commandites par actions (*suprà*, n° 147) ;

4° Les commissaires des comptes des sociétés anonymes (*suprà*, n° 188) ;

5° Les liquidateurs (*suprà*, n° 226).

Nous ne reviendrons pas sur l'origine et l'étendue de ces responsabilités que nous avons déjà étudiées.

Il est bon de rappeler cependant que les divers éléments dirigeants d'une société par actions sont responsables d'après les règles du mandat, et cette responsabilité sera plus ou moins grave, suivant que les fonctions administratives seront salariées ou gratuites. Mais il ne s'ensuit pas que, suivant une expression consacrée, les administrateurs soient les assureurs de la société. Toute affaire commerciale ou industrielle est sujette à des chances de perte comme à des chances de gain et une affaire peut mal tourner sans que pour cela la responsabilité des divers éléments administratifs se trouve nécessairement engagée. Les administrateurs peuvent se tromper de bonne foi ; c'est à la société seule, en principe, à en supporter les conséquences, sauf à elle, bien entendu, à choisir pour l'avenir des mandataires plus habiles, si elle le juge à propos. On conçoit que si, dans de telles conjectures, la responsabilité personnelle ou solidaire des administrateurs se trouvait engagée *de plano*, les sociétés ne trouveraient plus personne pour les administrer.

Il en serait autrement si les pertes étaient dues à l'incurie, à une négligence par trop évidente, ou bien encore si elles résultaient de spéculations frauduleuses ou grossièrement imprudentes.

L'incapacité notoire d'un administrateur ou sa confiance aveugle dans ses collègues ou envers le directeur, ne seraient pas des raisons suffisantes pour lui permettre d'échapper à la responsabilité collective et solidaire.

Toute personne appelée à des fonctions administratives dans une société doit avoir conscience des devoirs qui lui incombent et

elle ne doit accepter ces fonctions qu'à la condition d'avoir les
aptitudes nécessaires pour les bien remplir ; sinon elle s'expose aux
pires dangers. Sans doute les tribunaux pourront lui tenir largement compte de sa bonne foi pour mesurer l'étendue de sa responsabilité mais, dans bien des cas, cette responsabilité, si elle
peut se trouver atténuée, ne sera pas toujours totalement écartée.

Le moyen le plus énergique et le plus sûr, pour un administrateur, de dégager sa responsabilité, c'est assurément la *démission*. Toutefois, son simple refus de concourir à la délibération
qui a été prise malgré ses efforts, malgré son vote, pourra le
rendre excusable et il en sera de même de son absence à la réunion du conseil, si cette absence a eu des raisons plausibles, surtout si l'administrateur, informé ensuite de la délibération prise,
a, par l'ensemble de son attitude, marqué clairement sa désap-
probation (Thaller, n° 670).

Sans aller jusqu'à démissionner, l'administrateur en désaccord
avec ses collègues peut, ainsi que nous en avons donné le conseil
(*suprà*, n° 174), faire insérer sa protestation au procès-verbal et
exciper ensuite de cet incident à sa décharge lorsqu'il sera poursuivi (Thaller, *loc. cit.*).


**442. Causes diverses de responsabilité.** — Les causes de
responsabilité pour fautes de gestion varient à l'infini, et il ne
nous est pas possible d'établir un critérium permettant de reconnaître le point où commence et où finit cette responsabilité. Nous
nous bornerons donc à enregistrer quelques exemples que nous
avons pu recueillir par l'examen de la jurisprudence.

Ont été rendus pécuniairement responsables :

1° Les membres du conseil de surveillance d'une société en
commandite par actions qui n'ont rempli que d'une manière
insuffisante et négligente les obligations à eux imposées par la
loi ou par les statuts (Cass., 8 mars 1876 ; Orléans, 21 juillet
1875) ; ou qui ont laissé répartir des dividendes, alors que le

capital était déjà gravement compromis (Orléans, 30 juillet 1884) ; ou bien encore lorsqu'ils ont, dans leurs rapports, présenté l'état de la société comme prospère alors qu'ils savaient le contraire (Angers, 23 juillet 1875 ; Cass., 17 mai 1876) ; ou qu'ils n'ont pas vérifié avec soin les livres et le portefeuille (Cass., 17 mai 1889 ; Lyon, 11 juillet 1873) ; ou encore s'ils ont laissé distribuer des dividendes fictifs par le gérant en maintenant au bilan des comptes mauvais ou douteux (Paris, 9 août 1904).

2° Les administrateurs dont la négligence a été la cause de la perte du capital social (Seine, 3 mai 1896), notamment en ne signalant pas les irrégularités commises par le directeur (Cass., 9 juillet 1888) ; les administrateurs qui, connaissant l'état déplorable de la société, se sont efforcés de prolonger son existence par une publicité blâmable destinée à tromper les tiers et sont arrivés ainsi à réaliser frauduleusement une augmentation du capital (Paris, 7 janvier 1892) ; l'administrateur qui abuse de sa position pour obtenir le concours de la société à la réalisation d'un prêt, sans que l'assemblée ait été consultée (Cass., 3 décembre 1890) ; les administrateurs qui, par leur confiance aveugle, leur négligence et leur défaut de surveillance, n'ont pas empêché les dilapidations du directeur (Paris, 10 mars 1892) et cela, alors même que l'assemblée générale aurait approuvé les actes du directeur, s'il est établi qu'elle a été trompée (Cass., 13 novembre 1893). Les administrateurs qui, par des moyens frauduleux ou des prospectus mensongers ont déterminé des souscriptions ou des versements de la part d'actionnaires ou d'obligataires (V. les décisions citées par M. Rousseau, nos 2247-2248) ; les administrateurs qui ont laissé croire faussement que les obligations émises étaient hypothécaires ou qui ont négligé de régulariser l'hypothèque promise (Paris, 11 août 1879, 14 avril 1883 ; Paris, 12 décembre 1893) ; les administrateurs qui, en cas de fusion, ne prennent pas des garanties suffisantes pour assurer l'acquit du passif, alors surtout que la compagnie absorbante était au moment de la cession dans une situation rendant la fusion dangereuse (Cass., 19 février 1890).

3° Le commissaire de surveillance qui n'a pas révélé les irrégularités commises par les administrateurs et qui a rédigé son rapport avec légèreté en termes élogieux (Rousseau, n° 2315) ; et cette responsabilité existe à l'égard des tiers qui peuvent invoquer contre les commissaires les articles 1382 et 1383 du Code civil (Cass., 13 janvier 1869 ; 4 juin 1883).

Nous devons signaler encore diverses espèces où la responsabilité des administrateurs a été reconnue par des décisions récentes :

1° Constitue la distribution de dividendes fictifs, le versement d'un à-compte au début d'un exercice, alors que la situation précaire de la société récemment fondée ne comportait aucun bénéfice et ne permettait pas d'en espérer de quelque temps encore (Marseille, 14 février 1902 ; Cass., 23 juin 1904) ;

2° Constitue une faute lourde engageant la responsabilité des administrateurs, la notice répandue dans le public qui, bien que ne dénaturant pas d'une façon absolue l'état et le rendement de l'affaire, est, tout au moins, une œuvre destinée à faire illusion en exagérant sensiblement la situation (Seine, 21 juin 1901) ;

3° Est responsable du préjudice causé, l'administrateur qui, par complicité, a facilité l'exécution d'actes illicites (Paris, 24 janvier 1902) ;

4° Le décès d'un ouvrier survenu par suite de maladie et de défaut de soins médicaux dans une région isolée et notoirement insalubre engage la responsabilité des administrateurs qui avaient promis le logement, la nourriture et les soins médicaux (Cass. req., 20 janvier 1902) ;

5° Les administrateurs sont solidairement responsables des fautes de gestion et, notamment, de la perte des bulletins de souscription, ce qui a empêché les liquidateurs de poursuivre le paiement des versements non effectués (Lyon, 17 juillet 1902) ;

6° Il y a distribution de dividendes fictifs, lorsque la société a dissimulé des pertes importantes en exagérant les valeurs actives portées à l'inventaire (Paris, 10 juillet 1903) ;

7° L'exercice du droit de préemption pour l'achat d'actions, lorsqu'il est prévu aux statuts, doit être concomitant de la faculté de refus. Par suite, commet une faute lourde motivant des dommages-intérêts à l'égard du cédant, le conseil d'administration qui refuse purement et simplement d'effectuer le transfert pour des considérations de convenance tirées de la personne de l'acquéreur (Seine, 9 mars 1903) ;

8° Les administrateurs répondent de la partie du passif due à leurs fautes (Cass. civ., 19 mai 1903) ;

9° Les administrateurs et les commissaires sont solidairement responsables des inexactitudes de leurs rapports aux assemblées tendant à faire apparaître la situation comme favorable, alors que ces inexactitudes ont eu pour effet de déterminer certaines personnes à acheter des actions à un prix supérieur à leur valeur réelle. Mais il n'y a pas responsabilité vis-à-vis des acquéreurs d'actions à vil prix dans un but de spéculation, alors que la situation périlleuse avait déjà été révélée (Douai, 30 mars 1905).

**443. Responsabilité pénale.** — Les articles 13, 15, 16 et 45 de la loi de 1867 ont prévu des peines pour les délits de constitution commis par les fondateurs ou administrateurs des sociétés par actions. Ainsi, le fait de violer sciemment la loi donnera lieu aux pénalités de l'escroquerie (art. 405, C. pén.) si les fondateurs, au moyen de manœuvres frauduleuses, ont créé une société imaginaire ou fausse entreprise, afin de s'attribuer dolosivement des avantages sur un prétendu fonds social, en retour d'apports fictifs, ou bien si les fondateurs ont, de mauvaise foi, publié les noms des personnes désignées, contrairement à la vérité, comme étant ou devant être attachées à la société à un titre quelconque (art. 15 de la loi ; Thaller, n° 570). Il en est de même du fait de provoquer par des moyens frauduleux des souscriptions d'actions ou d'obligations (Thaller, *loc. cit.*) et du fait, par les gérants ou administrateurs, en l'absence d'inventaire ou au moyen d'inventaires frauduleux, d'opérer entre les actionnaires la distribution de dividendes fictifs (art. 15 et 45 de la loi. — V. *suprà*, n° 172).

Mais si la loi a été violée sans intention coupable, il y a lieu simplement à l'amende de 500 à 10.000 francs avec admission, le cas échéant, de circonstances atténuantes (art. 13 et 45 de la loi. — V. Thaller, n° 571).

# QUATRIÈME PARTIE

## RÉGIME FISCAL DES SOCIÉTÉS PAR ACTIONS



## CHAPITRE PREMIER

### ENREGISTREMENT

**444. Loi.** — Les actes de constitution de société qui ne contiennent ni obligation, ni libération, ni transmission de biens meubles ou immeubles sont passibles du droit de 0 fr. 25 0/0 sur la totalité du capital social, déduction faite du passif, sans qu'il soit tenu compte de la fraction non libérée des titres (loi de finances du 28 avril 1893, art. 19 et loi du 28 février 1872, art. 1ᵉʳ).

Le droit proportionnel de 0 fr. 25 0/0 est encore dû sur toutes

les augmentations de capital effectuées dans les mêmes conditions, c'est-à-dire lorsqu'elles ne contiennent aucune obligation,
libération ni transmission de biens.

**445 Exigibilité**. — Le droit proportionnel de constitution
est dû seulement lors de l'enregistrement du procès-verbal de
l'assemblée constitutive à la suite de laquelle la société est définitivement constituée. En conséquence tous les actes antérieurs,
statuts, déclaration notariée de souscription et de versement et
autres actes préparatoires sont enregistrés au droit fixe de 3 fr. 75,
sauf les droits qui seraient dus sur des dispositions indépendantes
que ces actes pourraient contenir.

Est passible du droit de titre de 1 fr. 25 0/0 la lettre du banquier annexée à la déclaration notariée de souscription constatant
le versement chez ce banquier du montant des souscriptions
(Cass. civ., 8 décembre 1903).

**446. Délai**. — Ordinairement les procès-verbaux des assemblées constitutives sont déposés pour minute au notaire et, dans
ces conditions, les droits de constitution sont perçus lors de l'enregistrement de l'acte notarié de dépôt et de ses annexes.

Cependant, comme le dépôt au notaire n'est pas obligatoire et
que, d'autre part, la déclaration d'existence doit être faite et la
société publiée dans le mois de sa constitution sur des documents
enregistrés, il faut dire que la formalité de l'enregistrement doit
être remplie dans le mois de la constitution avant les publications et la déclaration d'existence.

**447. Dépôt au notaire**. — Lorsque l'acte de dépôt au notaire
est signé par un des associés, il y a lieu à enregistrement de toutes
les pièces (feuilles de présence, avis de convocations, etc.) dont les
procès-verbaux des assemblées font mention. Comme le dépôt au
notaire n'a d'autre but que d'assurer la conservation des documents, on agira sagement, pour éviter l'enregistrement des piè-

ces énoncées, en faisant effectuer le dépôt par une personne étrangère à la société (un employé de la société ou un clerc du notaire).

**448. Apport. Vente.** — Lorsqu'il est fait apport de biens mobiliers, et qu'en représentation de ces apports, l'apporteur reçoit, non pas des actions libérées, mais une somme d'argent, l'opération, qui équivaut à une vente, ne bénéficie pas du tarif réduit de 0 fr. 25 0/0 et il est dû le droit ordinaire de mutation, c'est-à-dire :

1 fr. 25 0/0 s'il s'agit de créances ;

2 fr. 50 0/0 s'il s'agit de meubles corporels ou incorporels ;

0 fr. 625 0/0 s'il s'agit de marchandises neuves détaillées article par article ;

Et 7 0/0 s'il s'agit d'immeubles ou droits immobiliers.

Ces droits ne se cumulent pas avec le droit de 0 fr. 25 0/0 qui n'est alors perçu que sur le surplus du capital.

Le même droit de vente est dû sur la valeur en argent des charges imposées à la société par les apporteurs de biens en nature.

**448 *bis*. Apport mixte.** — Souvent les apports en nature sont rémunérés partie en argent, partie en actions ; dans ce cas le droit fort de mutation n'est dû que sur l'attribution en espèces.

**449. Conseils pratiques.** — Les principes fiscaux que nous venons d'énumérer nous conduisent à des observations d'économie qu'il est bon de retenir :

*Première hypothèse.* — Un apport rémunéré en argent comprend à la fois des biens mobiliers et immobiliers.

Si l'on se borne à rémunérer en bloc tous ces biens par une somme unique, le droit de 7 0/0 applicable aux ventes immobilières sera exigible sur le tout. Pour éviter cet inconvénient, il conviendra d'opérer, dans les statuts, une ventilation pour indiquer, d'une part, la somme destinée à rémunérer les droits mobiliers, et, d'autre part, celle qui s'appliquera aux droits immobiliers et si, parmi les droits mobiliers apportés, se trouvent des biens corporels (matériel, créances, marchandises, etc.), il faudra suivre les prescriptions de la loi du 22 frimaire an VII, en annexant aux statuts un état détaillé de ces biens estimés article par article.

Dans ces conditions, chaque nature de biens sera soumise au droit proportionnel de mutation qui lui est propre.

*Deuxième hypothèse.* — Les apports mobiliers et immobiliers sont rémunérés partie en argent, partie en actions.

Dans ce cas on aura intérêt, dans la ventilation à établir, à faire porter la rémunération en argent sur les apports mobiliers, qui bénéficient du tarif le plus bas et à faire porter l'attribution d'actions qui profite du tarif réduit de 0 fr. 25 en premier lieu sur les immeubles.

Un exemple fera mieux saisir le mécanisme de ce procédé :

Il est fait apport à la société : 1° D'un immeuble de la valeur de 100.000 francs ; 2° d'un fonds commercial de 400.000 francs. Cet apport doit être rémunéré savoir : 1° au moyen de 500 actions de 500 francs entièrement libérées ; 2° moyennant une somme de 250.000 francs en numéraire.

Il conviendra dans ce cas de stipuler, qu'en représentation de ses apports, il est attribué à l'apporteur :

1° 200 actions entièrement libérées en représentation exclusivement de l'immeuble apporté ;

2° 300 actions libérées et 250.000 francs en espèces en représentation de ses autres apports.

Ce procédé peut cependant donner lieu à un inconvénient que nous devons signaler :

L'apport immobilier étant payé définitivement par l'attribution et la remise des 200 actions, l'apporteur n'aura pas, sur l'immeuble apporté, le privilège que la loi lui aurait réservé jusqu'à paiement s'il s'était agi d'une somme d'argent, privilège qui eût été, le cas échéant, opposable aux tiers. Or les 250.000 francs espèces, reposant uniquement sur des biens mobiliers, ne seront garantis par aucun privilège de cette nature et, à moins d'un nantissement du fonds auquel la société ne voudra peut-être pas consentir, l'apporteur devra, pour le paiement de ses deux cent cinquante mille francs espèces, avoir foi dans le crédit de la société, ce qui pourra n'être pas sans danger, surtout si le paiement doit être effectué à long terme.

**450. Droit de transcription.** — Les contrats de société comprenant des apports immobiliers doivent être transcrits au bureau des hypothèques de la situation des immeubles (V. *suprà*, n° 100).

Lorsque l'apport immobilier est fait moyennant une somme d'argent, le droit de transcription qui est de 1.50 0/0 (décimes en sus) se confond avec le droit de 7 0/0 perçu sur l'enregistrement de l'acte de société et il n'y a plus lieu qu'au paiement du droit de formalité de 0.25 0/0 lors de l'accomplissement de la transcription au bureau des hypothèques (loi du 27 juillet 1900, art. 2 et 3).

Mais si l'apport de l'immeuble n'a fait l'objet que d'une attribution d'actions ne donnant ouverture qu'à la taxe réduite de 0.25 0/0, le droit de transcription de 1.50 0/0 (décimes en sus) sera perçu cumulativement avec le droit de formalité de 0.25 0/0 (sans décimes) par le conservateur des hypothèques, lors de la présentation de l'acte à la formalité.

Au cas d'apports mixtes, comprenant à la fois des biens mobiliers et immobiliers, il sera bon, pour éviter de payer inutilement des droits de transcription, d'indiquer par les statuts le nombre d'actions s'appliquant spécialement aux immeubles apportés.

**451. Pièces à transcrire.** — La loi du 23 mars 1855 prescrit la transcription, au bureau des hypothèques de la situation des biens, des actes entre vifs translatifs de propriété immobilière.

Or les statuts sociaux n'ayant acquis leur force que par la constitution définitive de la société, il y a lieu, suivant nous, de présenter à la formalité de la transcription, avec l'extrait ou l'expé-

dition des statuts, une expédition du procès-verbal de la délibération de l'assemblée constitutive justifiant de la constitution
définitive de la société.

Il est nécessaire, lorsque la transcription n'est pas divisible par
extraits, de requérir la transcription, lors de la présentation des
actes à la formalité, uniquement en ce qui concerne les apports
qui y sont soumis, sinon le conservateur serait fondé à percevoir
le droit sur le tout.

**452. Perceptions accessoires.** — Le droit de 0 fr. 25 0/0
couvre toutes les dispositions accessoires de l'acte qui sont de
l'essence de la société telles que les avantages conférés au gérant
ou aux administrateurs, soit sur les bénéfices sociaux, soit à titre
d'émoluments ; mais il y a lieu à perception de droits séparés,
lorsque les statuts contiennent des conventions indépendantes
venant se souder au contrat principal. Ainsi lorsqu'il est fait apport de baux, il est dû le droit de cession de bail (0 fr. 25 0/0)
sur le montant du loyer annuel augmenté des charges, multiplié
par le nombre d'années restant à courir. Il appartient au rédacteur
de statuts, dans ce cas, de ne requérir l'enregistrement que pour
trois ans, ce qui évite de payer immédiatement la totalité du droit.

Rappelons qu'en vertu de la loi du 11 juin 1859 (art. 22) les
marchés réputés actes de commerce, faits par actes sous seing
privé, ne donnent ouverture qu'au droit fixe de 3 fr. 75 ; mais
ils deviennent passibles du droit proportionnel de 1 fr. 25 0/0
(marchés, louages) et de 2 fr. 50 0/0 (marchés, ventes) s'ils sont
constatés par actes publics ou s'il en est fait usage par acte public
ou en justice (Houpin, n° 1269).

Mais l'acte de commerce n'est pas dénaturé et le droit proportionnel n'est pas dû, si l'apport d'un marché est fait par des statuts
sous seing privé alors même que ces statuts sont déposés pour minute à un notaire et si ce dépôt n'a pas pour effet de leur conférer
l'authenticité, c'est-à-dire si le dépôt n'est pas accompagné d'une

reconnaissance de signatures (Lille, 25 février 1887 ; Sol. 28 avril 1887. — V. toutefois, Seine, 16 avril 1866).

Nous estimons cependant que le dépôt du sous seing privé effectué par les personnes mêmes qui ont signé cet acte comporte implicitement, par elles, reconnaissance de leur signature, sans qu'il soit indispensable, pour justifier la perception, que la reconnaissance soit formellement insérée dans l'acte de dépôt.

**453. Prorogation.** — Les actes de prorogation de société sont, comme les actes de constitution, soumis au droit proportionnel sur l'actif net de la société prorogée, déduction faite du passif dont elle est grevée (Houpin, n° 1257 ; loi du 28 février 1872, art. 1er).

**454. Emission d'obligations.** — L'acte notarié constatant une émission d'obligations négociables soumises à la taxe proportionnelle du timbre, même avec garantie hypothécaire, n'est pas sujet au droit ordinaire d'obligation de 1.25 0/0 (solution de la Régie, 1er juin 1900, *R. E.* 2416).

**455. Apport indivis. Attribution en liquidation.** — Lorsqu'il a été fait, à une société, un apport indivis de biens en nature, l'attribution qui en est faite, lors de la liquidation, à l'un des apporteurs indivis, soit par vente, cession ou autrement, donne ouverture au droit fort de transmission sur la part des co-apporteurs calculée, non pas d'après la valeur de liquidation, mais d'après celle donnée aux biens cédés le jour où ils ont été apportés à la société (Cass., ch. réun., 22 décembre 1904).

Cependant cette rétroactivité fiscale, consacrée par la Cour suprême, ne paraît pas devoir être applicable aux marchandises en ce sens que l'impôt est exigible seulement sur la valeur des marchandises dont l'existence est constatée au jour de la cession, et non sur la valeur de celles apportées à l'origine de la société (Seine, 18 janvier 1901, *R. E.* 2643).

**456. Augmentation de capital.** — Les principes que nous venons de développer sont applicables aux cas d'augmentation de capital sur le montant de ces augmentations.

## CHAPITRE II

### TIMBRE.

**457. Exemptions.**— Sont exempts du timbre de dimension :

1º Les registres des procès-verbaux des délibérations de l'assemblée générale, du conseil de surveillance ou du conseil d'administration ;

2º Les feuilles de présence des actionnaires aux assemblées générales (Sol. 19 juin 1897), à moins que ces feuilles de présence ne soient destinées à être déposées chez le notaire, ce qui rend nécessaire le timbre de dimension ;

3º Les rapports des gérants, conseils d'administration ou de surveillance, et des commissaires des comptes ;

4º Les registres et les feuilles constatant les transferts d'actions.

**458. Documents soumis au timbre.** — Mais le timbre de dimension est obligatoire pour : 1º les bulletins de souscription d'actions (V. *suprà*, nº 233) ; 2º les récépissés de dépôts de titres ; 3º les pouvoirs des actionnaires qui veulent se faire représenter à l'assemblée générale.

**459. Timbre de quittance.** — Le timbre de quittance doit être apposé et régulièrement annulé sur toutes pièces constatant une décharge ou une libération (Loi du 23 août 1871, art. 18).

L'annulation doit être faite par l'apposition sur le timbre, et à l'encre noire, de la date de délivrance et de la signature (art. 2 du décret du 27 novembre 1871). Il est d'usage, dans la plupart des sociétés, d'annuler le timbre de quittance au moyen d'une griffe,

Pour que ce mode d'annulation soit régulier, il faut que la griffe porte la signature du créancier, la date de l'oblitération et que son empreinte ait été préalablement déposée au bureau de l'enregistrement.

**460. Timbre des actions. Abonnement.** — Le droit de timbre des actions est de 0.50 0/0 sur le capital nominal pour les sociétés dont la durée n'excède pas dix années, et de 1 0/0 pour celles constituées pour une durée plus longue (Lois du 5 juin 1850, art. 14, 23 août 1871, art. 2). Mais les sociétés peuvent s'affranchir de l'acquittement au comptant du droit, en souscrivant, comme elles le font du reste généralement, un abonnement avec l'Etat pour toute la durée de la société. Cet abonnement est consenti moyennant un droit de 0.06 0/0 (décimes compris) payable annuellement pendant toute la durée de la société et à raison d'un quart à la fin de chaque trimestre ou, plus exactement, dans les vingt premiers jours du trimestre suivant. Ainsi le paiement des droits d'abonnement au timbre est exigible au plus tard le 20 avril, le 20 juillet, le 20 octobre et le 20 janvier de chaque année.

Les titres doivent être présentés à la formalité du timbre avant d'être revêtus des signatures exigées par les statuts.

**461. Titres non créés.** — Nous avons vu (*suprà*, n° 32) que la création matérielle des titres d'actions n'est pas une des conditions essentielles de la société et que l'action peut exister sans qu'il soit indispensable qu'un titre la représente.

Or le droit proportionnel de timbre affectant, non pas l'action elle-même, mais le titre qui la représente, aucun droit ne sera dû tant que les titres d'actions n'auront pas été matériellement créés. L'abonnement pourra n'être souscrit qu'au moment de cette création. Il en sera ainsi, notamment, pour les actions d'apport dont la création pourra, sans inconvénient, être différée pendant deux ans, jusqu'au jour où leur délivrance peut être demandée.

Mais si les titres ont été créés pour être remis aux ayants droit, l'impôt du timbre doit être acquitté avant qu'ils aient été signés. Si les signatures sont apposées avant l'empreinte du timbre, une amende de 12 0/0 du montant de l'action est exigible (loi du 5 juin 1850, art. 18), parce que la jurisprudence considère qu'après la constitution de la société, la signature des titres constitue l'émission prévue par l'article 14 de la loi précitée.

**462. Certificats provisoires.** — Les certificats provisoires délivrés à l'émission sont sujets au timbre de dimension. Mais ils pourraient être timbrés par abonnement si cet abonnement avait été préalablement souscrit.

**463. Réduction du capital.** — L'abonnement au timbre étant souscrit dès l'origine pour toute la durée de la société, la réduction de capital décidée au cours d'existence n'autorise aucune diminution du droit annuel d'abonnement.

**464. Exonérations. Sociétés infructueuses.** — Sont dispensées du droit d'abonnement : 1° les sociétés qui, depuis leur abonnement, sont régulièrement entrées en liquidation amiable ou judiciaire, ou ont été déclarées en faillite ; 2° celles qui, après être restées deux années consécutives sans payer ni intérêts, ni dividendes, continuent à demeurer improductives. Après ces deux années dites d'épreuve et si l'improductivité continue, le paiement de la taxe est suspendu jusqu'à ce qu'il survienne un exercice donnant lieu à une distribution de dividendes ou d'intérêts (Loi du 5 juin 1850, art. 24). Le paiement de l'abonnement est repris avec la distribution des intérêts et dividendes.

En toute hypothèse, les sociétés doivent acquitter le droit d'abonnement pendant deux années entières.

Les deux années d'épreuve pendant lesquelles les sociétés infructueuses doivent payer la taxe avant d'en être dispensées, courent du jour où le droit a commencé à être exigible, c'est-à-dire à

partir du jour où les titres ont été matériellement créés (Seine,
19 septembre 1903).

**465. Renouvellement des titres.** — Les titres ou certificats
d'actions délivrés en remplacement d'autres déjà timbrés et portant les mêmes numéros, soit par suite de transferts ou de renouvellements, sont timbrés gratis sur le vu des titres anciens qu'ils
sont destinés à remplacer.

**466. Parts de fondateurs.** — Les parts de fondateurs sont
soumises à la taxe du timbre comme les actions. L'assiette de l'a-
bonnement, pour cette nature de titres, est établie à défaut de
valeur nominale, par la déclaration de leur valeur faite par la
société au jour du contrat d'abonnement. Dans ces conditions, la
société a toute liberté pour évaluer ces titres au prix qui lui convient. Il ne s'ensuit pas cependant qu'elle ait intérêt, au point de
vue fiscal, à donner arbitrairement aux parts de fondateurs une
valeur qui pourrait être dérisoire, par exemple un franc par
titre. En opérant ainsi, la société arriverait sans doute à réduire singulièrement la taxe d'abonnement, mais elle risque-
rait fort de le regretter, en ce qui concerne la taxe sur le revenu
dont nous parlerons plus loin, au jour où l'administration serait
à même d'établir la valeur réelle des parts. C'est ainsi que des
parts bénéficiaires évaluées ensemble à 2.000 francs pour l'abonnement au timbre, mais rachetées ensuite 650.000 francs, se sont
vues ensuite frappées de la taxe de 4 0/0 sur 648.000 francs
(Seine, 10 mai 1902 ; 16 novembre 1904 ; Cass. req., 16 novembre 1904).

En ce qui concerne l'impôt du timbre lui-même, l'administration a le droit, pendant deux ans à compter de la date de l'abonnement, de prouver que l'évaluation est insuffisante et de réclamer les droits sur la valeur vraie ainsi que les pénalités exigibles
pour insuffisance d'évaluation (Loi du 5 juin 1850, art. 14 et loi
du 22 frimaire an VII, art. 16).

Le droit de timbre sur les parts de fondateurs est dû pendant toute la durée de la société même après leur annulation.

**467. Actions de jouissance.** — Les actions de jouissance sont timbrées gratuitement sur le vu des actions amorties qu'elles sont destinées à remplacer.

**468. Obligations. Abonnement.** — Les titres des obligations émises par une société sont assujettis au droit proportionnel de timbre de 1 0/0 (1.20 0/0 avec les 2 décimes).

Mais les sociétés peuvent s'affranchir du paiement comptant de ce droit en souscrivant, comme pour les actions, un abonnement pour toute la durée des titres, et cet abonnement est contracté moyennant une taxe annuelle de 0.05 0/0 (0,06 avec les 2 décimes en sus) sur le capital des obligations émises. Cette taxe est payée aux mêmes époques qui ont été indiquées pour les actions sans qu'il puisse y avoir lieu, pour ces dernières, à aucun dégrèvement.

## CHAPITRE III

### DROITS DE TRANSMISSION.

**469. Loi du 23 juin 1857.** — L'article 6 de la loi du 23 juin 1857 a assujetti à un droit de transmission toutes les cessions de titres négociables d'actions ou d'obligations des sociétés, et cet impôt atteint également les actions de jouissance et les parts bénéficiaires ou de fondateurs.

**470. Droit de 0 fr. 50.** — Le droit de transmission est actuellement de 0 fr. 50 0/0 sans addition d'aucun décime pour les titres nominatifs dont le transfert ne peut, en vertu des statuts, être effectué que par une déclaration du cédant et du cessionnaire au registre des transferts (art. 36, C. com.). Ce même droit qui

est appelé aussi droit de *conversion*, est dû sur les cessions civiles
d'actions d'apport, mais la formalité du transfert à l'expiration
du délai de deux ans ne donne plus lieu à la perception d'aucun
nouveau droit (Sol. Régie, 6 novembre 1897).

**471. Droit de 0 fr. 20.** — En ce qui concerne les titres au
porteur ou ceux, même nominatifs, dont le transfert peut avoir
lieu autrement que par l'inscription au registre des transferts
(par voie d'endos par exemple), le droit est transformé en une
taxe annuelle obligatoire de 0 fr. 20 0/0 (sans décime) payable
trimestriellement sur le nombre des titres en circulation libre, au
dernier jour de chaque trimestre, sans qu'on doive faire entrer
en ligne de compte les titres disparus au cours du trimestre
écoulé par voie d'amortissement, de transfert ou autrement. L'o-
bligation, pour la société, d'acquitter la taxe court du jour où les
titres ont été créés et mis à la disposition des souscripteurs.

Pour les sociétés créées en cours de trimestre, la taxe n'est due,
pour le premier trimestre, qu'au prorata du nombre de jours
écoulés depuis la constitution de la société ou, plus exactement,
depuis le jour où les titres ont été créés. Il en est de même pour
les émissions d'actions nouvelles ou d'obligations faites au cours
de la vie sociale.

**472. Assiette et mode de la perception.** — A défaut d'un
prix réel de cession, la loi attribue, à chaque titre, une valeur de
négociation qui est égale au cours moyen obtenu pendant toute
l'année précédente ; si les titres ne sont pas cotés en Bourse, la
Régie s'en tient à l'évaluation des parties, sauf contrôle par elle
de la sincérité de l'évaluation.

Le cours moyen dont il vient d'être parlé est calculé en divi-
sant la somme des cours moyens de chacun des jours de l'année
précédente par le nombre de ces cours. Si les titres sont cotés aux
bourses de Paris et des départements, c'est la cote de Paris qui
sert de base d'évaluation (art. 7 du décret du 17 juillet 1857).

Les titres d'une société nouvellement créée sont imposables pour les trimestres de la première année sur la valeur déclarée par les parties quand bien même les titres seraient admis à la cote au cours de cette première année.

Pour les deux droits de 0 fr. 50 et de 0 fr. 20, la perception suit les sommes de 20 francs en 20 francs, avec un minimum de 0 fr. 25.

L'arrondissement de 20 en 20 francs se fait sur chacun des titres déclarés et non sur le produit total.

Les droits sur les transferts de titres nominatifs sont acquittés par les intéressés, au moment même des transferts, en mains de la société qui les perçoit pour le compte du Trésor. La société mentionne ces perceptions sur un état récapitulatif des transferts trimestriels et c'est sur les éléments fournis par cet état que la société fera son versement au bureau compétent de l'enregistrement en fin de trimestre.

**473. Transferts d'ordre et de garantie.** — Ne sont pas soumis au droit de transmission :

1º Les transferts de pure forme, effectués par suite de mutation par décès, ou en vertu d'un partage, ou par suite de mutation entre vifs, en un mot les transferts sur lesquels le droit a été acquitté par ailleurs, pourvu qu'il soit justifié du paiement du droit de mutation par la production d'un certificat du receveur ou d'un extrait de l'acte de cession.

C'est ainsi que les transferts après décès ne doivent être effectués que sur la justification, au moyen d'un certificat délivré par le receveur, que les droits de mutation par décès ont été acquittés par les intéressés (loi du 25 février 1901, art. 25, § 2).

2º Les transferts provisoires dits transferts d'ordre passés au nom d'un agent de change, pourvu que ces transferts soient suivis dans les dix jours du transfert définitif au nom de l'intéressé.

3º Les transferts de garantie au nom d'un créancier par suite de remise en gage.

**474. Amende.** — Toute contravention est punie d'une amende de 100 francs à 5.000 francs, sans préjudice des peines portées à l'article 39 de la loi du 22 frimaire an VII pour omission ou insuffisance.

**475. Prescription.** — En matière de droit de transmission ou de conversion, il y a lieu à la prescription :

1° De deux ans pour les demandes en complément de droits par la Régie ou en restitution contre elle ;

2° De cinq ans pour les omissions de titres dans les déclarations trimestrielles faites par la société ;

3° De trente ans pour les demandes de droits relatifs à toute une série d'obligations non déclarées.

**476. Mutations par décès. Déclarations obligatoires.** — Nous avons vu (*suprà,* n° 473) que les titres appartenant à des actionnaires ou obligataires décédés ne doivent être admis au transfert que sur la justification, par les héritiers, de l'acquit des droits de mutation sur ces titres. La loi du 25 février 1901 (art. 15) dispose, en outre, que les sociétés ou compagnies dépositaires, détentrices ou débitrices de titres, sommes ou valeurs dépendant d'une succession doivent adresser, soit avant le paiement, la remise ou le transfert, soit dans la quinzaine qui suivra ces opérations, au directeur de l'enregistrement du département de leur résidence, la liste de ces titres, sommes ou valeurs. Il en sera donné récépissé, le tout sous peine d'être personnellement tenues des droits et pénalités exigibles, sauf recours contre les redevables et sous peine encore d'une amende de 625 francs décimes compris.

Ces renseignements sont établis sur des formules imprimées délivrées sans frais par l'administration de l'Enregistrement.

# CHAPITRE IV

### IMPÔT SUR LE REVENU.

**477. Dispositions légales.** — La loi du 29 juin 1872 a établi une taxe annuelle de 3 0/0, portée à 4 0/0 par l'article 4 de la loi du 26 décembre 1890 sur, notamment, les intérêts, dividendes, revenus et tous autres produits des actions de toute nature des sociétés, compagnies ou entreprises quelconques financières, industrielles, commerciales ou civiles, quelle que soit l'époque de leur création.

**478. Assiette de l'impôt.** — Le revenu imposable est déterminé, en ce qui concerne les sociétés par actions : 1° pour les actions, par le dividende annuel fixé d'après les délibérations des assemblées générales d'actionnaires ou des conseils d'administration, les comptes rendus ou tous autres documents analogues (loi du 29 juin 1872, art. 2) et, dans le dividende imposé, doit être compris l'intérêt qui peut être servi aux actionnaires en vertu des statuts sur les sommes dont les actions sont libérées.

2° Et, pour les obligations ou emprunts, par l'intérêt ou le revenu distribué dans l'année (art. 2 de la loi).

**479. Titres et revenus atteints par l'impôt.** — Sont soumis à la taxe de 4 0/0, les revenus des actions de toute nature (actions de capital, actions d'apport, actions de jouissance) et les obligations. Il en est de même des parts de fondateurs et des obligations représentatives de coupons d'actions (Houpin, n° 1339).

L'impôt atteint toutes les sommes distribuées aux actionnaires, mais il n'est pas dû sur les sommes employées à former la réserve légale ou des réserves supplémentaires. Pour cette catégorie de bénéfices, la perception de l'impôt est ajournée jusqu'au jour

où les réserves seront distribuées, c'est-à-dire au plus tard à la
liquidation de la société si ces réserves n'ont pas été absorbées
par l'exploitation.

**480. Amortissement du capital par les bénéfices. —**
Lorsqu'une société a adopté le mécanisme de l'amortissement de
ses actions au moyen de ses bénéfices, la Régie, acceptant le principe du *remboursement réel* des actions amorties, n'a pas, jusqu'ici,
exigé le paiement de la taxe de 4 0/0 sur les sommes payées aux
actionnaires au titre de cet amortissement, remettant ainsi, comme
pour les réserves, la perception de l'impôt au jour de la répartition
de l'actif de liquidation aux porteurs d'actions de jouissance.

Dans notre *Etude sur les actions de jouissance et l'amortissement du capital dans les sociétés par actions*, nous avons soutenu une thèse assez neuve en doctrine, et combattu la théorie
du remboursement réel. Nous avons prétendu que le pseudo-
remboursement des actions n'était, en réalité, qu'une distribution
extraordinaire de bénéfices pris dans la caisse du fonds d'amortissement des actions constitué lui-même au moyen d'un prélèvement annuel sur les bénéfices (V. aussi Thaller, n° 587) et
nous avons conclu que, dans ces conditions, l'impôt de 4 0/0 était
dû sur les sommes remboursées, comme il serait dû, d'ailleurs,
sans aucune hésitation, s'il s'agissait d'une distribution anticipée
d'un fonds de réserve quelconque.

**481. Dépôt des délibérations. —** Les comptes rendus et
les extraits des délibérations du conseil d'administration ou de
l'assemblée générale qui ordonnent la distribution de dividendes
doivent être déposés, dans les vingt jours de leur date, au bureau
de l'enregistrement du siège social et il en est ainsi, notamment,
de la délibération de l'assemblée générale annuelle, *quand bien
même celle-ci n'ordonnerait la distribution d'aucun dividende*
(art. 2 de la loi).

**482. Charge des droits. — Mode de perception. — La** taxe sur le revenu est à la charge des actionnaires et des obligataires auxquels elle est retenue lors du paiement des coupons. Mais la société, comme pour les droits de transmission, en fait elle-même l'avance au Trésor.

Le paiement est fait trimestriellement, à terme échu, dans les vingt premiers jours qui suivent la fin de chaque trimestre.

La liquidation des droits est faite d'abord trimestriellement, à titre provisoire, et puis définitivement lors du dépôt des documents et délibérations qui fixent les dividendes mis en distribution.

**483. Règlement provisoire. —** Les liquidations provisionnelles et trimestrielles s'effectuent sur les bases suivantes :

1° Pour les obligations, emprunts et autres valeurs dont le revenu est fixe et déterminé à l'avance, d'après les produits annuels afférents à ces valeurs ;

2° Pour les actions et emprunts à revenus variables, d'après les résultats du dernier exercice, réglés en évaluant provisoirement les bénéfices de l'exercice courant aux 4/5 des revenus distribués pendant l'exercice précédent.

Et s'il s'agit d'une société nouvellement créée, la liquidation provisoire s'effectue, pour les trimestres de la première année, sur le produit évalué à 5 0/0 du capital appelé et, pour le premier trimestre, l'impôt n'est calculé qu'au prorata du nombre de jours écoulés.

**484. Règlement définitif. —** A la fin de l'exercice et après la clôture des opérations sociales, c'est-à-dire au moment du dépôt de l'extrait des délibérations fixant les dividendes (*suprà*, n° 481), il est procédé au règlement définitif avec le receveur et ce règlement peut motiver, suivant le cas, le versement d'un complément de droits ou la restitution d'une partie de ceux perçus, suivant que les dividendes accusés sont supérieurs ou inférieurs à ceux sur lesquels ont été basées les perceptions trimestrielles provisoires.

Lorsqu'il y a lieu à restitution de droits, le trop versé est porté au compte de la société et imputé jusqu'à concurrence sur le montant des termes trimestriels à échoir de l'exercice courant ; il n'est remboursé que si la société est arrivée à son terme ou si elle cesse de produire des revenus (décret du 6 décembre 1872, art. 1er, n° 2).

**485. Emprunts des sociétés.** — L'impôt de 4 0/0, en ce qui concerne les emprunts réalisés par les sociétés, ne frappe pas seulement les revenus des obligations émises par elles. La taxe, en effet, est encore due sur les intérêts des emprunts effectués par tous autres moyens, quand bien même il ne serait pas émis de titres représentatifs de ces emprunts.

Les intérêts des emprunts étant une charge sociale permanente tant que durent les emprunts, la taxe est due même par les sociétés improductives et par les sociétés en liquidation.

**486. Lots et primes.** — La taxe de 4 0/0 sur le revenu est exigible sur le montant des lots et primes de remboursement des obligations et autres titres d'emprunts (loi du 21 juin 1875 modifiée par celle du 26 décembre 1890). En ce qui concerne les lots, la taxe a été portée à 8 0/0 par l'article 20 de la loi du 25 février 1901. Elle est liquidée sur le montant des lots.

**487. Contraventions.** — Les infractions aux prescriptions légales en matière d'impôt sur le revenu sont punies, conformément à l'article 10 de la loi du 23 juin 1857, d'une amende de 100 à 5.000 francs, sans préjudice du droit en sus pour omission ou insuffisance prévu à l'article 39 de la loi du 22 frimaire an VII.

# CHAPITRE V

RÉCAPITULATION DES DÉCLARATIONS A EFFECTUER
A L'ENREGISTREMENT.

**488**. —En résumé, toute société par actions doit faire au bureau de l'enregistrement compétent du siège social, les déclarations suivantes :

**489. I.**— **Déclaration d'existence** de la société dans le mois qui suit sa constitution  ou dans les vingt jours de la clôture du trimestre en cours, lorsque la date de la constitution tombe dans les dix derniers jours de ce trimestre.

Si les titres d'actions doivent être immédiatement créés, il y a lieu de souscrire en même temps l'abonnement au timbre (*suprà*, n° 460).

Une déclaration doit être encore souscrite en cas de modification dans la constitution sociale (augmentation ou diminution du capital social, changement d'attribution, etc.), lors de chaque emprunt contracté par la société et aussi en cas de changement de siège ou de remplacement du directeur ou du gérant. Cette déclaration doit être faite dans le délai d'un mois au bureau qui a reçu la déclaration primitive (art. 1er du décret du 17 juillet 1857).

**490. II.** — **Déclarations trimestrielles.** — Chaque trimestre, et dans les vingt jours de celui qui suit, c'est à-dire dans les vingt premiers jours des mois de janvier, avril, juillet et octobre, il doit être fait la déclaration :

1° Des transferts opérés au cours du trimestre précédent concernant les titres nominatifs.

2° Du nombre des titres au porteur en circulation au dernier jour du trimestre écoulé.

Les droits de transmission sont immédiatement payés et il en est de même de l'impôt sur le revenu pour ce même trimestre calculé comme il est dit au chapitre précédent.

**491. III. — Déclaration annuelle.** — Chaque année, et dans les vingt jours qui suivent la délibération de l'assemblée approuvant les comptes et fixant les dividendes à distribuer, il doit être remis à l'enregistrement un extrait de cette délibération et il doit être procédé, en même temps, au règlement définitif de la taxe de 4 0/0 sur les revenus de l'année écoulée (V. *suprà*, n^os 481 et 484).

# CHAPITRE VI

### DROIT D'INVESTIGATION DES AGENTS DU FISC.

**492. Communication obligatoire.** — Les préposés de l'administration de l'Enregistrement ont le droit de prendre communication au siège social et dans les succursales des sociétés par actions :

1° Des registres à souche des actions et obligations ;

2° Des registres de transferts, conversions et mouvements de titres ;

3° De tous les livres, registres et pièces quelconques composant la comptabilité de la société ;

4° De toutes les pièces de recettes et de dépenses et autres documents comptables tels que traités, actes sous seing privé, factures, quittances, chèques, mémoires acquittés, effets en portefeuille, effets acquittés, etc. ;

5° Des lettres se référant à la comptabilité et dont la mention sur les registres peut présenter un intérêt au point de vue fiscal ;

6° Des registres des délibérations des assemblées générales, des feuilles de présence des actionnaires aux assemblées et autres documents annexés ;

7° Des registres des délibérations des conseils d'administration. Ce point est cependant controversé (V. Houpin, n° 1356).

Mais la Cour de cassation, chambre des requêtes, par un arrêt du 14 janvier 1902, a décidé que le caractère confidentiel des délibérations du conseil d'administration n'est pas un motif suffisant pour refuser la communication, toutes les fois que les délibérations peuvent avoir trait à des opérations de comptabilité.

Le droit de communication résulte des principaux textes suivants : Loi du 5 juin 1850 (art. 16 à 28) ; loi du 23 juin 1857 (art. 9 et 10) ; décret du 17 juillet 1857 (art. 9) ; loi du 23 août 1871 (art. 22) ; loi du 21 juin 1875 (art. 7) ; décret du 15 décembre 1875 (art. 4 et 5), loi de finances du 17 avril 1906.

A raison de ce droit de communication et des amendes auxquelles peuvent donner lieu les infractions constatées, les sociétés doivent veiller avec soin à la stricte exécution de toutes les prescriptions fiscales, notamment, en ce qui concerne l'apposition et l'oblitération régulière du timbre de 0 fr. 10 sur toutes les quittances et décharges.

**493. Documents non soumis à communication.** — La Régie ne peut exiger la communication :

1° Des documents appartenant à des tiers ou qui ne se rapporteraient pas aux affaires de la société ;

2° Des documents d'ordre intérieur exclusivement relatifs à l'industrie ou au commerce de la société lorsqu'ils n'ont pas le caractère de pièces comptables.

**494. Pénalités.** — Tout refus de communication est constaté par un procès-verbal et est puni d'une amende de 100 francs à 1.000 francs (décimes en sus) (art. 22 de la loi du 23 août 1871 et art. 7 de la loi du 21 juin 1875).

Mais cette pénalité vient d'être singulièrement aggravée par la loi de finances du 17 avril 1906, portant fixation des budgets de la présente année (*J. officiel* des 16, 17 et 18 avril 1906).

En effet, l'article 5 de cette loi dit que l'amende encourue pour refus de communication sera de 1.000 à 10.000 fr. Mais là ne se bornent pas les prescriptions de cet article.

Jusqu'à ce jour l'administration de l'Enregistrement, après avoir infligé l'amende, se trouvait désarmée en présence du refus de communiquer opposé par les sociétés, et celles-ci, dans bien des cas, préféraient subir, à jet continu, la peine de l'amende qui se traduisait par quelques centaines de francs à payer, plutôt que se résoudre à communiquer des documents sociaux susceptibles d'entraîner des perceptions fiscales autrement sérieuses.

Dans l'avenir il n'en sera plus ainsi et les sociétés, bon gré ou malgré, n'échapperont plus à la communication devenue obligatoire même après acquittement de l'amende.

Nous trouvons, en effet, dans ce même article 5 de la dernière loi de finances les dispositions suivantes :

« Indépendamment de cette amende, les sociétés ou compagnies françaises ou étrangères et tous autres assujettis aux vérifications des agents de l'Enregistrement devront, en cas d'instance, être condamnés à représenter les pièces ou documents non communiqués sous une astreinte de 100 francs au minimum par chaque jour de retard. Cette astreinte, non soumise aux décimes, commencera à courir de la date de la signature par les parties ou de la notification du procès-verbal qui sera dressé pour constater le refus d'exécuter le jugement régulièrement signifié : elle ne cessera que du jour où il sera constaté, au moyen d'une mention inscrite par un agent de contrôle, sur un des principaux livres de la société ou de l'établissement, que l'administration a été mise à même d'obtenir la communication ordonnée.

« Le recouvrement de l'astreinte sera suivi comme en matière d'enregistrement. »

# CHAPITRE VII

NOTES DE L'ADMINISTRATION DE L'ENREGISTREMENT CONCERNANT
SES RAPPORTS AVEC LES SOCIÉTÉS.

## SECTION I. — Note concernant les droits à acquitter par les sociétés françaises.

### *Dispositions générales.*

**495. Déclaration d'existence.** — Les compagnies, sociétés et entreprises françaises, dont le capital est divisé en actions et toutes les sociétés qui émettent des obligations sont tenues de faire, à celui des bureaux d'enregistrement de leur siège social désigné par l'Administration (à Paris, dans les bureaux des sociétés établis rue de la Banque, n° 13), une déclaration constatant l'objet, le siège, la durée de la société, la date des actes constitutifs et celle de l'enregistrement de ces actes ; les noms des directeurs ou gérants, le nombre et le montant des titres émis, en distinguant : 1° les actions des obligations ; 2° les titres nominatifs dont la transmission ne peut s'opérer que par un transfert sur les registres de la société, des titres au porteur et des titres nominatifs qui sont cessibles sans transfert.

Cette déclaration doit être faite dans le délai d'un mois à compter de la constitution définitive de la société ou de l'émission des obligations, sous peine d'une amende de 100 à 5.000 francs en principal. — Elle est accompagnée : 1° d'un exemplaire des statuts, imprimé ou manuscrit, certifié par le représentant de la société ; 2° d'un exemplaire du journal dans lequel les publications légales ont été faites.

**496. Déclarations supplémentaires.** — En cas de modifications dans la constitution sociale, de changement de siège, de

remplacement du directeur ou gérant, d'émission de titres nouveaux ou d'emprunts, lesdites sociétés, compagnies et entreprises
doivent en faire la déclaration au bureau qui leur a été désigné
pour le payement de leurs taxes, dans le délai d'un mois, sous
peine d'une amende de 100 à 5.000 francs, outre les décimes
(loi du 23 juin 1857, article 10 ;  décret du 17 juillet 1857,
art. 1ᵉʳ et 12).

**497. Registres à souche.** — Tous les titres ou certificats
d'actions et d'obligations doivent être tirés d'un registre à souche
sous peine d'une amende de 12 0/0 en principal, du montant de
chaque action, et d'une amende de 10 0/0 du montant de chaque
obligation (Loi du 5 juin 1850, art. 16, 18, 28 et 29).

**498. Communications.** — Les sociétés sont tenues de communiquer aux agents de l'enregistrement, à toutes réquisitions,
les registres à souche des actions et obligations, les registres de
transfert et conversions, toutes les pièces et documents relatifs
aux transferts et conversions, les documents et écritures relatifs
aux lots et primes de remboursement, leurs livres, registres, titres, pièces de recette, de dépense et de comptabilité, afin que ces
agents s'assurent de l'exécution des lois sur l'enregistrement et
le timbre. Elles doivent, en outre, leur laisser prendre, sans frais,
les renseignements, extraits et copies qui sont nécessaires dans
l'intérêt du Trésor public. Le tout à peine d'une amende de 100 à
5.000 francs, en principal pour chaque refus de communication
concernant les registres de transferts et conversions, ainsi que les
pièces ou documents relatifs à ces transferts et conversions, et de
100 à 1.000 francs, en principal, pour les autres refus (loi du 5
juin 1850, art. 16 et 28 ; loi du 23 juin 1857, art. 10 ; décret du
17 juillet 1857, art. 9 ; loi du 23 août 1871, art. 22 ; loi du 21
juin 1875, art. 7 ; décret du 15 décembre 1875, art. 4) (1).

(1) Cette énumération devra être complétée par la loi de finances du 17
avril 1906 (V. *suprà*, n° 494).

## *Timbre.*

**499. Timbre au comptant.** — Chaque titre ou certificat d'action est soumis au timbre proportionnel de 60 centimes par 100 francs, décimes compris, pour les sociétés dont la durée n'excède pas dix ans, et de 1 fr.20 0/0 pour celles dont la durée excède 10 ans. Le droit est perçu sur le capital nominal des actions ; à défaut de capital nominal, le droit se calcule sur le capital réel, dont la valeur est déterminée par une déclaration estimative des parties (lois des 5 juin 1850, art. 14, et 23 août 1871, art. 2).

Les titres d'obligations des sociétés sont assujettis au timbre proportionnel de 1 fr. 20 décimes compris, du montant des titres (lois des 5 juin 1850, art. 27, et 23 août 1871, art. 2).

L'avance des droits sur les actions et les obligations est faite par les sociétés, et la perception de ces droits est établie sur les sommes et valeurs, de vingt francs en vingt francs inclusivement et sans fraction (loi du 5 juin 1850, art. 14 et 27).

**500. Timbre par abonnement.** — Les sociétés, compagnies et entreprises peuvent s'affranchir du payement des droits de timbre au comptant, en contractant avec l'État un abonnement pour toute la durée de la société, en ce qui concerne les actions, et pour toute la durée des titres en qui concerne les obligations.

Le droit d'abonnement est annuel et de 6 centimes (décimes compris) par 100 francs du capital nominal de chaque action, et du montant du titre pour les obligations ; à défaut de capital nominal, le droit est perçu sur le capital réel, dont la valeur est déterminée par une déclaration estimative des parties.

Le payement en est fait à la fin *de chaque trimestre* sans avis préalable, au bureau désigné par l'administration (loi des 5 juin 1850, art. 22 et 31 ; 23 août 1871, art. 2, et 30 mars 1872, art. 3).

Pour être admises à souscrire l'abonnement, les sociétés doivent produire un extrait sur timbre de la délibération du conseil d'administration déléguant un administrateur pour signer la déclaration d'abonnement.

**501. Sociétés en liquidation.** — Sont dispensées du droit d'abonnement, sur les actions seulement, les sociétés qui, depuis leur abonnement, se seront mises ou auront été mises en liquidation (loi du 5 juin 1850, art. 24).

**502. Sociétés improductives.** — Les sociétés qui, postérieurement à leur abonnement, n'auront, dans les deux dernières années, payé ni dividendes ni intérêts aux actionnaires, seront aussi dispensées du droit sur les actions, tant qu'il n'y aura pas de répartition de dividendes ou de payement d'intérêts (loi du 5 juin 1850, art. 24).

*Transmission.*

**503. Transferts et conversions.** — Les transferts de titres d'actions et d'obligations sont assujettis au droit de 0 fr. 50 0/0, sans décimes, de la valeur négociée, déduction faite des versements restant à faire (lois des 23 juin 1857, art. 6 ; 30 mars 1872, art. 1er ; et 29 juin 1872, art. 3). Sont exempts du droit : les transferts à titre de garantie, n'emportant pas mutation de propriété, et les transferts d'ordre (décret du 17 juillet 1857, art. 4).

Les conversions de titres nominatifs en titres au porteur, et réciproquement, sont assujetties au même droit de 0 fr. 50 0/0. Le droit est calculé, pour les titres cotés, d'après le dernier cours moyen de la Bourse, déduction faite des versements restants à faire, et pour tous les autres titres, d'après une évaluation (loi du 23 juin 1857, art. 8 ; décret du 17 juillet 1857, art. 3 et 8 ; loi du 30 mars 1872, art 1er).

**504. Taxe annuelle sur les titres au porteur.** — Les titres au porteur et ceux dont la transmission peut s'opérer sans un transfert sur les registres de la société sont assujettis à une taxe annuelle et obligatoire de 20 centimes par 100 francs sans décimes, le droit calculé, déduction faite des versements restant à faire, savoir : pour les titres non cotés, d'après l'estimation de la valeur moyenne pendant l'année précédente ; et, pour les titres cotés à la Bourse, d'après le cours moyen de l'année précédente (lois des 23 juin 1857, art. 6 ; 30 mars 1872, art. 1er, et 29 juin 1872, art. 3).

**505. Payement des droits.** — Le payement des droits de transfert et de conversion et de la taxe sur les titres au porteur doit être effectué, par la société, au bureau désigné par l'Administration dans les vingt premiers jours de janvier, avril, juillet et octobre, sans avis préalable, sous peine d'une amende de 100 francs à 5.000 francs en principal (loi du 23 juin 1857, art. 7 et 10 ; décret du 17 juillet 1857, art. 2 et 5). — Quand le dernier jour du délai est férié, les droits doivent être payés la veille.

Lors du payement des droits, les sociétés doivent déposer au bureau, sous peine d'une amende de 100 à 5.000 francs, en principal : 1° le relevé des transferts et conversions passibles du droit ; 2° le relevé des transferts d'ordre ou à titre de garantie, auxquels sont annexées les pièces justifiant l'exemption des droits ; 3° l'état des titres au porteur existants au dernier jour du trimestre. Cet état doit être déposé dans tous les cas, lors même que les titres sont sans valeur et qu'il n'y a pas de droits à payer.

Les états et relevés sont certifiés véritables par les directeurs ou gérants (loi du 23 juin 1857, art. 7 et 10 ; décret du 17 juillet 1857, art. 4 et 6).

*Revenu.*

**506. Actions, Obligations, Emprunts, Lots et Primes de remboursement.** — Il est établi une taxe annuelle de 4 0/0 :

1° Sur les intérêts, dividendes, revenus et tous autres produits des actions de toute nature des sociétés ;

2° Sur les arrérages et intérêts annuels des emprunts et obligations des sociétés ;

3° Sur les lots (1) et primes de remboursement payés aux créanciers et aux porteurs d'obligations, effets publics et tous autres titres d'emprunts (lois des 29 juin 1872, art. 1ᵉʳ ; 21 juin 1875, art. 5, et 26 décembre 1890, art. 4).

**507. Assiette de l'impôt.** — La valeur passible de la taxe est déterminée :

1° Pour les actions, par le dividende fixé d'après les délibérations des assemblées générales d'actionnaires ou des conseils d'administration, les comptes rendus ou tous autres documents analogues ;

2° Pour les obligations ou emprunts, par l'intérêt ou le revenu distribué dans l'année ;

3° Pour les lots, par le montant même du lot en valeurs françaises ;

4° Pour les primes, par la différence entre la somme remboursée et le taux d'émission des emprunts (L. 29 juin 1872, art. 2 ; 21 juin 1875, art. 5 et 26 décembre 1890, art. 4 ; décr. 15 décembre 1875, art. 1ᵉʳ et 2).

**508. Avance et payement de la taxe par les sociétés.** — La taxe est avancée et payée par les sociétés au bureau chargé du recouvrement de la taxe d'abonnement au timbre et des droits de transmission, savoir :

1° Pour les obligations, emprunts et autres valeurs dont le revenu est fixé et déterminé à l'avance, en quatre termes égaux, d'après les produits annuels de ces valeurs ;

2° Pour les actions et emprunts à revenu variable, en quatre termes égaux, déterminés provisoirement d'après le résultat du dernier exercice réglé et calculé sur les 4/5 du revenu, s'il en a

_______

(1) La taxe est de 8 0/0 sur les lots payés aux créanciers et aux porteurs d'obligations, effets publics et tous autres titres d'emprunts (loi du 25 février 1901, art. 20).

été distribué, et, en ce qui concerne les sociétés nouvellement créées, sur le produit évalué à 5 0/0 du capital appelé ;

3º Pour les lots et primes de remboursement, en une seule fois (Décr. 6 décembre 1872, art. 1er, et 15 décembre 1875, art. 3).

**509. Epoques du payement des taxes.** — La taxe doit être payée, sous peine d'une amende de 100 à 5.000 francs, en principal et sans avis préalable, pour les actions, obligations et emprunts, dans les vingt premiers jours de janvier, avril, juillet et octobre, et, pour les lots et primes, dans les vingt jours qui suivront la date fixée pour le payement de ces lots et primes (L. 29 juin 1872, art. 5 ; décr. 6 décembre 1872, art. 2 et 15 décembre 1875, art. 3). Quand le dernier jour du délai est férié, la taxe doit être payée la veille.

**510. Liquidation définitive.** — En ce qui concerne les actions et emprunts à revenu variable, chaque année, après la clôture des écritures relatives à l'exercice, il est procédé à une liquidation définitive de la taxe due pour l'exercice entier. Si de cette liquidation il résulte un complément de taxe au profit du Trésor, il est immédiatement acquitté. Dans le cas contraire, l'excédent est imputé sur l'exercice courant, ou remboursé si la société est arrivée à son terme, ou si elle cesse de donner des revenus (Décr. 6 décembre 1872, art. 1er, nº 2).

La liquidation définitive de la taxe a lieu au moment du dépôt, indiqué ci-après, des comptes rendus et extraits des délibérations des assemblées générales d'actionnaires, ou des conseils d'administration, ou de tous autres documents analogues fixant le dividende distribué (Décr. 6 décembre 1872, art. 2).

**511. Dépôt des comptes rendus et délibérations.** — Les sociétés doivent déposer au bureau, dans les vingt jours de leur date, sous peine d'une amende de 100 à 5.000 francs en principal, les comptes rendus (copies entières) et les extraits des délibérations des conseils d'administration ou des assemblées générales des actionnaires fixant le dividende (L. 29 juin 1872, art. 2 et 5). Ces pièces peuvent être rédigées sur papier non timbré (Instr. n° 2457).

**512. Dépôt des procès-verbaux de tirage.** — Les sociétés doivent déposer au même bureau et sous la même peine, dans les vingt jours qui suivent la date fixée pour le payement des lots et primes de remboursement, une copie certifiée du procès-verbal de tirage au sort avec un état indiquant pour chaque tirage : 1° le nombre des titres amortis ; 2° le taux d'émission de ces titres, s'il s'agit de primes de remboursement ; 3° le montant des lots et des primes échus aux titres sortis ; 4° la somme sur laquelle la taxe est exigible (L. 21 juin 1875, art. 5 ; décr. 15 décembre 1875, art. 3).

SECTION II. — Note concernant les sociétés étrangères.

*Dispositions générales.*

**513. Sociétés dont les titres sont cotés ou circulent en France.** — Les sociétés, compagnies, entreprises, corporations, villes, provinces étrangères, ainsi que tout autre établissement public étranger dont les titres (actions, obligations, titres d'emprunt, quelle que soit d'ailleurs leur dénomination) sont cotés, émis, négociés ou exposés en vente en France, doivent le droit de timbre, le droit de transmission et la taxe sur le revenu, d'après une quotité de ces titres à fixer par le Ministre des finances (loi du 23 juin 1857, art. 9 ; décret du 17 juillet 1857, art. 10, 11 et 12 ; loi du 29 juin 1872, art. 4 ; décret du 6 décembre 1872, art. 3 et 4).

**514. Sociétés dont les titres ne sont pas cotés ou ne circulent pas en France, mais qui y font des opérations.** — Les sociétés, compagnies, entreprises, corporations, villes, provinces étrangères ainsi que tout autre établissement public étranger, dont les titres ne sont pas cotés ou ne circulent pas en France, mais qui ont pour objet des biens soit mobiliers, soit immobiliers situés en France (fonds de commerce, agences, succursales, portefeuilles, etc.) doivent la taxe sur le revenu à raison des valeurs françaises qui en dépendent et acquittent cette taxe d'après une quotité du capital social fixée par le Ministre des finances (décret du 6 décembre 1872, art. 3 ; arrêts de la Cour de cassation des 22 avril 1879, 29 août 1881, 2 août 1886 et 4 mai 1887).

**515. Fixation de la quotité imposable.** — La quotité imposable est fixée, pour chaque société, par le Ministre des finances sur l'avis préalable de la Commission des valeurs mobilières instituée par l'article 1er du décret du 24 mai 1872. Pour les sociétés dont les titres sont cotés ou circulent en France, elle est établie d'après le nombre des titres qui sont présumés circuler en France, et elle ne peut être inférieure pour les actions, à 1/10, et pour les obligations, à 2/10 du capital (décret du 24 mai 1872, art. 2). Pour les sociétés faisant des opérations en France, elle se détermine, en exécution de l'article 3 du décret du 6 décembre 1872, au moyen d'une proportion entre la valeur des biens français et la valeur de l'actif *total* de la société.

En ce qui concerne les sociétés dont les titres circulent en France et qui y font des opérations, la quotité passible de la taxe sur le revenu est la même que celle qui sert de base au payement des droits de timbre et de transmission, sauf le cas où la comparaison de la valeur des biens situés en France avec celle de l'actif total de la société fait ressortir une quotité supérieure. Dans cette hypothèse, l'impôt sur le revenu doit être acquitté d'après cette dernière quotité.

La quotité imposable est toujours fixée pour une période de trois ans et peut être revisée à l'expiration de chaque période triennale sur la demande de l'Administration ou de la société. S'il y a lieu à revision, la nouvelle quotité est déterminée dans le trimestre qui précède l'échéance de la troisième année et sert de base à la perception de l'impôt pour une nouvelle période de trois ans (décrets du 24 mai 1872, art. 3 et du 6 décembre 1872, art. 3).

La période initiale a pour point de départ le premier fait générateur de l'impôt en France.

**516. Soumissions des sociétés.** — Pour assurer l'exécution des dispositions qui précèdent, les sociétés, compagnies, entreprises, corporations, villes, provinces étrangères, ainsi que tous autres établissements publics étrangers, sont tenues, avant toute admission à la cote, toute émission, négociation ou exposition de titres, ou avant toute opération en France, de se soumettre à l'acquittement des droits et amendes qui pourront être exigibles et de faire agréer par le Ministre des finances un représentant français personnellement responsable de ces droits et amendes (lois et décrets précités).

L'acte contenant l'engagement de la société étrangère et la désignation du représentant responsable doit être régulièrement souscrit par ses représentants légaux et conformément à ses statuts.

**517.** — D'après les règles généralement tracées dans les statuts pour la validité des contrats passés par les sociétés, cet acte devra, dans la plupart des cas, être signé en vertu d'une délibération spéciale du conseil d'administration par la personne ou les personnes désignées à cet effet.

**518.** — Les sociétés remettront à l'appui dudit acte :

1° Un exemplaire de leurs statuts en langue française et sur papier non timbré ;

2° Un extrait sur papier timbré et certifié conformément aux statuts, de la délibération spéciale du conseil d'administration lorsqu'il en aura été pris une selon les prévisions du n° 517 ci-dessus ;

3° Toutes les autres pièces, rédigées sur papier timbré, qui, d'après les conditions particulières requises par leurs statuts seraient nécessaires pour justifier de la régularité de l'engagement.

Toutes les signatures devront être légalisées, savoir : celles qui seront données en France par le maire, ou, à Paris, par le commissaire de police du quartier, et celles qui seront données à l'étranger, par les agents diplomatiques ou consulaires français.

**519. Soumissions des représentants responsables. —** Les représentants responsables proposés devront, de leur côté, souscrire un engagement semblable à celui de la société étrangère.

Ils devront justifier de leur qualité de Français et de leur solvabilité.

Si le représentant proposé est une société française, l'engagement devra être contracté suivant les formes rappelées ci-dessus pour celui de la société étrangère et appuyé des mêmes justifications.

Les signatures devront également être légalisées.

**520. Pénalités. —** Toute société, compagnie, entreprise, corporation, ville ou province étrangère, ou tout autre établissement public étranger, qui a procédé en France à une émission, négociation ou exposition en vente de ses titres, qui y a contracté un emprunt ou qui y exploite des biens meubles ou immeubles, sans avoir, au préalable, fait agréer un représentant responsable, est passible d'une amende de 100 à 5.000 francs indépendamment de celles qui peuvent être encourues pour retard dans le payement des taxes et dont il sera parlé ci-après (lois du 23 juin 1857, art. 10, et du 29 juin 1872, art. 5 ; arrêts précités du 22 avril 1879 et du 29 août 1881).

*Impôts exigibles.*

### § 1<sup>er</sup>. — Sociétés dont les titres sont cotés ou circulent en France.

**521. Généralités.** — Les droits de timbre et de transmission et la taxe sur le revenu exigibles sur les titres des sociétés étrangères sont soumis aux mêmes principes que les taxes de même nature perçues sur les titres français (loi du 29 juin 1872, art. 4).

Les seules différences consistent en ce que :

1° Les trois taxes, au lieu d'être perçues *sur tous les titres* de la société, ne sont exigées que *sur la quotité* fixée par le Ministre :

2° Le droit de timbre est toujours perçu par abonnement (décret du 17 juillet 1857, art. 11) ;

3° Le droit de transmission *est annuel et obligatoire*, sans distinction entre les titres nominatifs et les titres au porteur (décret du 17 juillet 1857, art. 10).

**522. Timbre.** — Le droit de timbre est annuel et de 0 fr. 06 (décimes compris) par 100 francs du capital nominal de chaque action, et du montant du titre pour les obligations ; à défaut de capital nominal, le droit est perçu sur le capital réel dont la valeur est déterminée par une déclaration estimative des parties (lois du 5 juin 1850, art. 22 et 31, et du 23 juin 1857, art. 9).

Le payement doit en être effectué dans les vingt premiers jours des mois de janvier, avril, juillet et octobre, *sans avis préalable*, sous peine d'une amende de 100 à 5.000 francs (loi du 23 juin 1857, art. 10).

**523. Transmission.** — Le droit de transmission est annuel et de 0 fr. 20 par 100 francs sans décimes. Ce droit est calculé d'après le cours moyen de l'année précédente, déduction faite des versements restant à faire, et, à défaut de cours pendant cette année, d'après une évaluation (lois du 23 juin 1857, art. 6 et 9 ; du 30 mars 1872, art. 1er, et du 29 juin 1872, art. 3).

Le payement doit en être effectué dans les vingt premiers jours des mois de janvier, avril, juillet et octobre, *sans avis préalable*, sous peine d'une amende de 100 à 5.000 francs (loi du 23 juin 1857, art. 10 ; décret du 17 juillet 1857, art. 5).

**524. Revenu.** — La taxe annuelle sur le revenu, qui était primitivement de 3 0/0 (loi du 29 juin 1872, art. 3), a été portée à 4 0/0 à partir du 1er janvier 1891 (loi du 26 décembre 1890, art. 4).

Elle est établie :

1° Sur les intérêts, dividendes, revenus et tous autres produits des actions de toute nature des sociétés ;

2° Sur les arrérages et intérêts annuels des emprunts et obligations des sociétés ;

3° Sur les lots (1) et primes de remboursement payés aux créanciers et aux porteurs d'obligations, effets publics et tous autres titres d'emprunts (lois des 29 juin 1872, art. 1er, et 21 juin 1875, art. 5).

**525. Assiette de l'impôt.** — La valeur passible de la taxe est déterminée :

1° Pour les actions, par le dividende fixé d'après les délibérations des assemblées générales d'actionnaires ou des conseils d'administration, les comptes rendus ou tous autres documents analogues ;

2° Pour les obligations ou emprunts, par l'intérêt ou le revenu distribué dans l'année ;

3° Pour les lots, par le montant même du lot en valeurs françaises ;

4° Pour les primes, par la différence entre la somme remboursée et le taux d'émission des emprunts (lois des 29 juin 1872, art. 2, et 21 juin 1875, art. 5).

(1) La taxe sur les lots est de 8 0/0 (L. du 25 février 1901, art. 20).

**526. Paiement de la taxe par les sociétés**. — La taxe est payée par les sociétés, savoir :

1° Pour les obligations, emprunts et autres valeurs dont le revenu est fixé et déterminé à l'avance, en quatre termes égaux, d'après les produits annuels de ces valeurs ;

2° Pour les actions et emprunts à revenu variable, en quatre termes égaux, déterminés provisoirement d'après le résultat du dernier exercice réglé et calculé sur les 4/5 du revenu, s'il en a été distribué et, en ce qui concerne les sociétés nouvellement créées, sur le produit évalué à 5 0/0 du capital appelé ;

3° Pour les lots et primes de remboursement, en un seule fois (décrets des 6 décembre 1872, art. 1er, et 15 décembre 1875, art. 3).

**527. Epoques du payement des taxes.** — La taxe doit être payée, sous peine d'une amende de 100 à 5.000 francs et *sans avis préalable*, pour les actions, obligations et emprunts, dans les vingt premiers jours de janvier, avril, juillet et octobre et, pour les lots et primes, dans les vingt jours qui suivront la date fixée pour le paiement de ces lots et primes (loi du 29 juin 1872, art. 5 ; décrets des 6 décembre 1872, art. 2, et 15 décembre 1875, art. 3). Quand le dernier jour du délai est férié, la taxe doit être payée la veille.

**528. Liquidation définitive.** — En ce qui concerne les actions et emprunts à revenu variable, chaque année, après la clôture des écritures relatives à l'exercice, il est procédé à une liquidation définitive de la taxe due pour l'exercice entier. Si, de cette liquidation, il résulte un complément de taxe au profit du Trésor, il est immédiatement acquitté. Dans le cas contraire, l'excédent versé est imputé sur l'exercice courant ou remboursé si la société est arrivée à son terme, ou si elle cesse de donner des revenus (décret du 6 décembre 1872, art. 1er, n° 2).

La liquidation définitive de la taxe a lieu au moment du dépôt, indiqué ci-après, des comptes rendus et extraits des délibérations des assemblées générales d'actionnaires ou des conseils d'administration, ou de tous autres documents analogues fixant le dividende distribué (décret du 6 décembre 1872, art. 2).

**529. Dépôt des comptes rendus et délibérations.** — Les sociétés doivent déposer au bureau, dans les vingt jours de leur date, sous peine d'une amende de 100 à 5.000 francs, les comptes rendus (copies entières) et les extraits des délibérations des conseils d'administration ou des assemblées générales des actionnaires fixant le dividende (loi du 29 juin 1872, art. 2 et 5). Ces pièces peuvent être rédigées sur papier non timbré (Inst. n° 2457).

**530. Dépôt des procès-verbaux de tirage.** — Les sociétés doivent déposer au même bureau et sous la même peine, dans les vingt jours qui suivent le jour fixé pour le payement des lots et primes de remboursement, une copie certifiée du procès-verbal de tirage au sort avec un état indiquant pour chaque tirage : 1° le nombre des titres amortis ; 2° le taux d'émission de ces titres, s'il s'agit de primes de remboursement ; 3° le montant des lots et des primes échus aux titres sortis ; 4° la somme sur laquelle la taxe est exigible (Loi du 21 juin 1875, art. 5. Décret du 15 décembre 1875, art. 3). Ces documents doivent être vérifiés et certifiés par les agents diplomatiques français (Décret précité, art. 5).

§ 2. — **Sociétés dont les titres ne sont pas cotés ou ne circulent pas en France, mais qui y font des opérations.**

**531. Revenu.** — Ces sociétés ne sont assujetties qu'à la taxe sur le revenu d'après la quotité fixée et doivent l'acquitter dans les mêmes conditions que celle qui est perçue sur les titres d'actions étrangers qui sont cotés ou circulent en France (Voir *suprà*, n°s 526 à 529).

Nota. — L'administration délivre sans frais aux sociétés et compagnies qui en font la demande au bureau compétent des formules imprimées des engagements à fournir et des états à déposer pour le payement des taxes.

# TABLE DES MATIÈRES

## TROISIÈME PARTIE

### Des actes de la vie sociale.

## QUATRIÈME PARTIE

### Régime fiscal des sociétés par actions.

## B



## C

## D

## F



## G



## I

## M



## N



## O



## P

## T



## V